2025 공무원 시험대비 【5월분】

박문각 주간 모의고사

— 제1회 —

[정답 및 해설]

제1과목 국어
제2과목 영어
제3과목 한국사
제4과목 행정법총론
제5과목 행정학개론

답안 입력 및 성적 조회는 PC, 모바일에서 모두 가능합니다.

★ PC: pass.pmg.co.kr | ★ 모바일 앱: 박문각 합격관리

주간 모의고사 정오표

국 어

출제교수: 강세진 교수님

1. ③ 【해설】국어문법
겹받침을 가진 형태소 뒤에 모음으로 시작하는 문법 형태소가 결합할 때 일어나는 현상은 연음이다. 예를 들어, '맑아'라는 단어를 발음하면 [말가]가 된다는 의미이다.
① '유음화'는 교체의 한 종류로 'ㄴ'이 'ㄹ'의 영향을 받아 [ㄹ]로 발음되는 현상이다.
② '자음축약'은 '격음화' 또는 '거센소리되기'라고도 한다. 'ㅎ'과 'ㄱ, ㄷ, ㅂ, ㅈ'과 결합하여 'ㅋ, ㅌ, ㅍ, ㅊ'이 되는 현상이다.
④ 'ㄴ' 첨가가 되려면 복합어여야 하며, 받침 뒤에 'ㅣ'계열이나 반모음 'ㅣ'로 시작하는 말이 필요하다. 다만 'ㄴ' 첨가는 해당 환경이 있다고 하더라도 수의적으로 일어난다.

2. ② 【해설】국어문법
㉠은 '격 조사나 어미를 취할 수 있는 단어'를 의미하며, 이는 관형사가 될 수 없는 것에 해당하므로, '한지를 바르다'의 '바르다'만이 답이 된다.
① 모든(관형사): 빠짐이나 남김이 없이 전부의.
③ 다른(관형사): 당장 문제 되거나 해당되는 것 이외의. ≒딴.
④ 무슨(관형사): 「1」 무엇인지 모르는 일이나 대상, 물건 따위를 물을 때 쓰는 말. 「2」 사물을 특별히 정하여 지목하지 않고 이를 때 쓰는 말. 「3」 예상 밖의 못마땅한 일을 강조할 때 쓰는 말. 「4」 반의적인 뜻을 강조하는 말.

3. ① 【해설】국어문법
[㉠: 통사적 합성어]
ⓐ 새언니: 새(관형사) + 언니(명사) → 통사적 합성어
ⓔ 돌아가다: 돌- + -아(보조적 연결 어미) + 가- → 통사적 합성어
[㉡: 비통사적 합성어]
ⓑ 우짖다: 울- + 짖다 → 비통사적 합성어(연결어미 생략)
ⓒ 접칼: 접(은) + 칼 → 비통사적 합성어(관형사형 전성 어미 생략)
ⓓ 부슬비: 부슬(부사) + 비(명사) → 비통사적 합성어
ⓕ 돌보다: 돌- + 보다 → 비통사적 합성어(연결어미 생략)
정리하자면, ㉠ 통사적 합성어: ⓐ, ⓔ, ㉡ 비통사적 합성어: ⓑ, ⓒ, ⓓ, ⓕ가 있는 ①이 정답이다.

4. ② 【해설】국어문법
㉡ 진영이는(주어), 아빠와(부사어), 닮다.(서술어): 이때의 '아빠와'는 생략하면 안 되는 필수적 부사어에 해당한다.
① ㉠ 용범이는(주어), 아이가(보어), 아니다.(서술어): 따라서 '아이가 아니다'는 서술절이 아니다.
③ ㉢ 세진이는(주어), 윤슬이를(목적어), 사랑한다.(서술어): '사랑하다'는 주어와 목적어를 요구하는 두 자리 서술어이다.
④ ㉣ 도담이가(주어), 희령이에게(부사어), 편지를(목적어), 보냈다.(서술어): 부사어와 목적어의 위치를 바꾼다고 할지라도 비문이 되지는 않는다.

5. ② 【해설】어문규정
'제12항'에 따라 '락'으로 발음할 수 있는 한자어를 첫머리에서는 '낙'으로, 접두사처럼 쓰이는 한자가 붙어서 된 단어는 두음 법칙이 적용되어 '낙'으로 쓰여야 한다. 그런데, '실락원'이라고 썼으므로, 맞춤법 규정에 따르지 않은 예이다.
① '제12항'에 따라 '래'를 첫머리에는 '내'로, 단어의 첫머리 이외에는 '래'로 적용할 수 있다.
③ '제12항'에 따라 '로'로 발음할 수 있는 한자어를 첫머리에서는 '노'로, 접두사처럼 쓰이는 한자가 붙어서 된 단어는 두음 법칙이 적용되어 '노'로 쓰여 있음을 알 수 있다.
④ '제12항'에 따라 '루'를 첫머리에는 '누'로, 단어의 첫머리 이외에는 '루'로 적용한 것을 알 수 있다.

6. ④ 【해설】어휘
이때의 '손'은 영향력이나 권한을 의미한다. 따라서 '경찰'과 유사한 역할을 하는 대상은 '선배'이므로 ④가 정답이다.
※ 손: 「5」 어떤 사람의 영향력이나 권한이 미치는 범위.
① 손: 「3」 일을 하는 사람. =일손.
② 손: 「4」 어떤 일을 하는 데 드는 사람의 힘이나 노력, 기술.
③ 손: 「1」 사람의 팔목 끝에 달린 부분. 손등, 손바닥, 손목으로 나뉘며 그 끝에 다섯 개의 손가락이 있어, 무엇을 만지거나 잡거나 한다.

7. ③ 【해설】작문
'사고 운전자가 구호 조치를 하지 않고, (사고 운전자가) 도주하면, (사고 운전자는) 가중 처벌을 받습니다.'와 같은 문장인데, '사고 운전자가' 여러 번 반복되면, 먼저 처음에만 제시하고 생략할 수 있다.
① 주술 호응이 잘못되었다. '내 친구가 내가 가고 싶은 곳을 방문했다.'와 같이 고쳐야 한다.
② 접속 조사 '와/과'를 중심으로 목적어와 서술어가 호응을 이루지 않는다. '이 시는 토속적인 시어를 사용하여 현장감을 높인다'와 같이 고쳐야 한다.
④ 부술 호응이 잘못되었다. '그 일이 설령 실패했을지라도'와 같이 고쳐야 한다.

8. ③ 【해설】작문
여전히 '지난주에' 회의를 하였는지, 담당자가 정리하였는지 알 수 없다. 따라서 '회의한 결과를 담당자가 지난주에 정리하였다.'와 같이 고치는 것이 낫다.
① '~이 반영되다' 또는 '~을 반영하다'와 같이 고쳐야 한다.
② '와/과'로 이루어질 때는 서술어와 호응을 이루는지 확인해야 한다. '행사의 준비를 뽑는다.'는 맥락은 어색하므로, '행사를 준비하고, 담당자를 뽑는다.'와 같이 문장을 나누어 고쳐야 한다.
④ '점검하다'는 목적어를 필요로 하므로, '해당 시설을'과 같이 삽입해야 한다.

9. ④ 【해설】신유형
(가) 전자 제품 → A/S 센터
(나) (?) A/S 센터 → 무료 수리

결론: 전자 제품 → A/S 센터 → 무료 수리
① ×, ~A/S 센터 → 무료 수리
② ×, ~전자 제품 → ~A/S 센터
③ ×, 무료 수리 → 전자 제품

10. ① 【해설】신유형
(가) 친환경 자동차 주류∨대체 연료 개발 중단
(나) 친환경 자동차 주류 → (환경오염(줄어듦)∧자동차 산업(전환))
(다) 대체 연료 개발 중단 → (자동차 산업(전환)∧화석 연료 의존(높아짐))
----
1) (가)에 의해 친환경 자동차 주류가 참이든, 대체 연료 개발 중단이 참이든, 반드시 하나가 참이어야 한다.
2) 친환경 자동차 주류가 '참'이면, (나)에 따라 '환경오염(줄어듦)∧자동차 산업(전환)'도 '참'이다.
3) 대체 연료 개발 중단이 '참'이면, (다)에 따라 '자동차 산업(전환)∧화석 연료 의존(높아짐)'도 '참'이다.
4) 어느 쪽이든 '자동차 산업에 큰 전환이 일어난다.'는 결론이 반드시 성립되므로, 정답은 ①이다.

11. ③ 【해설】신유형
A: 민수가 지영이를 초대.
B: 준호가 참석.
C: 수진이는 회비를 냄.
(가) A → ~B, B → ~A <대우 관계>
(나) ~B → ~C, C → B <대우 관계>
(다) C

결론: C → B → ~A
"지영이는 초대받지 못했다."가 정답이다.
① ×, 민수는 지영이를 초대하지 않았다.
② ×, 수진이가 회비를 내면 준호는 참석한다.
④ ×, 수진이는 회비를 낸 것이 참이다.

12. ④ 【해설】 화법
ㄱ(×): 을은 갑과 달리 기존 일자리를 줄인다고 생각하지 않는다.
ㄴ(○): 을은 '기술혁신으로 일자리를 창출한다'는 점에서 공존 가능성을 인정하였고, 병 역시 그러하다.
ㄷ(○): '일부 직군을 크게 축소시키겠지만'에서 갑의 제기한 문제를 어느 정도 받아들이고 있다.

13. ③ 【해설】 독서
1) (라): '영화 텍스트'가 화제이며, 이것이 무엇인지 상세하게 설명해 주었다.
2) (가): '소설 텍스트'와 비교함으로써 영화 텍스트와 어떤 차이가 있는지 제시하였다.
3) (다): '영화적 담론과 영상'의 공통점을 먼저 제시 후, (나)의 이야기인 '그러나' 다음에 '가시화되는 물리적인 언어 배열'과 '상상으로 수용된 이야기 세계와의 상관 관계를 고려해야 한다.
4) 그런 다음 (마)에서 (나)의 설명을 다시 제시한 구성이 가장 자연스럽다.
정리하자면, '(라)-(가)-(다)-(나)-(마)'가 있는 ③이 정답이다.

14. ② 【해설】 독서
㉠의 주변을 고려하면, '사고와 표현 활동은 지속적으로 상호 작용을 하게 된다.'라는 내용과 이어 생각해야 한다. 즉, 각각의 능력이 늘어난다는 점을 설명하고 있으므로, ②가 정답이다.

15. ② 【해설】 독서
'비유는 글쓴이의 주관적 감정이나 관점을 담을 수 있어 표현의 깊이를 더하는 데에도 적절하다.'에서 확인할 수 있다.
① '독자의 이해를 돕고 표현의 생동감을 높이는 데에 유용하다.'와 '좋은 비유는 독자의 사고를 유도하고, 감정을 자극하며'에서 확인할 수 있는 내용이다.
③ '효과적인 비유를 위해서는 독자가 이미 잘 알고 있는 대상을 근거로 삼아야 하며, 비유의 대상과 실제 대상 간에 일정한 유사성이 존재해야 한다.'에서 확인할 수 있는 내용이다.
④ '좋은 비유는 독자의 사고를 유도하고, 감정을 자극하며, 표현을 압축적으로 만드는 힘을 가진다.'에서 확인할 수 있는 내용이다.

16. ② 【해설】 독서
'자율주행 기술은 크게 0단계에서 5단계까지 구분되며, 숫자가 높아질수록 차량의 자율성이 커진다.'에서 알 수 있듯이, 운전자의 개입이 아니라 차량의 자율성이 커진다.
① '다양한 센서와 인공지능 기술이 활용되며, 대표적으로 카메라, 라이다(LiDAR), 레이더(Radar), GPS 등이 쓰인다.'에서 확인할 수 있는 내용이다.
③ '악천후나 터널과 같은 환경에서는 센서의 인식 능력이 떨어질 수 있다.'에서 확인할 수 있는 내용이다.
④ '자율주행 기술은 빠르게 발전 중이며, 특히 물류 산업이나 정해진 노선을 운행하는 셔틀 차량 등에서 우선적으로 도입되고 있다.'에서 확인할 수 있는 내용이다.

17. ③ 【해설】 독서
'어두운 조건에서만 일어난다는 의미는 아니다.'와 '이때 생성된 ATP와 NADPH는 다음 단계인 암반응에 사용된다.'에서 알 수 있듯이, 명반응에서 만들어진 에너지를 이용한다. 게다가 반드시 어두운 조건에서만 일어나지도 않는다.
① '광합성은 대기 중 이산화탄소 농도를 낮추고, 산소를 방출하여 생물들이 호흡할 수 있게 만든다.'에서 확인할 수 있는 내용이다.
② '암반응은 명반응에서 만들어진 에너지를 이용하여 이산화탄소로부터 포도당 등의 유기물을 합성하는 과정이다. 암반응은 엽록체의 스트로마라는 부분에서 일어나며, 캘빈-벤슨 회로를 통해 이루어진다.'에서 확인할 수 있는 내용이다.
④ '엽록체 안에는 틸라코이드라 불리는 납작한 주머니들이 층을 이루고 있는데, 이곳에서 빛을 흡수하여 ATP와 NADPH를 생성하는 명반응이 일어난다.'에서 확인할 수 있는 내용이다.

18. ③ 【해설】 독서
'따뜻한 성질을 가지고 있어 몸을 덥게 하고 기혈을 순환시키는 데 효과가 있다고 알려져 있다.'에서 확인할 수 있는 내용이다.
① '쑥에는 시네올이라는 성분이 함유되어 있어 항균 및 항염 작용도 한다.'에서 알 수 있듯이, 항염 작용이 있다.
② '뜸은 피부 위에 쑥을 얹고 불을 붙여 열을 전달하는 치료 방식'에서 알 수 있듯이 피부를 절개하지 않는다.
④ '현대에 들어 쑥의 효능이 과학적으로 입증되면서, 다양한 건강식품과 기능성 화장품에도 활용되고 있다.'에서 알 수 있듯이, 현대에도 쑥이 다양하게 활용된다.

19. ① 【해설】 독서
ㄱ(○): 권력과 지위를 가진 지도층이 존재했지만, 고인돌이 지역에 따라 형태가 다르고 부장품도 다른 것을 고려해 볼 때, 위계적 구조를 지닌다는 점에서 무덤마다 부장품의 수량과 종류가 현저히 다를 수 있음을 암시한다.
ㄴ(○): ㉠에 따르면, 동일 지역을 가정을 둘 때, 어떤 고인돌은 다른 고인돌보다 두 배 이상 크기에 차이가 있을 수 있다.
ㄷ(×): 공동 주거지와 공공 창고 유적의 여부는 이 글에서 확인할 수 없으며, 이를 통해 위계 사회의 연관성을 파악할 수가 없다.

20. ① 【해설】 독서
ㄱ(○): '후천 면역은 반응 속도는 느리지만 한 번 형성되면 기억 세포를 통해 같은 병원체가 다시 침입할 경우 훨씬 강력하게 대응할 수 있다.'에서 알 수 있는 내용이다.
ㄴ(×): '이 백신은 병원체의 항원 정보를 담은 mRNA를 체내에 주입하여, 체세포가 해당 항원을 직접 만들어내도록 유도한다.'에서 알 수 있듯이, 병원체 전체를 재구성하지 않는다.
ㄷ(×): 'mRNA는 체내에서 불안정하기 때문에 이를 안정화하는 기술과 보관 조건이 까다롭다는 한계가 있다.'에서 알 수 있듯이 안정적인 보관을 하기가 어렵다.

영 어

출제교수: 김세현 교수님

1. ① 【해설】
drawback은 '결점, 단점'의 뜻으로 이와 가장 가까운 유의어는 ① flaw이다.
【해석】
이 상품들의 주된 결점은 그것들이 너무 짠 경향이 있다는 것이다. 하지만 이러한 단점은 별것이 아니다. 즉, 그 단점은 너무 작고 중요치도 심각하지도 않은 것이다.
【어휘】
product 상품, 제품 tend to ⓥ ⓥ하는 경향이 있다 salty (맛이)짠 no big deal 사소한, 하찮은 in other words 즉, 다시 말해서 serious ①심각한 ②진지한 flaw 결점, 단점 neglect ①게으름, 소홀함 ②무시하다 vicinity 인근, 부근, 근처 inconsistency 모순, 불일치

2. ③ 【해설】
devotion은 '헌신, 몰두'의 뜻이므로 이와 가장 가까운 유의어는 ③ dedication이다.
【해석】
그의 어렵고 힘든 이론의 몰두에도 불구하고 그는 해답을 찾을 수 있는 기발한 아이디어를 떠올릴 수 없었다.
【어휘】
despite ~에도 불구하고 demanding 힘든, 고된 come up with ~을 떠올리다, 생각해내다 ingenious 기발한, 천재적인 fusion 융합, 결합 conviction 확신 dedication 헌신, 몰두 assimilation 동화

3. ② 【해설】
barren은 '불모의, 불임의'의 뜻으로 이와 가장 가까운 유의어는 ② sterile이다.
【해석】
처음에 그 땅은 완전히 불모지였다. 그러나 여러 해 동안 열심히 일한 결과 그 땅은 비옥하고 풍성해 졌다.
【어휘】
extremely 극도로, 완전히 barren 불모의, 불임의 fertile 비옥한 copious 풍부한, 다량의 robust 강건한 sterile 불모의, 불임의 precise 정확한, 빈틈없는 gloomy 우울한, 침울한

4. ③ 【해설】
③ 형용사 보어 강조를 목적으로 문두에 위치시켜 주어 동사가 도치된 구조로 being(존재)이 이 문장의 주어이므로 단수 동사 is가 필요하다. 따라서 are는 is로 고쳐 써야 한다.
① 형용사 보어를 강조하고자 문두에 위치시켰으므로 be동사의 보어 역할로의 형용사의 사용은 어법상 적절하다.
② 관계대명사 that절 안에 동사 produce는 능동의 형태(뒤에 목적어가 없어야 하므로)여야 한다. 따라서 능동의 형태 produce의 사용은 어법상 옳다.
④ '비교급 than any other + 단수명사' 구문을 묻고 있다. 따라서 단수명사 type의 사용은 어법상 옳다.
【해석】
편안한 음악의 존재는 네 살 배기 아이에게 필요하지만 스스로 만들어 낼 수는 없는 고요하고 평화로운 분위기에는 다른 어떤 종류의 음악보다 도움이 된다.
【어휘】
atmosphere ①대기 ②분위기 being 존재 comforting 편안한

5. ② 【해설】
② What 뒤에 문장 구조가 완전하므로 관계대명사 What은 접속사 That으로 고쳐 써야 한다.
① 접속사 Though 다음 주어+동사 구조가 이어지므로 접속사 Though의 사용은 어법상 적절하다.
③ 주어가 That절(명사절)이므로 단수 동사 does의 사용은 어법상 옳다.
④ 대등접속사 or를 기준으로 앞에 동사 mean의 목적어 역할을 하는 that절과 병렬을 이루는 접속사 that의 사용은 어법상 적절하다.
【해석】
여성들이 늘 듣고 있기만 하는 위치에 있는 것에 불만이 있다 할지라도, 불만은 상호적인 것일지 모른다. 여성이 자신이 가만히 듣기만 하는 경청자의 역할을 할당받아 왔다고 생각한다는 것은 남성이 여성을 그런 역할에 맡겨둔다거나 아니면 남성이 필수적으로 엄격한 정렬(남성과 여성의 역할을 정해 둔 것)을 좋아한다고 생각한다는 것을 의미하지는 않는다.
【어휘】
mutual 상호간의 assign 할당하다 furnish A with B A에게 B를 제공하다 rigid 엄격한 alignment ①일직선 ②정렬

6. ② 【해설】
빈칸 앞에 Rosa가 출퇴근 시간이 너무 길다고 했고 빈칸 다음 Rosa가 역시 Dan의 말에 긍정의 대답을 하면서 정말 피곤하다고 말하고 있으므로 빈칸에 들어갈 말로 가장 적절한 것은 ② '그거 정말 피곤하겠다'이다.
【해석】
Dan: 새 직장은 어때? (3:20 pm)
Rosa: 전반적으로 꽤 좋아. 동료들도 친절하고, 사무실도 괜찮아. (3:21 pm)
Dan: 정말 좋은 직장 같네. (3:21 pm)
Rosa: 맞아, 하지만 단점도 좀 있어. (3:23 pm)
Dan: 어떤 점이? (3:23 pm)
Rosa: 출퇴근 시간이 너무 길어. 아침마다 1시간 이상 걸려. (3:24 pm)
Dan: 그거 정말 피곤하겠다. (3:24 pm)
Rosa: 맞아! 정말 피곤해. (3:25 pm)
① 직장에 운전해서 가?
③ 나도 너처럼 좋은 직장에서 일하고 싶어.
④ 사무실이 집에서 가까워?
【어휘】
pretty 아주, 매우 overall 전반적인, 전반적으로 coworker 동료 downside 단점 commute 통근, 통학 exhausting 피곤한, 지친 tiring 피곤한, 지친

7. ④ 【해설】
주어진 지문은 테러를 방지하고자 UN이 채택한 결의안에 관해 설명하고 있으므로 이 글의 주제로 가장 적절한 것은 ④ '테러 방지를 위한 UN의 결의'이다.
【해석】
911 테러의 대담성과 규모는 국제 사회가 단결하여 행동을 취하게 했다. UN은 테러 행위를 중단시키기 위해서 일련의 결의안을 통과시켰다. 그 결의안들은 모든 회원국들이 테러 분자들과 지원자들의 금융 자산을 동결하고, 그들의 이동과 피난처를 거부하고, 테러분자의 모집과 무기 공급을 막고, 정보 공유와 형사 소추에 있어서 다른 국가들과 협력하게 하는 것을 목표로 하고 있다. 또한 UN은 회원국들의 대 테러 능력을 강화할 뿐만 아니라 결의안을 회원국들이 충실히 준수하는지 감시하기 위해서 대 테러위원회를 설립했다. 또한 그 위원회는 결의안을 이행하는 데 있어서 도움이 필요했던 국가들에게 기술적인 원조를 제공했다. 이러한 조치들이 성공을 거두었는가? 이러한 결의안들이 통과된 이후로 회원국들은 미화 2억 달러 이상의 테러분자들의 자금을 동결할 수 있게 되었다.
① 국제사회의 테러 방지 노력
② 테러와 UN사이의 상호작용
③ 테러방지의 필요성
【어휘】
scale 규모 mobilize 동원하다, 결집하다 resolution 결의, 결의안 in a bid to do ~하기 위하여, ~을 겨냥하여 freeze 동결하다, 얼리다 financial asset 금융 자산 haven 피난처 recruitment 모집, 채용 criminal prosecution 형사 소추, 형사 고발 monitor 감시하다, 추적하다 adherence 집착,

- 1 -

고수, 충성   implement 이행하다, 수행하다   measure 대책, 조치

8. ②   【해설】
주어진 지문은 넙치·가자미류 그리고 오징어와 문어 등이 바다에서 위장을 잘 할 수 있다는 내용의 글이므로 이 글의 제목으로 가장 적절한 것은 ② '바다에서의 변장의 장인들'이다.
【해석】
가자미와 도다리 같이 바닥에 사는 넙치·가자미류는 그것들이 해저 위에서 이동할 때 다른 배경과 조화를 이루기 위해 몸 색깔과 무늬를 바꿀 수 있다. 그것들을 체스 판 위에 놓으면 심지어 체크무늬를 복제할 수 있다. 피부에 있는 색소 세포들이 층으로 나타난다. 이 세포들은 그것들이 숨겨지도록 함께 모이거나 더 투명하게 하도록 하기 위해 퍼질지도 모른다. 해저 위를 미끄러지듯 나아갈 때 가자미 몸의 윗면만 보이므로 꼭대기만 위장된다. 넙치류는 색깔을 바꾸는 데 1분 정도 걸리는 반면, 오징어와 문어는 순식간에 똑같은 묘기를 부릴 수 있다. 그들의 몸을 가로질러 색깔 파동을 보냄으로써 그들은 바다를 가로질러 휩쓸고 지나가는 햇볕의 물결 같은 움직이는 패턴으로 섞일 수 있다.
① 넙치·가자미류가 얼마나 지적인가?
③ 바다 속의 최고 포식자들
④ 넙치·가자미류: 색깔의 마술사
【어휘】
dwell 거주하다, 살다   flatfish 넙치·가자미류의 총칭   plaice 가자미   flounder 도다리   blend in with ~와 조화를 이루다   seabed 해저   reproduce 복제하다   checkered 체크무늬의   place 두다, 놓다   chessboard 체스 판   pigment 색소   in layers 층으로   clump 떼(무리)를 짓(게 하)다   transparent 투명한   upper 위쪽의   camouflage 위장하다   squid 오징어   octopus 문어   in a fraction of a second 순식간에   ripple 잔물결   sweep 휩쓸고 지나가다   disguise 변장(하다)   predator 포식자   magician 마술사

9. ①   【해설】
주어진 지문은 새로운 유연 근무제 정책의 일환으로 원격 근무에 관해 안내하고 있으므로 이 글의 목적으로 가장 적절한 것은 ①이다.

10. ②   【해설】
문맥상 flexible는 '유연한'의 뜻으로 이와 가장 가까운 유의어는 ② 'adaptable'이다.
【해석】
안녕하세요, 팀 여러분,
저희는 유연 근무제 정책을 새롭게 도입하게 되어 기쁘게 안내드립니다. 이 정책은 9월 1일부터 시행되며, 직원들은 주 최대 2일까지 원격 근무를 선택할 수 있습니다. 단, 팀의 업무량과 매니저의 승인을 받아야 합니다. 이 정책의 목적은 업무 생산성을 유지하면서도 직원들의 일과 삶의 균형을 개선하는 것입니다. 유연 근무제를 신청하고자 하는 직원들은 8월 25일까지 인사 포털을 통해 신청서를 제출해야 합니다. 신청 자격 및 세부 사항은 회사 핸드북에서 확인할 수 있습니다. 질문이 있는 경우 hr@ourcompany.com으로 문의해 주세요.
【어휘】
pleased 기쁜, 즐거운   introduce 소개하다   flexible 유연한   work arrangement 근무제   policy 정책   take effect 발효되다, 시행되다   employee 직원   option 선택, 선택권   remotely 원격으로, 멀리서   up to ~까지   depending on ~에 따라   workload 업무량   approval 승인   goal 목표   initiative 계획, 조치   promote 촉진하다   work-life balance 일과 삶의 균형   maintain 유지하다   productivity 생산성   participate in ~에 참여하다   submit 제출하다   request 요청   HR(Human Resource) 인사, 인적 자원   eligibility 자격   guideline 지침   handbook 안내서   contact 연락하다   department 부서   strict 엄격한

11. ②   【해설】
월세가 비싼 이유를 바다가 보이는 지역이기 때문이라고 했으므로 집들은 해변 근처에 있다고 추론할 수 있다. 따라서 빈칸에 들어가기에 가장 적절한 것은 ② 'immediate'이다.
【해석】
집들이 바다가 보이는 해변 가까이에 있기 때문에 길 건너 지역보다 이 지역의 월세가 훨씬 비싸다.
【어휘】
across ~의 반대편에   region 지역, 영역   inaccessible 접근하기 어려운   immediate ①즉각적인 ②근접한, 가까이에 있는   desolate 황량한, 쓸쓸한, 황폐한   remote 거리가 먼

12. ④   【해설】
빈약한 천연자원의 나라들이 관광 산업에 의존한다는 내용의 글이므로 빈칸에 가장 적절한 것은 ④ 'scanty'이다.
【해석】
비교적 천연 자원이 빈약한 몇몇 나라들은 관광 산업에 의지하는 경향이 있다.
【어휘】
relatively 비교적   natural resource 천연자원   have a tendency to ~의 경향이 있다, depend on ~에 의지하다   tourism 관광 산업   callow 미숙한, 솜씨 없는   nimble 민첩한, 기민한   lavish ①낭비하는 ②호화로운, 사치스러운   scanty 빈약한, 얼마 안 되는

13. ③   【해설】
빈칸 앞에 선행사가 없고 뒤의 문장구조가 불완전(주어가 없다)하므로 주격복합관계대명사가 필요하다. 따라서 빈칸에 들어가기에 가장 적절한 것은 ③ 'whoever'이다.
【해석】
우리는 10달러짜리 지폐를 발견했고 그것을 가장 거짓말을 잘 할 수 있는 사람에게 주려고 결심했다.
【어휘】
bill ①지폐 ②청구서 ③법안   decide 결정하다

14. ③   【해설】
'부정대명사 + of which + 동사' 구조를 묻고 있다. 선행사가 사물명사 ads이므로 관계대명사 which가 있어야 하고 뒤에 동사가 복수동사이므로 부정대명사 both(복수형)가 필요하다. 따라서 빈칸에 들어가기에 가장 적절한 것은 ③ 'both of which'이다.
【해석】
두 개의 광고를 비교해보자. 그 두 개 모두 우리에게 사치품을 구매하게 하려고 한다.
【어휘】
ad 광고   purchase 구매하다   luxury 사치   goods 상품, 제품

15. ①   【해설】
시간이 얼마 남지 않았다는 A의 말에 가능한 빨리 정리를 하겠다고 대답했으므로 빈칸에 들어가기에 가장 적절한 것은 ① '끝낼게요'이다.
【해석】
A: 더 오래 있고 싶은 건 아는데 이제 갈 시간이에요. 10분 남았습니다. 지금 나가주세요.
B: 오, 그래요? 끝낼게요. 가능한 빨리 정리하겠습니다.
② 제 것을 안 보셨으면 좋겠어요.
③ 제 생각과는 다르네요.
④ 그런데 두 분은 서로 아는 사이세요?
【어휘】
organize 정리(정돈)하다   wrap it up 끝내다   by the way 그런데   acquainted 알고 있는, 아는

16. ③   【해설】
주어진 지문은 한 번에 많은 양을 먹는 식사보다는 규칙적인 간격으로 여러 번 적게 먹는 것이 좋다는 내용의 글이므로, 블랙커피를 마시는 사람들의 증상을 언급하고 있는 ③은 글 전체의 흐름과 무관하다.

【해석】
만약 당신이 바쁜 삶을 살고 시간이 부족하다면 당신은 하루에 겨우 한 번 정도 제대로 된 식사를 하게 될 지도 모른다. 건강의 견지에서 보면 이것은 좋지 않은 습관이다. 만약 당신이 한 번의 대량식사를 하는 대신 여러 번 나누어 식사를 했다면 당신은 당신의 신체를 더 배려하며 다뤘다는 것이 된다. 주어진 양의 음식은 만약 한 번에 먹을 때 보다 하루 종일 나누어 섭취할 때 몸에 더 유용하게 사용된다. (그러한 현상은 하루에 다섯 잔 이상의 강렬한 블랙커피를 마시는 사람들에게 일어나기도 한다.) 많은 양의 식사나 혹은 불규칙한 식사를 하는 사람들은 작은 양을 규칙적으로 먹는 사람들보다 더 살이 찌는 경향이 있고 높은 수준의 지방을 포함하고 있다.
【어휘】
meal 식사, 끼니 standpoint 견지, 입장 practice ①연습 ②관행, 습관 treat ~ with consideration ~을 정중히 대우하다, 다루다 efficiently 능률적으로 space ①공간 ②(일정한) 간격을 두다 throughout (전역에)걸쳐서 symptom 증상 infrequent 드문, 빈번하지 않은 regular 규칙적인 interval 간격

17. ① 【해설】
주어진 지문은 고대 그리스나 로마의 의상이 큰 변화 없이 안정감과 영속성이 있었다는 특징을 설명하고 있으므로 빈칸에 들어가기에 가장 적절한 것은 ①이다.
【해석】
고대 그리스와 로마의 의상은 결코 어떤 중대한 변화를 겪지 않았다. 고전 의상 연구의 개척자인 Leon Heuzey는 전형적으로 명료하게 두 가지 기본 원칙을 제시했다. 첫 번째로 고대 그리스·로마의 의상은 성별 간의 차이가 없이, 그것의 의도된 용도와 고객의 신장에 따라 다양한 크기로 짜여 진 단순한 직사각형의 천 조각으로 되어 있기 때문에, 고대 그리스·로마의 의상은 본질적으로 어떤 형태를 가지고 있지 않다는 것이다. 두 번째로 고전적인 의상은 결코 모양을 만들거나 절단되지 않은 채, 고객의 취향에 따라 항상 주름을 잡아 걸치고 신체 둘레에 감아 입었다. 그래서 그것은 항상 가변적이었고 '살아 있었다.' 고대 그리스·로마 시대에 재단사나 재봉사에 대한 어떤 증거도 없다는 것은 주목할 만하다. 그리스어나 라틴어에는 그 단어들 자체가 거의 존재하지 않았다. 그 두 가지 기본적인 원리에 따르면 고전의상은 고대인들에게 전통적인 안정감과 영속성을 제공했다고 결론을 내릴 수 있다.
【어휘】
ancient 고대의 costume 의상 anything but 결코~않는 go through 겪다, 경험하다 major 주된, 주요한 pioneer 선구자 classical 전통적인 set forth ①(의견이나 생각을) 개진하다, 피력하다 ②(여행을)시작하다 exemplary 전형적인, 모범적인 clarity 명료성, 명확성 principle 원칙, 원리 in itself 본질적으로, 그 자체로는 consist of ~로 구성되다 rectangular 직사각형의 weave-wove-woven (직물을)짜다, 엮다 according to ①~에 따라서 ②~에 따르면 intended 의도된 height 신장, 키 drape 주름을 잡아 걸치다 in accordance with ~에 따라, 부합되게 taste 취향 fluid 가변적인, 유동적인 notable 주목할 만한, 눈에 띄는 tailor 재단사 dressmaker 재봉사 barely 거의 ~않는 exist 존재하다 present A with B A에게 B를 제공하다 stability 안정감, 안정성 permanence 영속성, 영원성 variation 변화 uniformity 획일성

18. ③ 【해설】
주어진 문장에 But이 있고 그 다음 둘 다 이 사실을 인식하지 못한다 했으므로 주어진 문장 앞에는 '둘 다 이 사실을 인식한다'의 내용이 있어야 한다. 따라서 주어진 문장이 들어가기에 가장 적절한 곳은 ③이다.
【해석】
연구들은 건널목 표시가 없는 건널목에서보다 표시가 되어 있는 건널목에서 운전자들이 보행자들에게 양보할 가능성이 더 높다는 것을 보여준다. 그러나 몇몇 연구자들이 알아냈듯이, 그것이 반드시 상황을 더 안전하게 해 주지는 않는다. 그들은 교통량이 많은 도로에서 두 가지 종류의 건널목에서 보행자들이 건너는 방식을 비교했는데, 표시가 되어 있지 않은 건널목에서는 사람들이 양쪽을 더 자주 쳐다보는 경향이 있고, 교통이 끊기는 순간을 더 자주 기다리고, 길을 더 빨리 건넌다는 것을 알아냈다. 연구자들은 표시가 있는 건널목에서는 운전자가 보행자에게 양보해야 한다는 것을 운전자와 보행자 모두 더 잘 인지하고 있을 것 같다고 생각한다. 그러나 표시가 없는 건널목에서는 둘 중 어느 쪽도 이 사실을 인지하지 못한다. 교통안전 규칙을 모르는 것이 알고 보면 보행자들에게 실은 좋은 일이다. 보행자들은 자동차가 멈출 것인지에 대해 모르기 때문에 더 조심스럽게 행동한다.
【어휘】
motorist 운전자 yield to ~에게 양보하다 pedestrian 보행자 marked 표시가 된 crosswalk 횡단보도 considerable 꽤 많은, 상당한 traffic volume 교통량 tend to ⓥ ⓥ하는 경향이 있다 suspect ①의심하다 ②~일 것 같다고 생각하다 when it comes to~ ~에 관한 한 be supposed to ⓥ ①ⓥ해야 한다 ②ⓥ하기로 되어있다 cautiously 조심스럽게

19. ③ 【해설】
(C)의 such a conviction은 주어진 제시문의 마지막 내용 (have long suspected that an elegant logic lies behind the monument's graceful shape)을 가리키고 있으므로 주어진 제시문 다음에는 (C)가 위치해야 하고 (B)의 That document는 (A)의 a long-overlooked memo를 지칭하므로 (A)다음에 (B)가 이어져야 한다. 따라서 글의 순서로 가장 적절한 것은 ③이다.
【해석】
Alexandre-Gustave Eiffel이 19세기 말 파리에 그의 유명한 986피트 높이의 홀로 우뚝 선 철탑을 설계했을 때, 그는 현대의 과학이나 공학이 없는 상태에서 그러한 일을 해낸 것이었다. 하지만 수학자들은 그 기념물의 우아한 형태 배후에 명쾌한 이치가 있음을 오랫동안 깨달아 왔다. (C)그러한 확신은 공학자인 Patrick Weidman으로 하여금 그 탑의 곡선 배후에 존재하는 수학 공식을 찾게 했다. (A)처음에 실패를 맛본 Weidman이 그 진실을 알아낸 순간은 그가 오랫동안 빠뜨리고 못 보았던 1885년에 Eiffel이 작성한 메모를 찾아냈을 때였다. (B)그 문서는 Weidman에게 그가 그 탑을 설명하는 수학 공식을 알아내는 데 필요했던 통찰력을 제시해 주었다.
【어휘】
free-standing 버팀대 없이 서있는, 홀로 우뚝 솟은 suspect 짐작하다, 깨닫다 elegant ①(이론·해결법이) 명쾌한, 분명한 ②우아한 logic 논리, 이치 monument 기념물 graceful 우아한 initially 처음에 frustrated 좌절한 eureka moment 진실을 알아낸 순간 overlook 간과하다, 빠뜨리고 못 보다 insight 통찰력 work out 해결하다, 풀어내다 formula 공식 conviction 확신, 신념 search for ~를 찾다

20. ③ 【해설】
세 가지 유형의 패스 카드 모두 주요 관광지 입장료 10퍼센트 할인 혜택이 주어지므로 '5일 패스 카드에만 주요 관광지 입장료 할인 혜택이 제공된다'는 ③은 안내문의 내용과 일치하지 않는다.
【해석】
Adenville City Pass Card는 Adenville을 방문하는 관광객을 위한 대중교통 카드입니다.
서비스 범위
• Adenville 기반의 지하철 노선
• Adenville에서 인가를 받은 버스
※ 이 카드는 시티 투어 버스에 사용될 수 없습니다.
카드 유형

	가격	추가 혜택
1일권	10달러	주요 관광지 입장료 10퍼센트 할인
3일권	25달러	
5일권	40달러	

※ 미사용 카드는 구입일로부터 30일 이내에 환불이 가능합니다.

구입 정보
- 실물 카드는 지하철역에서 구입할 수 있습니다.
- 모바일 카드는 A-Transit 앱에서 구입할 수 있습니다

【어휘】
public transportation 대중교통 range 범위 licensed 인가를 받은, 허가된 additional 추가의 admission 입장료 tourist attraction 관광지, 관광 명소 refundable 환불이 가능한

한국사

출제교수: 노범석 교수님

1. ④ 【해설】신석기
제시된 자료는 신석기 시대의 예술품에 대해 설명하고 있다.
④ 신석기 시대의 부족 사회에 대한 설명이다.
① 초기 철기 시대에는 옹기 안에 사람의 뼈를 추려서 매장하는 독무덤과 시체를 나무널에 넣어 매장하는 널무덤이 유행하였다.
② 초기 철기, ③ 청동기 시대에 대한 설명이다.

2. ④ 【해설】대가야와 금관가야
제시된 자료의 (가)는 대가야를, (나)는 금관가야를 일컫는다.
④ 공주 석장리는 구석기 시대의 유적지로, 금관가야의 유적지와는 관련이 없다.
① 대가야에 대한 설명이다.
② 6세기 대가야의 이뇌왕은 신라 법흥왕과 결혼 동맹을 맺었다.
③ 금관가야의 시조인 김수로는 천손을 자처하던 이주민으로 추정하고 있다.

3. ② 【해설】원효
제시된 자료는 원효의 아미타 사상 전파에 대해 설명하고 있다.
② 원효는 불교 이론을 폭넓게 이해하고 이를 정리하여, 모든 것이 한마음에서 나온다는 일심사상을 바탕으로 화쟁 사상을 주장하였다.
① 의상 등에 대한 설명이다. 원효는 6두품 출신 승려이다.
③ 혜초에 대한 설명이다.
④ 자장에 대한 설명이다.

4. ③ 【해설】법흥왕
제시된 자료의 밑줄 친 왕은 법흥왕이다.
③ 법흥왕은 상대등을 설치하여 재상과 같은 지위를 부여하였다.
① 진흥왕, ② 지증왕, ④ 진평왕의 업적에 대한 설명이다.

5. ③ 【해설】전시과
제시된 자료는 '고려사'의 기록된 것으로, 고려 토지 제도인 전시과에 대한 내용이다.
③ 전시과 체제에서는 곡물을 수취할 수 있는 전지와 땔감을 얻을 수 있는 시지를 지급하였다.
① 역분전, ② 녹과전, ④ 녹읍과 식읍에 대한 설명이다.

6. ② 【해설】임진왜란
㉠ 1592년 7월의 일이다.
㉢ 1593년 1월 조·명 연합군은 평양성을 탈환하였다.
㉣ 1593년 2월 행주 대첩에 대한 설명이다.
㉡ 1597년 9월에 명량 대첩이 일어났다.

7. ② 【해설】발해 무왕
제시된 자료에서 (가)는 발해 무왕을 일컫는다.
② 발해 무왕 때 중국 산둥 지방의 등주에 장문휴를 필두로 하는 수군을 보내 공격하였다.
① 대흥은 발해 문왕 대 사용된 연호이다.
③ 발해 선왕 때의 일이다.
④ 대조영(발해 고왕)에 대한 설명이다.

8. ④ 【해설】도병마사와 식목도감(재추 회의)
제시된 자료는 고려의 재신과 추밀이 모여 회의하는 재추회의에 대한 설명이다. 고려에서는 재신과 추밀이 모여 도병마사에서 변경 지역의 군사 문제 등 대외 문제를, 식목도감에서 법의 제정이나 각종 시행 규정 등 대내문제를 다루었다.
④ 도병마사와 식목도감은 고위 관료인 중서문하성의 재신과 중추원의 추밀이 모여 국가 중대사를 결정하는 회의 기구였다.
① 어사대, ② 중추원, ③ 조선의 춘추관에 대한 설명이다.

9. ① 【해설】조선 효종
제시된 자료는 조선 효종 때의 나선 정벌과 관련된 내용이다.
① 조선 효종 때 김육의 건의로 대동법을 전라도와 충청도까지 확대·시행하였다.
② 숙종, ③ 영조 ④ 광해군에 대한 설명이다.

10. ① 【해설】조선 전기의 정치
제시된 자료는 원각사지 10층 석탑에 관련된 내용으로, 밑줄 친 '왕'은 세조이다.
① 조선 세조는 자신을 비난하는 언론 활동을 제한하기 위해 집현전을 없앴다.
②, ③ 세종 때의 일이다.
④ 조선 태조와 태종 때의 일이다.

11. ② 【해설】근대의 외교 사절단
② 정부는 김윤식을 영선사로 삼아 유학생과 기술자들을 청나라 톈진에 보내 무기 제조 기술과 군사 훈련법을 배우게 하였다. 이후 기기창 설립에 영향을 주었다.
① 조사 시찰단이 아니라 보빙사에 대한 설명이다. 보빙사 일행은 40여 일 동안 미국에 체류하면서 미국 문물을 시찰하였다. 이들이 견학한 신문물은 신식 우편 제도, 육영 공원 설치에 영향을 미쳤다.
③ 갑신정변이 아니라 임오군란이다. 영선사는 근대 기술에 대한 지식 부족, 재정 결핍과 임오군란 등의 이유로 소기의 성과를 거두지 못하고 1년 만에 돌아왔다.
④ 영선사에 대한 설명이다.

12. ③ 【해설】국채 보상 운동
제시된 자료는 1907년 2월 21일자의 대한매일신보에 게재된 국채 보상 취지문의 일부 내용이다.
③ 통감부는 국채 보상 운동을 방해하기 위해, 영국인 베델의 추방 공작을 전개하고, 공동 사장인 양기탁을 국채 보상금을 횡령했다는 구실로 구속하였다.
① 황무지 개간 반대 운동에 대한 설명이다.
② 국채 보상 운동은 대구에서 시작되었다.
④ 국채 보상 운동은 일제 강점기가 아닌 1907년에 일어났다.

13. ① 【해설】정인보
제시된 자료는 정인보가 저술한 '오천년간 조선의 얼'의 내용이다.

14. ② 【해설】1930년대 이후의 정치 상황
제시된 자료는 1935년 11월 김구의 한국 국민당 창당과 관련된 내용이다. 따라서 1935년 한국 국민당 창당 이후의 역사적 사실을 고르는 문제이다.
② 한인 애국단이 조직된 것은 한국 국민당 창당 이전인 1931년의 일이다.
① 1940년의 일이다.
③ 1944년 5차 개헌에 대한 설명이다.
④ 1941년 대한민국 임시정부는 조소앙의 삼균주의를 기초로 하는 대한민국 건국 강령을 발표하였다.

15. ① 【해설】근대의 교육
㉠ 1883년의 일이다.
㉡ 1886년의 일이다.
㉢ 2차 갑오개혁 때인 1895년에 교육 입국 조서가 반포되면서 사범 학교와 외국어 학교를 설립할 수 있는 관제들이 제정되었다.
㉣ 안창호의 대성학교는 1908년, 이승훈의 오산학교는 1907년에 설립되었다.

16. ③ 【해설】조선 전기의 경제
제시된 자료는 조선 전기의 화폐 유통에 대해 설명하고 있다.
③ 조선 전기에 들어와 거름을 주는 시비법도 발달하여 농경지를 묵히지 않고 매년 농사지을 수 있게 되었다.(휴경지의 소멸)
①, ② 조선 후기의 경제 상황에 대한 설명이다.
④ 사원 수공업이 발달한 것은 고려 후기의 일이다.

17. ② 【해설】 병인양요
제시된 자료는 1866년 병인양요와 관련된 내용이다.
ⓒ 병인양요는 프랑스 선교사를 처형한 병인박해가 원인이 되어 일어났다.
ⓒ 병인양요 당시 프랑스 군대는 강화도에서 퇴각하면서 외규장각의 서적들과 의궤, 은괴 등을 약탈해갔다.
㉠ 1871년 신미양요 때의 일이다. 신미양요 때 미군이 침략하자, 강화도 광성보에서 어재연이 이끄는 부대가 항전하였다.
㉣ 1868년 미국의 사주를 받은 독일 상인 오페르트 등은 흥선 대원군의 아버지인 남연군의 묘를 도굴하여 하였으나 충청도 덕산 주민들의 저항으로 실패하였다.

18. ③ 【해설】 조선 건국 준비 위원회
제시된 자료는 1945년 8월에 조직된 조선 건국 준비 위원회에서 발표한 강령의 내용이다.
③ 송진우 등 일부 우파 세력들은 조선 건국 준비 위원회에 참여하지 않았다.
①, ②, ④ 조선 건국 준비 위원회에 대한 설명이다.

19. ③ 【해설】 정약용
제시된 자료는 조선 후기 실학자인 정약용의 학문적 업적에 대해 설명하고 있다. 다산 초당은 정약용이 강진에 유배되었을 때 살던 곳으로, 정약용은 이곳에서 주위 학자들에게 학문을 전파하고 많은 저술을 남겼다.
③ 정약용이 주장한 여전론에 대한 설명이다.
① 박제가, ② 이익에 대한 설명이다.
④ 이익이 주장한 내용이다.

20. ④ 【해설】 전두환 정부
제시된 자료는 전두환 정부의 민주화 운동 탄압과 유화 정책에 대해 설명하고 있다.
④ 전두환 정부 때인 1986년부터 3년간 3저 호황에 따라 우리 경제는 크게 성장할 수 있었다.
①, ② 김영삼 정부, ③ 1970년대 박정희 정부 때의 일이다.

행 정 법

출제교수: 강성빈 교수님

1. ③ 【해설】실효성 확보수단
가산세는 세법에서 규정하는 의무의 성실한 이행을 확보하기 위하여 세법에 따라 산출한 본세액에 가산하여 징수하는 독립된 조세로서, 본세에 감면사유가 인정된다고 하여 가산세도 감면대상에 포함되는 것이 아니고, 반면에 그 의무를 이행하지 아니한 데 대한 정당한 사유가 있는 경우에는 본세 납세의무가 있더라도 가산세는 부과하지 않는다. 대법원 2018. 11. 29. 선고 2015두56120 판결
① 행정절차법 제40조의3(위반사실 등의 공표)

> **행정절차법 제40조의3(위반사실 등의 공표)**
> ③ 행정청은 위반사실등의 공표를 할 때에는 미리 당사자에게 그 사실을 통지하고 의견제출의 기회를 주어야 한다. 다만, 다음 각 호의 어느 하나에 해당하는 경우에는 그러하지 아니하다.
> 2. 해당 공표의 성질상 의견청취가 현저히 곤란하거나 명백히 불필요하다고 인정될 만한 타당한 이유가 있는 경우

② 행정기본법 제23조

> **행정기본법 제23조(제재처분의 제척기간)**
> ① 행정청은 법령등의 위반행위가 종료된 날부터 5년이 지나면 해당 위반행위에 대하여 제재처분(인허가의 정지·취소·철회, 등록 말소, 영업소 폐쇄와 정지를 갈음하는 과징금 부과를 말한다. 이하 이 조에서 같다)을 할 수 없다.
> ③ 행정청은 제1항에도 불구하고 행정심판의 재결이나 법원의 판결에 따라 제재처분이 취소·철회된 경우에는 재결이나 판결이 확정된 날부터 1년(합의제행정기관은 2년)이 지나기 전까지는 그 취지에 따른 새로운 제재처분을 할 수 있다.

④ 국세징수법 제21조, 제22조가 규정하는 가산금 또는 중가산금은 국세를 납부기한까지 납부하지 아니하면 과세청의 확정절차 없이도 법률 규정에 의하여 당연히 발생하는 것이므로 가산금 또는 중가산금의 고지가 항고소송의 대상이 되는 처분이라고 볼 수 없다. 대법원 2005. 6. 10. 선고 2005다15482 판결

2. ② 【해설】행정쟁송법
'처분 등이나 그 집행 또는 절차의 속행으로 인한 손해발생의 우려' 등 적극적 요건에 관한 주장·소명 책임은 원칙적으로 신청인 측에 있으며, 이러한 요건을 결여하였다는 이유로 효력정지 신청을 기각한 결정에 대하여 행정처분 자체의 적법 여부를 가지고 불복사유로 삼을 수 없다. 대법원 2011. 4. 21.자 2010무111 전원합의체 결정
① 행정처분의 효력정지나 집행정지를 구하는 신청사건에서는 행정처분 자체의 적법 여부는 원칙적으로 판단의 대상이 아니고, 그 행정처분의 효력이나 집행을 정지할 것인가에 관한 행정소송법 제23조 제2항에서 정한 요건의 존부만이 판단의 대상이 되는 것이다. 다만, 집행정지는 행정처분의 집행부정지원칙의 예외로서 인정되는 것이고, 또 본안에서 원고가 승소할 수 있는 가능성을 전제로 한 권리보호수단이라는 점에 비추어 보면, 집행정지사건 자체에 의하여도 신청인의 본안청구가 적법한 것이어야 한다는 것을 집행정지의 요건에 포함시키는 것이 옳다. 대법원 2010. 11. 26.자 2010무137 결정
③ 항고소송의 대상이 되는 행정처분의 효력이나 집행 혹은 절차속행 등의 정지를 구하는 신청은 행정소송법상 집행정지 신청의 방법으로서만 가능할 뿐 민사소송법상 가처분의 방법으로는 허용될 수 없다. 대법원 2009. 11. 2.자 2009마596 결정
④ 행정소송법 제23조(집행정지)

> **행정소송법 제23조(집행정지)**
> ② (중략) 다만, 처분의 효력정지는 처분등의 집행 또는 절차의 속행을 정지함으로써 목적을 달성할 수 있는 경우에는 허용되지 아니한다.

3. ④ 【해설】행정구제법
공무원이 자기 소유의 자동차로 공무수행 중 사고를 일으킨 경우에는 그 손해배상책임은 자동차손해배상보장법이 정한 바에 의하게 되어, 그 사고가 자동차를 운전한 공무원의 경과실에 의한 것인지 중과실 또는 고의에 의한 것인지를 가리지 않고 그 공무원이 자동차손해배상보장법 제3조 소정의 '자기를 위하여 자동차를 운행하는 자'에 해당하는 한 손해배상책임을 부담한다. 대법원 1996. 5. 31. 선고 94다15271 판결
① 공무원이 고의 또는 과실로 그에게 부과된 직무상 의무를 위반하였을 경우라고 하더라도 국가는 그러한 직무상의 의무 위반과 피해자가 입은 손해 사이에 상당인과관계가 인정되는 범위 내에서만 배상책임을 지는 것이고, 이 경우 상당인과관계가 인정되기 위하여는 공무원에게 부과된 직무상 의무의 내용이 단순히 공공 일반의 이익을 위한 것이거나 행정기관 내부의 질서를 규율하기 위한 것이 아니고 전적으로 또는 부수적으로 사회구성원 개인의 안전과 이익을 보호하기 위하여 설정된 것이어야 한다. 대법원 2010. 9. 9. 선고 2008다77795 판결
② 국가배상법 제5조 제1항 소정의 '공공의 영조물'이라 함은 국가 또는 지방자치단체에 의하여 특정 공공의 목적에 공여된 유체물 내지 물적 설비를 말하며, 국가 또는 지방자치단체가 소유권, 임차권 그 밖의 권한에 기하여 관리하고 있는 경우뿐만 아니라 사실상의 관리를 하고 있는 경우도 포함된다. 대법원 1998. 10. 23. 선고 98다17381 판결
③ 국가배상법 제5조 제1항에 규정된 '영조물 설치·관리상의 하자'는 공공의 목적에 공여된 영조물이 그 용도에 따라 통상 갖추어야 할 안전성을 갖추지 못한 상태에 있음을 말한다. 그리고 위와 같은 안전성의 구비 여부는 영조물의 설치자 또는 관리자가 그 영조물의 위험성에 비례하여 사회통념상 일반적으로 요구되는 정도의 방호조치의무를 다하였는지를 기준으로 판단하여야 하고, 아울러 그 설치자 또는 관리자의 재정적·인적·물적 제약 등도 고려하여야 한다. 따라서 영조물이 그 설치 및 관리에 있어 완전무결한 상태를 유지할 정도의 고도의 안전성을 갖추지 아니하였다고 하여 하자가 있다고 단정할 수는 없고, 영조물 이용자의 상식적이고 질서 있는 이용 방법을 기대한 상대적인 안전성을 갖추는 것으로 족하다. 대법원 2022. 7. 28. 선고 2022다225910 판결

4. ④ 【해설】행정작용법
법률조항의 위임에 따라 대통령령으로 규정한 내용이 헌법에 위반될 경우라도 그 대통령령의 규정이 위헌으로 되는 것은 별론으로 하고, 그로 인하여 정당하고 적법하게 입법권을 위임한 수권법률조항까지도 위헌으로 되는 것은 아니라고 할 것이다. 헌법재판소 2019. 2. 28. 선고 2017헌바245 전원재판부 결정
① 행정관청이 일반적 직권에 의하여 제정하는 집행명령은 상위법령이 규정한 범위 내에서 이를 현실적으로 집행하는 데 필요한 세부적인 사항만을 규정할 수 있을 뿐, 상위법령의 위임이 없는 한 상위법령이 규정한 개인의 권리·의무에 관한 내용을 변경·보충하거나 상위법령에 규정되지 아니한 새로운 내용을 규정할 수는 없다. 대법원 2012. 7. 5. 선고 2010다72076 판결
② 구체성의 요구의 정도는 규제 대상의 종류와 성격에 따라 달라진다고 할 것이므로 보건위생 등 급부행정 영역에서는 기본권 침해 영역보다는 구체성의 요구가 다소 약화되어도 무방하다고 해석된다. 대법원 1995. 12. 8.자 95카기16 결정
③ 법령의 위임관계는 반드시 하위법령의 개별조항에서 위임의 근거가 되는 상위법령의 해당 조항을 구체적으로 명시하고 있어야만 하는 것은 아니라고 할 것이다. 대법원 1999. 12. 24. 선고 99두5658 판결

5. ① 【해설】행정작용법
민간투자사업 실시협약을 체결한 당사자가 공법상 당사자소

송에 의하여 그 실시협약에 따른 재정지원금의 지급을 구하는 경우에, 수소법원은 단순히 주무관청이 재정지원금액을 산정한 절차 등에 위법이 있는지 여부를 심사하는 데 그쳐서는 아니 되고, 실시협약에 따른 적정한 재정지원금액이 얼마인지를 구체적으로 심리·판단하여야 한다. 대법원 2019. 1. 31. 선고 2017두46455 판결
② 국책사업인 '한국형 헬기 개발사업'(Korean Helicopter Program)에 개발주관사업자 중 하나로 참여하여 국가 산하 중앙행정기관인 방위사업청과 '한국형헬기 민군겸용 핵심구성품 개발협약'을 체결한 갑 주식회사가 협약을 이행하는 과정에서 환율변동 및 물가상승 등 외부적 요인 때문에 협약금액을 초과하는 비용이 발생하였다고 주장하면서 국가를 상대로 초과비용의 지급을 구하는 민사소송을 제기한 사안에서, 위 협약의 법률관계는 공법관계에 해당하므로 이에 관한 분쟁은 행정소송으로 제기하여야 한다고 한 사례. 대법원 2017. 11. 9. 선고 2015다215526 판결
③ 행정청이 자신과 상대방 사이의 근로관계를 일방적인 의사표시로 종료시켰다고 하더라도 곧바로 그 의사표시가 행정청으로서 공권력을 행사하여 행하는 행정처분이라고 단정할 수는 없고, 관계 법령이 상대방의 근무관계에 관하여 구체적으로 어떻게 규정하고 있는지에 따라 그 의사표시가 항고소송의 대상이 되는 행정처분에 해당하는 것인지 아니면 공법상 계약관계의 일방 당사자로서 대등한 지위에서 행하는 의사표시인지 여부를 개별적으로 판단하여야 한다. 이러한 법리는 공법상 근무관계의 형성을 목적으로 하는 채용계약의 체결 과정에서 행정청의 일방적인 의사표시로 계약이 성립하지 아니하게 된 경우에도 마찬가지이다. 대법원 2014. 4. 24. 선고 2013두6244 판결
④ (중소기업기술정보진흥원장이 갑 주식회사와 중소기업 정보화지원사업 지원대상인 사업의 지원에 관한 협약을 체결하였는데, 협약이 갑 회사에 책임이 있는 사업실패로 해지되었다는 이유로 협약에서 정한 대로 지급받은 정부지원금을 반환할 것을 통보한 사안에서) 협약의 해지 및 그에 따른 환수통보는 행정청이 우월한 지위에서 행하는 공권력의 행사로서 행정처분에 해당한다고 볼 수 없다(주: 중소기업 정보화지원사업에 따른 지원금 출연을 위하여 중소기업청장이 체결하는 협약을 공법상 계약으로 보아 당사자소송의 대상이 된다고 본 사례). 대법원 2015. 8. 27. 선고 2015두41449 판결

6. ② 【해설】 행정쟁송법
재결청이 직접 처분을 하기 위하여는 처분의 이행을 명하는 재결이 있었음에도 당해 행정청이 아무런 처분을 하지 아니하였어야 하므로, 당해 행정청이 어떠한 처분을 하였다면 그 처분이 재결의 내용에 따르지 아니하였다고 하더라도 재결청이 직접 처분을 할 수는 없다. 대법원 2002. 7. 23. 선고 2000두9151 판결
① 재결에 판결에서와 같은 기판력이 인정되는 것은 아니어서 재결이 확정된 경우에도 처분의 기초가 된 사실관계나 법률적 판단이 확정되고 당사자들이나 법원이 이에 기속되어 모순되는 주장이나 판단을 할 수 없게 되는 것은 아니다. 대법원 2015. 11. 27. 선고 2013다6759 판결
③ 처분행정청은 재결에 기속되어 재결의 취지에 따른 처분의무를 부담하게 되므로 이에 불복하여 행정소송을 제기할 수 없다. 대법원 1998. 5. 8. 선고 97누15432 판결
④ 고지절차에 관한 규정은 행정처분의 상대방이 그 처분에 대한 행정심판의 절차를 밟는데 있어 편의를 제공하려는데 있으며 처분청이 위 규정에 따른 고지의무를 이행하지 아니하였다고 하더라도 경우에 따라서는 행정심판의 제기기간이 연장될 수 있는 것에 그치고 이로 인하여 심판의 대상이 되는 행정처분에 어떤 하자가 수반된다고 할 수 없다. 대법원 1987. 11. 24. 선고 87누529 판결

7. ② 【해설】 정보공개법
정보공개법 제19조(행정심판)

정보공개법 제19조(행정심판)
② 청구인은 제18조에 따른 이의신청 절차를 거치지 아니하고 행정심판을 청구할 수 있다.

① 정보공개를 청구하는 자가 공공기관에 대해 정보의 사본 또는 출력물의 교부의 방법으로 공개방법을 선택하여 정보공개청구를 한 경우에 공개청구를 받은 공공기관으로서는 같은 법 제8조 제2항에서 규정한 정보의 사본 또는 복제물의 교부를 제한할 수 있는 사유에 해당하지 않는 한 정보공개청구자가 선택한 공개방법에 따라 정보를 공개하여야 하므로 그 공개방법을 선택할 재량권이 없다고 해석함이 상당하다. 대법원 2003. 12. 12. 선고 2003두8050 판결
③ 정보공개법 제18조(이의신청)

정보공개법 제18조(이의신청)
① 정보공개를 청구한 자는 정보공개청구 후 20일이 경과하도록 정보공개결정이 없는 때에는 20일이 경과한 날로부터 30일 내에 해당 공공기관에 문서로 이의신청을 할 수 있다.

④ 청구인이 정보공개거부처분의 취소를 구하는 소송에서 공공기관이 청구정보를 증거 등으로 법원에 제출하여 법원을 통하여 그 사본을 청구인에게 교부 또는 송달되게 하여 결과적으로 청구인에게 정보를 공개하는 셈이 되었다고 하더라도, 이러한 우회적인 방법은 정보공개법이 예정하고 있지 아니한 방법으로서 정보공개법에 의한 공개라고 볼 수는 없으므로, 당해 정보의 비공개결정의 취소를 구할 소의 이익은 소멸되지 않는다. 대법원 2016. 12. 15. 선고 2012두11409 판결

8. ③ 【해설】 실효성 확보수단
구 국세기본법 제81조의4 제1항, 제2항 규정의 문언과 체계, 재조사를 엄격하게 제한하는 입법 취지, 그 위반의 효과 등을 종합하여 보면, 구 국세기본법 제81조의4 제2항에 따라 금지되는 재조사에 기하여 과세처분을 하는 것은 단순히 당초 과세처분의 오류를 경정하는 경우에 불과하다는 등의 특별한 사정이 없는 한 그 자체로 위법하고, 이는 과세관청이 그러한 재조사로 얻은 과세자료를 과세처분의 근거로 삼지 않았다거나 이를 배제하고서도 동일한 과세처분이 가능한 경우라고 하여 달리 볼 것은 아니다. 대법원 2017. 12. 13. 선고 2016두55421 판결
① 음주운전 여부에 대한 조사 과정에서 운전자 본인의 동의를 받지 아니하고 또한 법원의 영장도 없이 채혈조사를 한 결과를 근거로 한 운전면허 정지·취소 처분은 도로교통법 제44조 제3항을 위반한 것으로서 특별한 사정이 없는 한 위법한 처분으로 볼 수밖에 없다. 대법원 2016. 12. 27. 선고 2014두46850 판결
② 행정조사기본법 제5조는 행정기관이 정책을 결정하거나 직무를 수행하는 데에 필요한 정보나 자료를 수집하기 위하여 행정조사를 실시할 수 있는 근거에 관하여 정한 것으로서, 이러한 규정의 취지와 아울러 문언에 비추어 보면, 단서에서 정한 '조사대상자의 자발적인 협조를 얻어 실시하는 행정조사'는 개별 법령 등에서 행정조사를 규정하고 있는 경우에도 실시할 수 있다. 대법원 2016. 10. 27. 선고 2016두41811 판결
④ 행정조사기본법 제12조(시료채취)

행정조사기본법 제12조(시료채취)
② 행정기관의 장은 제1항에 따른 시료채취로 조사대상자에게 손실을 입힌 때에는 대통령령으로 정하는 절차와 방법에 따라 그 손실을 보상하여야 한다.

9. ① 【해설】 행정쟁송법
공정거래위원회가 관계 행정기관의 장에게 해당 사업자에 대한 입찰참가자격제한 요청 결정을 하게 되며, 이를 요청받은 관계 행정기관의 장은 특별한 사정이 없는 한 그 사업자에 대하여 입찰참가자격을 제한하는 처분을 하여야 하므로, 사업자로서는 입찰참가자격제한 요청 결정이 있으면 장차 후속처분으로 입찰참가자격이 제한될 수 있는 법률상 불이익이 존재한다. 이 때 입찰참가자격제한 요청 결정이 있음을 알고 있는 사업자로 하여금 입찰참가자격제한처분에 대하여만 다

툴 수 있도록 하는 것보다는 그에 앞서 직접 입찰참가자격제한 요청 결정의 적법성을 다툴 수 있도록 함으로써 분쟁을 조기에 근본적으로 해결하도록 하는 것이 법치행정의 원리에도 부합한다. 따라서 피고의 입찰참가자격제한 요청 결정은 항고소송의 대상이 되는 처분에 해당한다고 보아야 한다. 대법원 2023. 2. 2. 선고 2020두48260 판결
② 교육공무원법상 승진후보자 명부에 의한 승진심사 방식으로 행해지는 승진임용에서 승진후보자 명부에 포함되어 있던 후보자를 승진임용인사발령에서 제외하는 행위는 불이익처분으로서 항고소송의 대상인 처분에 해당한다. 대법원 2018. 3. 27. 선고 2015두47492 판결
③ 진정에 대한 국가인권위원회의 각하 및 기각결정은 피해자인 진정인의 권리행사에 중대한 지장을 초래하는 것으로서 항고소송의 대상이 되는 행정처분에 해당한다. 헌법재판소 2015. 3. 26. 선고 2013헌마214 결정
④ 지방자치단체의 장이 공유재산법에 근거하여 기부채납 및 사용·수익허가 방식으로 민간투자사업을 추진하는 과정에서 사업시행자를 지정하기 위한 전 단계에서 공모제안을 받아 일정한 심사를 거쳐 우선협상대상자를 선정하는 행위와 이미 선정된 우선협상대상자를 그 지위에서 배제하는 행위는 민간투자사업의 세부내용에 관한 협상을 거쳐 공유재산법에 따른 공유재산의 사용·수익허가를 우선적으로 부여받을 수 있는 지위를 설정하거나 또는 이미 설정한 지위를 박탈하는 조치이므로 모두 항고소송의 대상이 되는 행정처분으로 보아야 한다. 대법원 2020. 4. 29. 선고 2017두31064 판결

10. ④ 【해설】행정작용법
조합의 사업시행계획은 원칙적으로 재건축결의에서 결정된 내용에 따라 작성되어야 하지만, 조합이 사업시행계획을 재건축결의에서 결정된 내용과 달리 작성한 경우 이러한 하자는 기본행위인 사업시행계획 작성행위의 하자이고, 이에 대한 보충행위인 행정청의 인가처분이 그 근거 조항인 위 법 제28조의 적법요건을 갖추고 있는 이상은 그 인가처분 자체에 하자가 있는 것이라 할 수 없다. 대법원 2008. 1. 10. 선고 2007두16691 판결
① 사회복지법인의 정관변경을 허가할 것인지의 여부는 주무관청의 정책적 판단에 따른 재량에 맡겨져 있다고 할 것이고, 주무관청이 정관변경허가를 함에 있어서는 비례의 원칙 및 평등의 원칙에 적합하고 행정처분의 본질적 효력을 해하지 않는 한도 내에서 부관을 붙일 수 있다. 대법원 2002. 9. 24. 선고 2000두5661 판결
② 재단법인의 임원취임이 사법인인 재단법인의 정관에 근거한다 할지라도 이에 대한 행정청의 승인(인가)행위는 법인에 대한 주무관청의 감독권에 연유하는 이상 그 인가행위 또는 인가거부행위는 공법상의 행정처분으로서, 그 임원취임을 인가 또는 거부할 것인지 여부는 주무관청의 권한에 속하는 사항이라고 할 것이고, 재단법인의 임원취임승인 신청에 대하여 주무관청이 이에 기속되어 이를 당연히 승인(인가)하여야 하는 것은 아니다. 대법원 2000. 1. 28. 선고 98두16996 판결
③ 구 자동차관리법 설립인가 제도의 입법 취지, 조합 등에 대하여 인가권자가 가지는 지도·감독 권한의 범위 등과 아울러 자동차관리법상 조합 등 설립인가에 관하여 구체적인 기준이 정하여져 있지 않은 점에 비추어 보면, 인가권자인 국토해양부장관 또는 시·도지사는 조합 등의 설립인가 신청에 대하여 자동차관리법 제67조 제3항에 정한 설립요건의 충족 여부는 물론, 나아가 조합 등의 사업내용이나 운영계획 등이 자동차관리사업의 건전한 발전과 질서 확립이라는 사업자단체 설립의 공익적 목적에 부합하는지 등을 함께 검토하여 설립인가 여부를 결정할 재량을 가진다. 대법원 2015. 5. 29. 선고 2013두635 판결

11. ③ 【해설】행정구제법
토지보상법 제78조(이주대책의 수립 등)

> **토지보상법 제78조(이주대책의 수립 등)**
> ④ 이주대책의 내용에는 이주정착지(이주대책의 실시로 건설하는 주택단지를 포함한다)에 대한 도로, 급수시설, 배수시설, 그 밖의 공공시설 등 통상적인 수준의 생활기본시설이 포함되어야 하며, 이에 필요한 비용은 사업시행자가 부담한다. 다만, 행정청이 아닌 사업시행자가 이주대책을 수립·실시하는 경우에 지방자치단체는 비용의 일부를 보조할 수 있다.

① 어떤 보상항목이 공익사업을 위한 토지 등의 취득 및 보상에 관한 법령상 손실보상대상에 해당함에도 관할 토지수용위원회가 사실을 오인하거나 법리를 오해함으로써 손실보상대상에 해당하지 않는다고 잘못된 내용의 재결을 한 경우에는, 피보상자는 관할 토지수용위원회를 상대로 그 재결에 대한 취소소송을 제기할 것이 아니라, 사업시행자를 상대로 구 공익사업을 위한 토지 등의 취득 및 보상에 관한 법률 제85조 제2항에 따른 보상금증감소송을 제기하여야 한다. 대법원 2018. 7. 20. 선고 2015두4044 판결
② 하천법 제50조에 의한 하천수 사용권은 공익사업을 위한 토지 등의 취득 및 보상에 관한 법률 제76조 제1항이 손실보상의 대상으로 규정하고 있는 '물의 사용에 관한 권리'에 해당한다. 대법원 2018. 12. 27. 선고 2014두11601 판결
④ 가축의 살처분으로 인한 재산권의 제약은 헌법 제23조 제3항에 따라 보상을 요하는 수용에 해당하지 않고, 가축의 소유자가 수인해야 하는 사회적 제약의 범위에 속한다. 그러나 헌법 제23조 제1항 및 제2항에 따라 재산권의 사회적 제약을 구체화하는 법률조항이라 하더라도 권리자에게 수인의 한계를 넘어 가혹한 부담이 발생하는 예외적인 경우에는 이를 완화하는 보상규정을 두어야 한다. 헌법재판소 2024. 5. 30. 선고 2021헌가3 전원재판부 결정

12. ① 【해설】행정작용법
도시관리계획결정·고시와 그 도면에 특정 토지가 도시관리계획에 포함되지 않았음이 명백한데도 도시관리계획을 집행하기 위한 후속 계획이나 처분에서 그 토지가 도시관리계획에 포함된 것처럼 표시되어 있는 경우가 있다. 이것은 실질적으로 도시관리계획결정을 변경하는 것에 해당하여 구 국토의 계획 및 이용에 관한 법률에서 정한 도시관리계획 변경절차를 거치지 않는 한 당연무효이다. 대법원 2019. 7. 11. 선고 2018두47783 판결
② 행정주체가 구체적인 행정계획을 입안·결정할 때 가지는 형성의 자유의 한계에 관한 법리는 주민의 입안 제안 또는 변경신청을 받아들여 도시관리계획결정을 하거나 도시계획시설을 변경할 것인지를 결정할 때에도 동일하게 적용된다. 대법원 2012. 1. 12. 선고 2010두5806 판결
③ 장래 일정한 기간 내에 관계 법령이 규정하는 시설 등을 갖추어 일정한 행정처분을 구하는 신청을 할 수 있는 법률상 지위에 있는 자의 국토이용계획변경신청을 거부하는 것이 실질적으로 당해 행정처분 자체를 거부하는 결과가 되는 경우에는 예외적으로 그 신청인에게 국토이용계획변경을 신청할 권리가 인정된다고 봄이 상당하므로, 이러한 신청에 대한 거부행위는 항고소송의 대상이 되는 행정처분에 해당한다. 대법원 2003. 9. 23. 선고 2001두10936 판결
④ 산업단지개발계획상 산업단지 안의 토지 소유자로서 산업단지개발계획에 적합한 시설을 설치하여 입주하려는 자는 산업단지지정권자 또는 그로부터 권한을 위임받은 기관에 대하여 산업단지개발계획의 변경을 요청할 수 있는 법규상 또는 조리상 신청권이 있고, 이러한 신청에 대한 거부행위는 항고소송의 대상이 되는 행정처분에 해당한다고 보아야 한다. 대법원 2017. 8. 29. 선고 2016두44186 판결

13. ① 【해설】행정법통론
국가가 공무원임용결격사유가 있는 자에 대하여 결격사유가 있는 것을 알지 못하고 공무원으로 임용하였다가 사후에 결격사유가 있는 자임을 발견하고 공무원 임용행위를 취소하는 것은 당사자에게 원래의 임용행위가 당초부터 당연무효이었음을 통지하여 확인시켜 주는 행위에 지나지 아니하는 것이므로, 그러한 의미에서 당초의 임용처분을 취소함에 있어서는 신의칙 내지 신뢰의 원칙을 적용할 수 없고 또 그러한 의미의 취소권은 시효로 소멸하는 것도 아니다. 대법원 1987. 4. 14. 선고 86누459 판결

② 위법한 행정처분이 수차례에 걸쳐 반복적으로 행하여졌다 하더라도 그러한 처분이 위법한 것인 때에는 행정청에 대하여 자기구속력을 갖게 된다고 할 수 없다. 대법원 2009. 6. 25. 선고 2008두13132 판결
③ 폐기물처리업 사업계획에 대하여 적정통보를 한 것만으로 그 사업부지 토지에 대한 국토이용계획변경신청을 승인하여 주겠다는 취지의 공적인 견해표명을 한 것으로 볼 수 없다. 대법원 2005. 4. 28. 선고 2004두8828 판결
④ 병무청 담당부서의 담당공무원에게 공적 견해의 표명을 구하는 정식의 서면질의 등을 하지 아니한 채 총무과 민원팀장에 불과한 공무원이 민원봉사차원에서 상담에 응하여 안내한 것을 신뢰한 경우, 신뢰보호 원칙이 적용되지 아니한다. 대법원 2003. 12. 26. 선고 2003두1875 판결

14. ② 【해설】 행정법통론
행정청으로 하여금 신청에 대하여 거부처분을 하기 전에 반드시 신청인에게 신청의 내용이나 처분의 실체적 발급요건에 관한 사항까지 보완할 기회를 부여하여야 할 의무를 정한 것은 아니라고 보아야 한다. 대법원 2020. 7. 23 선고 2020두36007 판결
① 사직원 제출자의 내심의 의사가 사직할 뜻이 아니었다 하더라도 그 의사가 외부에 객관적으로 표시된 이상 그 의사는 표시된 대로 효력을 발하는 것이며, 민법 제107조 제1항 단서의 비진의 의사표시의 무효에 관한 규정은 그 성질상 사인의 공법행위에 적용되지 아니하므로 원고의 사직원을 받아들여 의원면직처분한 것을 당연무효라고 할 수 없다. 대법원 2001. 8. 24. 선고 99두9971 판결
③ 관련 법령이 정신병원 등의 개설에 관하여는 허가제로, 정신과의원 개설에 관하여는 신고제로 각 규정하고 있는 것은 각 의료기관의 개설 목적 및 규모 등 차이를 반영한 합리적 차별로서 평등의 원칙에 반한다고 볼 수 없다. 또한 신고제 규정으로 사인인 제3자에 의한 개인의 생명이나 신체 훼손의 위험성이 증가한다고 할 수 없어 기본권 보호의무에 위반된다고 볼 수도 없다. 대법원 2018. 10. 25. 선고 2018두44302 판결
④ 식품위생법에 따른 식품접객업(일반음식점영업)의 영업신고의 요건을 갖춘 자라고 하더라도, 그 영업신고를 한 당해 건축물이 건축법 소정의 허가를 받지 아니한 무허가 건물이라면 적법한 신고를 할 수 없다. 대법원 2009. 4. 23. 선고 2008도6829 판결

15. ④ 【해설】 개인정보 보호법
개인정보 보호법 제39조(손해배상책임)

개인정보 보호법 제39조(손해배상책임)
③ 개인정보처리자의 고의 또는 중대한 과실로 인하여 개인정보가 분실·도난·유출·위조·변조 또는 훼손된 경우로서 정보주체에게 손해가 발생한 때에는 법원은 그 손해액의 5배를 넘지 아니하는 범위에서 손해배상액을 정할 수 있다. 다만, 개인정보처리자가 고의 또는 중대한 과실이 없음을 증명한 경우에는 그러하지 아니하다.

① 개인정보자기결정권의 보호대상이 되는 개인정보는 개인의 신체, 신념, 사회적 지위, 신분 등과 같이 인격주체성을 특징짓는 사항으로서 개인의 동일성을 식별할 수 있게 하는 일체의 정보를 의미하며, 반드시 개인의 내밀한 영역에 속하는 정보에 국한되지 않고 공적 생활에서 형성되었거나 이미 공개된 개인정보까지도 포함한다. 대법원 2016. 3. 10. 선고 2012다105482 판결
② 개인정보자기결정권이라는 인격적 법익을 침해·제한한다고 주장되는 행위의 내용이 이미 정보주체의 의사에 따라 공개된 개인정보를 그의 별도의 동의 없이 영리 목적으로 수집·제공하였다는 것인 경우에는, (중략) 구체적으로 비교 형량하여 어느 쪽 이익이 더 우월한 것으로 평가할 수 있는지에 따라 정보처리 행위의 최종적 위법성 여부를 판단하여야 하고, 단지 정보처리자에게 영리 목적이 있었다는 사정만으로 곧바로 정보처리 행위를 위법하다고 할 수는 없다. 대법원 2016. 8. 17. 선고 2014다235080 판결
③ 개인정보 보호법 제39조(손해배상책임)

개인정보 보호법 제39조(손해배상책임)
① 정보주체는 개인정보처리자가 이 법을 위반한 행위로 손해를 입으면 개인정보처리자에게 손해배상을 청구할 수 있다. 이 경우 그 개인정보처리자는 고의 또는 과실이 없음을 입증하지 아니하면 책임을 면할 수 없다.

16. ③ 【해설】 행정절차법
처분청이 변상금 부과처분을 함에 있어서 그 납부고지서 또는 적어도 사전통지서에 그 산출근거를 밝히지 아니하였다면 위법한 것이고, 위 시행령 제26조, 제26조의2에 변상금 산정의 기초가 되는 사용료의 산정방법에 관한 규정이 마련되어 있다고 하여 산출근거를 명시할 필요가 없다거나, 부과통지서 등에 위 시행령 제56조를 명기함으로써 간접적으로 산출근거를 명시하였다고는 볼 수 없다. 대법원 2001. 12. 14. 선고 2000두86 판결
① 구 국적법 제5조 각호와 같이 귀화는 요건이 항목별로 구분되어 구체적으로 규정되어 있다. 그리고 성질상 행정절차를 거치기 곤란하거나 거칠 필요가 없다고 인정되어 처분의 이유제시 등을 규정한 행정절차법이 적용되지 않는다(제3조 제2항 제9호). 대법원 2018. 12. 13. 선고 2016두31616 판결
② 행정청이 행정절차법 제20조 제1항에 따라 정하여 공표한 처분기준은, 그것이 해당 처분의 근거 법령에서 구체적 위임을 받아 제정·공포되었다는 특별한 사정이 없는 한, 원칙적으로 대외적 구속력이 없는 행정규칙에 해당한다. (중략) 행정청이 미리 공표한 기준, 즉 행정규칙을 따랐는지 여부가 처분의 적법성을 판단하는 결정적인 지표가 되지 못하는 것과 마찬가지로, 행정청이 미리 공표하지 않은 기준을 적용하였는지 여부도 처분의 적법성을 판단하는 결정적인 지표가 될 수 없다. 대법원 2020. 12. 24. 선고 2018두45633 판결
④ 행정절차법 제35조(청문의 종결)

행정절차법 제35조(청문의 종결)
② 청문 주재자는 당사자등의 전부 또는 일부가 정당한 사유 없이 청문기일에 출석하지 아니하거나 제31조 제3항에 따른 의견서를 제출하지 아니한 경우에는 이들에게 다시 의견진술 및 증거제출의 기회를 주지 아니하고 청문을 마칠 수 있다.

17. ② 【해설】 행정작용법
(주택재개발정비사업조합 설립추진위원회가 주택재개발정비사업조합 설립인가처분의 취소소송에 대한 1심 판결 이후 정비구역 내 토지 등 소유자의 4분의 3을 초과하는 조합설립동의서를 새로 받은 사안에서) 하자의 치유를 인정하였을 때 원고들을 비롯한 토지 등 소유자들에게 아무런 손해가 발생하지 않는다고 단정할 수 없으므로 위 설립인가처분의 하자가 치유된다고 볼 수 없다. 대법원 2010. 8. 26. 선고 2010두2579 판결
① 면허의 취소처분에는 그 근거가 되는 법령이나 취소권 유보의 부관 등을 명시하여야 함은 물론 처분을 받은 자가 어떠한 위반사실에 대하여 당해 처분이 있었는지를 알 수 있을 정도로 사실을 적시할 것을 요하며, 이와 같은 취소처분의 근거와 위반사실의 적시를 빠뜨린 하자는 피처분자가 처분 당시 그 취지를 알고 있었다거나 그 후 알게 되었다 하여도 치유될 수 없다. 대법원 1990. 9. 11. 선고 90누1786 판결
③ 적법한 건축물에 대한 철거명령은 그 하자가 중대하고 명백하여 당연무효라고 할 것이고, 그 후행행위인 건축물철거대집행계고처분 역시 당연무효라고 할 것이다. 대법원 1999. 4. 27. 선고 97누6780 판결
④ 도시·군계획시설결정과 실시계획인가는 도시·군계획시설사업을 위하여 이루어지는 단계적 행정절차에서 별도의 요건과 절차에 따라 별개의 법률효과를 발생시키는 독립적인 행정처분이다. 그러므로 선행처분인 도시·군계획시설결정에 하자가 있더라도 그것이 당연무효가 아닌 한 원칙적으로 후행처분인 실시계획인가에 승계되지 않는다. 대법원 2017. 7. 18. 선고 2016두49938 판결

18. ③ 【해설】행정작용법
도로점용허가 대상 도로가 아닌 다른 도로의 관리청(전라남도)이 그의 필요에 따라 도로점용허가 대상 도로에 관한 공사를 시행하는 경우에는 당초 도로점용허가를 한 처분청(익산지방국토관리청)과 처분상대방(한국수자원공사) 사이의 공사비용 부담 주체 결정에 관한 부관인 조건을 원용할 수 없다고 봄이 타당하다. 대법원 2024. 10. 31. 선고 2022다250626 판결
① 행정청이 수익적 행정처분을 하면서 부가한 부담의 위법여부는 처분 당시 법령을 기준으로 판단하여야 하고, 부담이 처분 당시 법령을 기준으로 적법하다면 처분 후 부담의 전제가 된 주된 행정처분의 근거 법령이 개정됨으로써 행정청이 더 이상 부관을 붙일 수 없게 되었다 하더라도 곧바로 위법하게 되거나 그 효력이 소멸하게 되는 것은 아니다. 대법원 2009. 2. 12. 선고 2005다65500 판결
② 행정행위의 부관은 부담인 경우를 제외하고는 독립하여 행정소송의 대상이 될 수 없는바, 기부채납받은 행정재산에 대한 사용·수익허가에서 공유재산의 관리청이 정한 사용·수익허가의 기간은 그 허가의 효력을 제한하기 위한 행정행위의 부관으로서 이러한 사용·수익허가의 기간에 대해서는 독립하여 행정소송을 제기할 수 없으며, 결국 이 사건 청구는 부적법하여 각하를 면할 수 없다. 대법원 2001. 6. 15. 선고 99두509 판결
④ 행정처분에 부담인 부관을 붙인 경우 부관의 무효화에 의하여 본체인 행정처분 자체의 효력에도 영향이 있게 될 수는 있지만, 그 처분을 받은 사람이 부담의 이행으로 사법상 매매 등의 법률행위를 한 경우에는 그 부관은 특별한 사정이 없는 한 법률행위를 하게 된 동기 내지 연유로 작용하였을 뿐이므로 이는 법률행위의 취소사유가 될 수 있음은 별론으로 하고 그 법률행위 자체를 당연히 무효화하는 것은 아니다. 대법원 2009. 6. 25. 선고 2006다18174 판결

19. ④ 【해설】실효성 확보수단
질서위반행위규제법 제5조(다른 법률과의 관계)

> **질서위반행위규제법 제5조(다른 법률과의 관계)**
> 과태료의 부과·징수, 재판 및 집행 등의 절차에 관한 다른 법률의 규정 중 이 법의 규정에 저촉되는 것은 이 법으로 정하는 바에 따른다.

① 어떤 행정법규위반의 행위에 대하여 이를 단지 간접적으로 행정상의 질서에 장애를 줄 위험성이 있음에 불과한 경우로 보아 행정질서벌인 과태료를 과할 것인지 아니면 직접적으로 행정목적과 공익을 침해한 행위로 보아 행정형벌을 과할 것인지는 기본적으로 입법권자가 제반사정을 고려하여 결정할 입법재량에 속하는 문제이다. 헌법재판소 1998. 5. 28. 선고 96헌바83 결정
② 행정법상의 질서벌인 과태료의 부과처분과 형사처벌은 그 성질이나 목적을 달리하는 별개의 것이므로 행정법상의 질서벌인 과태료를 납부한 후에 형사처벌을 한다고 하여 이를 일사부재리의 원칙에 반하는 것이라고 할 수는 없고, 따라서 임시운행허가기간을 벗어나 무등록차량을 운행한 자에 대한 과태료의 제재와 형사처벌은 일사부재리의 원칙에 반하지 않는다. 대법원 1996. 4. 12. 선고 96도158 판결
③ 질서위반행위규제법 제24조의2(상속재산 등에 대한 집행)

> **질서위반행위규제법 제24조의2(상속재산 등에 대한 집행)**
> ① 과태료는 당사자가 과태료 부과처분에 대하여 이의를 제기하지 아니한 채 제20조 제1항에 따른 기한이 종료한 후 사망한 경우에는 그 상속재산에 대하여 집행할 수 있다.

20. ① 【해설】행정쟁송법
기판력의 객관적 범위는 그 판결의 주문에 포함된 것 즉 소송물로 주장된 법률관계의 존부에 관한 판단의 결론 그 자체에만 미치는 것이고 판결이유에 설시된 그 전제가 되는 법률관계의 존부에까지 미치는 것은 아니다. 대법원 1987. 6. 9. 선고 86다카2756 판결
② 행정청이 여러 개의 위반행위에 대하여 하나의 제재처분을 하였으나, 위반행위별로 제재처분의 내용을 구분하는 것이 가능하고 여러 개의 위반행위 중 일부의 위반행위에 대한 제재처분 부분만이 위법하다면, 법원은 제재처분 중 위법성이 인정되는 부분만 취소하여야 하고 제재처분 전부를 취소하여서는 아니 된다. 대법원 2020. 5. 14. 선고 2019두63515 판결
③ 사정판결은 당사자의 명백한 주장이 없는 경우에도 기록에 나타난 여러 사정을 기초로 직권으로 할 수 있다. 대법원 2006. 9. 22. 선고 2005두2506 판결
④ 행정소송규칙 제14조(사정판결)

> **행정소송규칙 제14조(사정판결)**
> 법원이 법 제28조제1항에 따른 판결을 할 때 그 처분등을 취소하는 것이 현저히 공공복리에 적합하지 아니한지 여부는 사실심 변론을 종결할 때를 기준으로 판단한다.

행 정 학

출제교수: 이명훈 교수님

1. ③ 【해설】 재무행정론
「국가재정법」에 의하면 예산총칙 등에 따라 미리 사용목적을 지정해 놓은 예비비(목적 예비비)는 일반 예비비와 별도로 세입세출예산에 계상할 수 있다. 다만, 공무원의 보수 인상을 위한 인건비 충당을 위해서는 예비비의 사용목적을 지정할 수 없다.

2. ② 【해설】 정책론
내부접근형은 주로 후진국에서 볼 수 있는 유형으로 정부 PR의 필요성을 느끼지 않지만 미국과 같은 나라에서도 무기구입 계약과 같은 경우 나타나게 된다.

3. ③ 【해설】 인사행정론
ⓒ, ⓒ은 옳고 ⊙, ㉣은 옳지 않다. 우리나라와 미국은 연금재원을 조달하기 위한 기금제와 연금비용을 국가와 공무원이 공동부담하는 기여제가 활용되고 있다. 반면, 영국과 독일은 비기금제와 비기여제가 활용되고 있다(ⓒ). 우리나라는 현직공무원의 기여금을 바로 퇴직 연금대상자에게 지급하는 부과방식으로 운영되며, 연금재정수지부족액은 국가재정으로 보전하는 부양원리에 입각해 있다(ⓒ).

4. ④ 【해설】 행정학총론
행정학 성립에 영향을 준 윌슨(Wilson)은 행정의 부패를 야기하는 정당정치로부터 행정을 분리하고(정치행정이원론), 행정을 전문적이고 기술적인 영역으로 보았다. 따라서 윌슨(Wilson)에 따르면 행정관료는 대표성을 갖추는 것보다 전문성을 갖추는 것이 중요하다.

5. ① 【해설】 지방행정론
시는 도와 특별자치도의 관할구역 안에, 군은 광역시나 도, 특별자치도의 관할구역 안에, 자치구는 특별시와 광역시의 관할구역 안에 둔다. 따라서 특별자치시의 관할구역 안에는 시와 군을 둘 수 없으며, 광역시의 관할구역 안에는 시를 둘 수 없다.

《핵심체크》 우리나라 지방자치단체

설치		• 시는 도 또는 특별자치도의 관할구역 안에, 군은 광역시·도 또는 특별자치도의 관할 구역 안에 두며, 자치구는 특별시와 광역시의 관할구역 안에 둠 • 특별자치도는 법률이 정하는 바에 따라 관할구역 안에 시 또는 군을 두지 아니할 수 있으며, 특별자치시는 관할구역 안에 시 또는 군을 두지 아니함
유형	시	• 시는 그 대부분이 도시의 형태를 갖추고 인구 5만 이상이어야 함 • 인구 50만 이상의 시에는 자치구가 아닌 구(행정구)를 둘 수 있으며, 관계 법률로 특례를 둘 수 있고, 도가 처리하는 사무의 일부를 직접 처리하게 할 수 있음 • 인구 100만 이상 대도시(특례시)와 실질적인 행정수요, 지역균형발전 및 지방소멸위기 등을 고려하여 대통령령으로 정하는 기준과 절차에 따라 행안부장관이 지정하는 시·군·구는 관계 법률로 추가로 특례를 둘 수 있음
	군	• 군에는 읍·면을, 시와 구에는 동을, 읍·면에는 리를 둠 • 읍은 그 대부분이 도시의 형태를 갖추고 인구 2만 이상이어야 함
	자치구	특별시와 광역시의 관할구역 안의 구만을 말하며, 자치구의 자치권의 범위는 법령으로 정하는 바에 따라 시·군과 다르게 할 수 있음

6. ① 【해설】 인사행정론
소청심사란 행정기관 소속 공무원의 징계처분, 그 밖에 그 의사에 반하는 불리한 처분이나 부작위에 대한 심사를 의미한다. 면직처분은 처분에 해당하므로 소청심사의 대상이 되지만, 승진탈락은 처분에 해당하지 않기 때문에 소청심사의 대상이 되지 않는다.
② 직제와 정원규정이 바뀌어 현재의 공무원 수가 정원을 초과한 경우는 직권면직 요건에 해당한다.
③ 강임은 조직의 사정 등으로 현 직급보다 낮은 하위 직급에 임용되는 것으로 징계에 해당하지 않는다.
④ 직위해제를 받게 되면 직무를 담당하지 못하지만 공무원의 신분은 유지된다.

7. ③ 【해설】 정책론
통제집단의 구성원이 실험집단 구성원과 접촉하여 행동을 모방하는 확산효과를 오염효과라 하며, 이는 내적타당도 저해요인이다(㈎-㈐-ⓐ). 실험이 진행되는 동안 당초 극단적인 성향의 구성원들이 원래 자신의 성향으로 돌아갈 경우에 나타나는 요인을 회귀인공요소라 하며, 이는 내적 타당도 저해요인이다(㈏-㈎-ⓐ). 효과가 크게 나타날 사람만 의도적으로 실험집단에 배정한 경우에 나타나는 요인을 크리밍효과라 하며, 이는 외적타당도 저해요인이다(㈐-㈏-ⓑ). 실험 전 측정과 피조사자의 실험조작이 상호작용하여 실험결과에 나타날 경우에 발생하는 요인은 실험조작과 측정의 상호작용이며, 이는 외적 타당도 저해요인이다(㈐-ⓑ).

8. ③ 【해설】 행정학총론
사회학적 제도주의는 결과성(합리성, 효과성)의 논리보다는 (사회문화적 환경)에의 적절성 또는 정당성의 논리를 강조한다. 즉, 조직은 비합리적(비효율적)인 제도라 할지라도 사회·문화적 환경이 요구하는 대로 제도를 형성(적절성의 논리)함으로써 외부로부터 사회적 정당성을 획득해 나간다.

9. ③ 【해설】 지방행정론
보통교부세와 부동산교부세는 일반재원이지만, 특별교부세와 소방안전교부세는 특정재원의 성격을 지닌다.
① 지방교부세의 재원은 내국세 총액의 19.24%와 종합부동산세 전액 및 담배에 부과되는 개별소비세 총액의 45%로 구성된다.
② 재정력지수가 1 이상인 지방자치단체는 보통교부세를 교부받지 못하며, 보통교부세를 교부받지 못한 지방자치단체라도 특별교부세를 교부받을 수 있다.
④ 소방안전교부세는 행정안전부장관이 자치단체의 소방 및 안전시설 현황, 소방 및 안전시설 투자 소요, 재난예방 및 안전강화 노력, 재정여건 등을 고려하여 광역자치단체에 교부한다.

10. ③ 【해설】 조직론
집약적 기술은 다양한 기술이 개별적인 고객의 성격과 상태에 따라 다르게 배열하는 기술로 교호적 상호의존성을 지니며, 중개적 기술은 고객들을 연결해주는 기술로 집합적 상호의존성을 지닌다.

《핵심체크》 톰슨(Thompson)의 기술유형론

기술유형	연속적 기술	중개적 기술	집약적 기술
의의	표준화된 상품을 반복적으로 대량 생산할 때 사용되는 기술(길게 연결된 기술)	고객들을 연결하는 기술	다양한 기술이 개별적인 고객의 성격과 상태에 따라 다르게 배합되는 기술
상호의존성	순차적(연속적)	집합적	교호적
갈등	중간	낮음	높음
조정난이도	중간	가장 용이	가장 곤란
조정방법	계획(일정표)	표준화(루틴화)	상호조정(쌍방향적 의사전달)

생산비용	중간	낮음	높음
복잡성	중간	낮음	높음
공식성	중간	높음	낮음
예	대량생산 조립라인 등	은행, 직업소개소 등	종합병원, 연구실험실 등

	양적 목표(정량적 목표) 중시, 계량화 중시	질적 목표(정성적 목표) 중시, 계량화 중시하지 않음
양과 질		

11. ④ 【해설】 재무행정론
각 중앙관서의 장은 기획재정부장관이 환경부장관과 협의하여 제시한 작성기준 및 방식에 따라 온실가스감축인지 예산서를 작성해야 한다.

12. ① 【해설】 행정학총론
갤브레이스(Galbraith)의 의존효과(㉠), 머스그레이브(Musgrave)의 조세저항(㉡), 다운스(Downs)의 합리적 무지(㉥)는 정부기능이 축소되었다는 과소공급설에 해당한다. 반면, 피콕과 와이즈만(Peacock & Wiseman)의 전위효과(㉢), 보몰병(Baumal's Disease)(㉣), 니스카넨(Niskanen)의 예산극대화 모형(㉤)은 공공서비스의 과다공급설에 해당한다.

13. ④ 【해설】 정책론
내부수익율은 사업기간이 상이한 사업 간 비교기준으로 부적합하다는 한계를 지닌다.

14. ④ 【해설】 행정학총론
신공공서비스론의 정책목표달성기제는 공공기관·비영리기관·민간기관들의 네트워크이다. 정책목표달성기제를 민간기관 및 비영리기구를 활용하는 것으로 인식하는 이론은 신공공관리론이다.

15. ③ 【해설】 정책론
넛지(Nudge) 방식의 정책설계는 정책의 효과가 단기간에 소멸되어 장기적이고 지속가능한 행동변화를 보장하지 못하기 때문에 기존의 정책수단을 대체하는 새로운 정책수단이 되기 어렵다는 비판을 받는다.

16. ② 【해설】 조직론
목표관리(MBO)는 단기목표를 중시하므로 단기적 시간관을 지니며, 총체적 품질관리(TQM)는 장기적이고 지속적인 개선을 강조하므로 장기적 시간관을 지닌다.
<<핵심체크>> 목표관리(MBO)와 총체적 품질관리(TQM)

구분	차이점		공통점
	목표관리	총체적 품질관리	
본질	관리기법 또는 전략	관리기법 이상의 관리철학	• Y이론적 관리 • 민주적·분권적 관리 • 구성원의 참여 중시 • 팀워크 강조
지향점	효과성(대내지향)	고객 만족도(대외지향)	
운영	개개의 목표설정 및 측정 강조	팀 및 집단 단위 활동 중시	
초점	평가와 환류를 통한 사후적 관리	예방적 통제를 통한 사전적 관리	
안목	단기적·미시적 시각	장기적·거시적 시각	
환경	폐쇄체제적 관점	개방체제적 관점	
보상	개인별 보상 중시	팀 보상(총체적 헌신) 중시	
초점	결과지향	과정·절차·문화지향	

17. ④ 【해설】 행정환류론
「부패방지 및 국민권익위원회 설치와 운영에 관한 법률」에 의하면 부패혐의에 대하여 국민권익위원회가 검찰에 고발한 경우 위원회가 검사로부터 불기소처분을 통보받았을 경우 위원회는 고등법원에 재정신청할 수 있다.
① 「부패방지 및 국민권익위원회 설치와 운영에 관한 법률」에 의하면 공공기관의 사무처리가 법령위반 또는 부패행위로 인해 공익을 해하는 경우 일정 수 이상의 국민의 연서로 감사원에 감사를 청구할 수 있다.
② 「부정청탁 및 금품등 수수의 금지에 관한 법률」에 의하면 공직자 등은 직무와 관련하여 대가성 여부를 불문하고 제1항에서 정한 금액 이하의 금품 등(동일인으로부터 1회에 100만원 또는 매 회계연도에 300만원을 초과하는 금품 등)을 받거나 요구 또는 약속해서는 아니 된다.
③ 「공직자윤리법」에 의하면 재산등록의무자인 공직자는 퇴직일부터 3년간 취업심사대상기관에 취업할 수 없다. 다만, 관할 공직자윤리위원회로부터 취업심사대상자가 퇴직 전 5년 동안 소속하였던 부서 또는 기관의 업무와 취업심사대상기관 간에 밀접한 관련성이 없다는 확인을 받거나 취업승인을 받은 때에는 취업할 수 있다.

18. ② 【해설】 행정학총론
공유재란 비배제성과 경합성을 지닌 서비스로 잠재적 사용자의 배제가 곤란하여 무분별한 과다사용이 야기될 수 있는 자원이다(㉠). '공유지의 비극'은 특정인의 합리적 선택행위로 인한 비용회피와 과잉소비가 타인들에게 부정적 외부효과를 야기하기 때문에 발생한다(㉢). '공유지의 비극'에 대하여 피구(Piguo)는 외부효과의 내부화(부정적 외부효과만큼을 벌과금으로 부과)로 '공유지의 비극'을 어느 정도 해결가능하다고 보았다(㉤).
㉡ '공유지의 비극'은 개인의 합리적 선택으로 인한 편익의 집중과 비용의 분산 현상으로 인해 야기된다.
㉣ '공유지의 비극'은 개인의 합리적 선호와 집합적 이익이 상충될 수 있음을 설명한다.

19. ③ 【해설】 지방행정론
㉡, ㉣은 옳고 ㉠, ㉢은 옳지 않다. 딜런(Dillon)의 법칙은 지방정부는 주정부의 창조물로서 주정부의 자유재량에 따라 창조되고 폐지될 수 있다고 보고 법칙으로 중앙집권을 대변한다(㉡). 홈룰(Home rule)운동은 주정부의 헌장에서 벗어나 지방정부가 자치헌장을 스스로 제정하고자 하는 신지방분권 현상 중 하나이다(㉣).
㉠ 라이트(Wright)는 정부 간 관계모형을 포괄권위형, 분리권위형, 중첩권위형으로 구분하고 중첩권위형을 가장 이상적인 모형으로 보았다.
㉢ 로즈(Rhodes)는 중앙정부는 법적 자원과 재정적 자원에서, 지방정부는 정보자원과 조직자원에서 우위를 점하며, 상호자원의 교환과정으로 인해 상호의존성을 지니고 있다고 보았다.

20. ③ 【해설】 조직론
전문적 관료제는 수평적·수직적 분권화를 추구하여 복잡하고 안정적인 환경(관련된 환경요소의 수는 많고 환경변화는 적은 환경)에 적합한 조직구조이다.

2025 공무원 시험대비 【5월분】

박문각 주간 모의고사

― 제2회 ―

[정답 및 해설]

제1과목 국어
제2과목 영어
제3과목 한국사
제4과목 행정법총론
제5과목 행정학개론

답안 입력 및 성적 조회는 PC, 모바일에서 모두 가능합니다.

★ PC: pass.pmg.co.kr　|　★ 모바일 앱: 박문각 합격관리

주간 모의고사 정오표

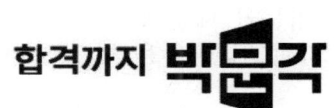

합격까지 박문각

국 어

출제교수: 강세진 교수님

1. ④ 【해설】 국어문법
○ 결막염이: [결막녀미 → 결망녀미], ㄴ첨가(첨가)/비음화(교체)
→ '결막염'의 '막염'은 'ㄴ첨가와 비음화'를 적용해야 하며, '염이'는 연음해야 한다.
① 넓습니다: [널씁니다 → 널씀니다], 자음군 단순화(탈락)/된소리되기(교체)/비음화(교체)
→ '넓다'의 겹자음 'ㄼ'은 자음 앞에서 [ㄹ]로 발음해야 한다. 그리고 '습'은 [씁]으로 발음해야 한다. 마지막으로 'ㄴ' 앞에서 비음화를 겪어 [씀]으로 발음해야 한다.
② 협력하여: [혐녁하여 → 혐녀카여], 상호동화(교체)/자음축약(축약, ㄱ+ㅎ=ㅋ)
→ '협력'은 상호 동화에 의해 [혐녁]으로 발음해야 하고, 'ㄱ'과 'ㅎ'은 축약에 따라 [ㅋ]으로 발음해야 한다.
③ 송별연을: [송 : 벼려늘], 연음
→ '송별연'은 모두 연음해야 하고, '연을'도 연음해야 한다.

2. ④ 【해설】 국어문법
'그들'의 '들'은 대명사인 '그' 뒤에 결합하였으므로, 접사로 보는 것이 맞다. 따라서 ④가 정답이다.
① ㉠: '보고'의 '-고'는 어미이므로 이 다음에 결합한 '들'은 보조사이다. 따라서 ㉠의 예가 아니라 ㉡의 예다.
② ㉡: '감' 다음에 띄어 쓴 것을 보아, 의존명사로 보아야 한다. 따라서 ㉡의 예가 아니라 ㉠의 예이다.
③ ㉢: '사람'은 셀 수 있는 명사이드로 다음에 결합한 '-들'은 조사가 아니라 접사에 해당한다. 따라서 ㉢의 예가 아니라 ㉢의 예이다.

3. ③ 【해설】 국어문법
㉢: '드높다'의 어근은 '높-'이고, 어간은 '드높-'이다. '드높이다'의 어근은 '높-'이고, 어간은 '드높이-'이다. 따라서 어근의 형태는 '높-'으로 동일하지만, 어간의 형태는 다름을 알 수 있다.
① ㉠: '곱다'는 '고와, 곱아' 둘 다 활용할 수 있다. 전자는 불규칙적으로 활용한 것이고, 후자는 규칙적으로 활용한 것이다. '굽다' 역시 '구워, 굽어' 둘 다 활용할 수 있다. 전자는 불규칙적으로 활용한 것이고, 후자는 규칙적으로 활용한 것이다.
② ㉡: '죽다'는 동사이고, '죽이다' 역시 동사이다. 그러나 '깊다'는 형용사지만, '깊이다'는 동사이다. 따라서 어근의 품사와 파생어의 품사가 서로 다른 것은 '죽이다'가 아니라 '깊이다'이다.
④ ㉣: '우러르다'는 '으 탈락 규칙 용언'으로 '우러러'로 활용되지만, '서투르다'는 '르 불규칙 용언'으로 '서툴러'로 활용된다. 따라서 둘 다 규칙적으로 활용된다는 설명은 적절하지 않다.

4. ① 【해설】 국어문법
㉠의 종결 어미인 '-니'는 해라체이다. 따라서 하게체가 아니므로 ①이 정답이다. 참고로, 상대를 낮추는 표현이므로 해당 설명은 적절하다.
② ㉠에서는 격 조사인 '께'와 특수 어휘인 '여쭈다'를 활용하여 '부모님'을 높이고 있으므로 객체 높임을 실현하고 있다는 말은 적절하다.
③ ㉢의 '-구나'는 해라체에 쓰는 감탄형 종결 어미이다. 따라서 ㉠과 ㉢의 격식성 여부가 동일하다고 볼 수 있다.
④ ㉣의 '-(으)ㅂ시다'는 하오체이며 청유형 종결 어미에 해당한다.

5. ② 【해설】 어문규정
'생각하건대'는 제40항의 [붙임 2]에 따라 '-하-' 자체가 줄어들기 때문에 '생각건대'와 같이 써야 한다.
① '익숙하지'는 제40항의 [붙임 2]에 따라 '-하-' 자체가 줄어들기 때문에 '익숙지'와 같이 써야 한다.
③ '그렇지 않은'은 제39항에 따라 '그렇잖은'과 같이 써야 한다.
④ '심심하지 않게 → 심심치 않게 → 심심찮게'는 제39항과 제40항에 따라 '하' 자체가 줄어들지 않고 'ㅎ'이 다음 음절의 첫소리와 어울려 거센소리가 된다.

6. ② 【해설】 어휘
'다리'는 동음이의어이므로, ㉡의 조건에 따른 단어이며, 품사는 '명사'로 동일하므로 ㉢의 조건에 따른 것이다. 게다가 ㉠의 특성도 보인다. 따라서 ②가 정답이다.
① '걷다'는 동음이의어이므로 ㉡의 조건에 따른 단어이고, 정서법상 철자 표기가 동일하므로 ㉠의 조건에 따른 것이다. 품사 역시 둘 다 '동사'이므로 ㉢의 조건에 따른 것이다. 그런데, '활용' 측면에서 '빨래를 걷다'의 '걷다'는 규칙 활용이지만, '빨리 걷다'의 '걷다'는 불규칙 활용을 하므로 그 기능이 동일하지 않다.
③ '손'은 동음이의어가 아니라 다의어이므로 ㉡의 특성이 없다. 다만, '명사'이므로 문법적 기능이 동일하므로 ㉢의 조건에 따른 것이며, '철자 표기' 역시 동일하므로 ㉠의 조건에 따른 것이다.
④ '쓰다'는 동음이의어가 아니라 다의어이므로 ㉡의 조건에 따른 단어가 아니다. 다만, 품사는 둘 다 동사이고, 문법적 기능이 동일하다는 면에서 ㉢의 조건에 따른 것이고, 또한 정서법상 철자 표기가 동일하므로 ㉠의 조건에 따른 것이다.
※ 쓰다: 「3」【…에/에게 …을】【…을 …으로】 어떤 말이나 언어를 사용하다. 「4」【…을 …으로】 어떤 일을 하는 데 시간이나 돈을 들이다.

7. ② 【해설】 작문
[㉠: 어휘적 중의성]
ⓐ 우리들이 가야 할 길이 있다.: '길'의 의미가 '인생길'을 의미하는지, 실제 '걷는 길'을 의미하는지 알 수 없다.
ⓓ 언니가 차를 준비했습니다.: '차'의 의미가 'tea'인지 'car'인지 알 수 없다.
[㉡: 구조적 중의성]
ⓒ 효정이가 보고 싶은 친구들이 많다.: '보고 싶은'의 주체가 '효정이'인지, '친구들'인지 알 수 없다.
[㉢: 영향권 중의성]
ⓑ 학생들이 다 오지 않았다.: 영향권 중의성이란 어떤 단어가 의미 해석에 영향을 미치는 작용역이 달라지는 것'인데, '모두 오지 않았는지, 아니면 일부만 오지 않은 것인지' 파악할 수 없다.
정리하자면, '㉠-ⓐ/ⓓ, ㉡-ⓒ, ㉢-ⓑ'이므로 정답은 ②이다.

8. ④ 【해설】 작문
ㄱ(×): 갑은 재택근무의 이점을 긍정적으로 본다.
ㄴ(○): 을은 재택근무가 늘어나면서 일과 사생활의 경계가 모호해짐을 지적하였다.
ㄷ(○): 직무의 특성이나 개인의 상황에 따라 재택근무가 효율적일 수도 있다는 점을 지적하였고, 어떤 때는 대면 협업이 필수적임도 지적하였다.

9. ④ 【해설】 화법
단기 고용 확대도 결국 비정규직 및 고용 불안정 문제를 해결할 수 없으므로, 빈칸에 들어갈 내용으로 보기가 어렵다.
① 산학 협력 부족으로 인한 취업 연계가 미흡하다고 하였으므로, 취업 프로그램 확대를 하는 것은 개선 방안에 해당한다.
② 비정규직 및 고용 불안정 문제를 고려해 볼 때, 정규직 전환과 안정적 근로 조건 마련을 위한 정책 개선은 개선 방안에 해당한다.
③ 정보 불균형한 실태를 고려해 볼 때, 취업 정보 공유 및 진로 상담 서비스 체계를 강화하는 것은 개선 방안에 해당한다.

10. ① 【해설】 신유형
(가) 수학 → 논리 <전칭>
(나) 수학∧운동, 운동∧수학 <특칭> <교환법칙>

결론: 운동∧수학∧논리 <특칭>
② ×, 수학 → 운동 <전칭>

③ ×, 논리∧~운동 <특칭>
④ ×, 논리 → 수학 <전칭>, (가)의 역은 반드시 참이 아니다.

11. ③ 【해설】 신유형
(가) 대기오염(심해짐)∨공장폐수(강)
(나) 대기오염(심해짐) → (호흡기질환(증가)∧야외활동(줄어듦))
(다) 공장폐수(강) → (야외활동(줄어듦)∧수중생태계(파괴))
----
1) (가)에 의해 대기오염이 극도로 심해지든, 공장 폐수가 강으로 계속 흘러들든, 반드시 하나가 참이어야 한다.
2) 대기오염이 극도로 심해지는 것이 '참'이면, (나)에 따라 '호흡기질환(증가)∧야외활동(줄어듦)'도 '참'이다.
3) 공장 폐수가 강으로 계속 흘러드는 것이 '참'이면, (다)에 따라 '야외활동(줄어듦)∧수중생태계(파괴)'도 '참'이다.
4) 어느 쪽이든 '야외 활동이 급격히 줄어드는' 결론이 반드시 성립되므로, 정답은 ③이다.

12. ④ 【해설】 신유형
(가) 인플레이션(상승) → 금리(오름)
(나) (?), 금리(오름) → 소비(위축)
(다) 소비(위축) → 실업률(상승)

결론: 인플레이션(상승) → [금리(오름) → 소비(위축)] → 실업률(상승)
(나)에는 "금리가 오르면 소비는 위축된다."가 들어가면 된다.
① ×, 소비(위축) → ~인플레이션(상승)
② ×, 금리(오름) → ~소비(위축)
③ ×, 소비(위축) → ~금리(오름)

13. ③ 【해설】 독서
1) 접속 부사나 '최근까지도'와 같은 첨언 구성을 고려해 볼 때, (라)가 먼저 배치되는 것이 가장 적절할 것이라 볼 수 있다.
2) (라): 김정호가 대동여지도를 제작하였다는 상황이 제시되어 있다.
3) 이를 바탕으로 선지를 보면 (마) - (다) - (나) - (가)로 이어진다. (마)는 (라)의 내용이 조선 총독부가 발행한 「조선어독본」에 있다고 하였다. 그리고 (다)로 이어지는데, 이러한 사실이 최근까지도 받아들여지고 있다고 하였다.
4) 그러나 (나)를 중심으로 글쓴이의 의도가 여기에 있음을 밝힌다. 연구 결과 김정호의 옥사설은 사실이 아니고, 대동여지도의 원판도 일부가 발견된 사실을 알렸다. 그리고 이렇게 거짓을 이야기한 이유를 (가)로 정리함으로써 일본이 한 못된 짓을 강조한 것이다.
5) 정리하자면, '(라) - (마) - (다) - (나) - (가)'로 이어진 ③이 정답이다.

14. ③ 【해설】 독서
'부정적 신체 자극 상황에서 활성화되는 전전두엽 일부 영역이 비슷하게 활성화되었다.'에서 알 수 있듯이, 부정적 댓글이 달린 경험은 심리적으로도 생리적으로도 스트레스 반응을 유발한다는 ③이 정답이다.
① 신체적 자극이나 통증과 유관하다.
② 부정적 댓글을 받은 참여자는 신체적으로 변화를 느낄 수 있어도, 자기 주장이 급격히 강화된 것은 아니다.
④ 부정적 댓글이 달린 그룹과 긍정적 댓글이 달린 그룹을 비교하여 학업 성취도가 무엇이 더 높다는 설명은 하지 않았다.

15. ③ 【해설】 독서
'오류 기억'을 중심으로 보면, 기존 신념이나 감정적 요인이 특정 사건에 대해 왜곡, 변형함을 알 수 있다.
①, ④ '기억은 개인의 감정 상태, 기대, 환경적 맥락 등 다양한 요인과 상호 작용하며 끊임없이 변화한다.'에서 알 수 있듯이, 저절로 사라지는 것을 의미하지 않는데다가, 시간이 지난다고 하여 새로운 정보가 개입이 되지 않는다고 보지도 않는다.
② '인출될 때마다 재구성되는 과정을 거친다.'에서 알 수 있듯이, 사실적으로 유지되기가 어렵다.

16. ④ 【해설】 독서
'다람쥐는 장기간 완전히 잠들어 있는 상태를 유지하지만은 않는다. 일정 간격으로 잠에서 깨어나 몸속에 쌓인 노폐물을 배출하고 체온을 다시 높이는데'에서 알 수 있듯이, 동면 기간에 깨어나기는 한다.
① '이 시기에도 곰은 최소한의 생리 활동이 가능하며, 실제로 동면 중에 새끼를 낳는 경우도 관찰된다.'에서 확인할 수 있는 내용이다.
② '생리적 특징은 혹독한 환경 속에서도 어느 정도의 대사 활동을 계속할 수 있게 해 주며, 동면에서 깨어난 후 곧바로 일상적인 활동으로 복귀하는 데 도움을 준다.'와 '이러한 과정을 반복한 뒤 동면 기간이 끝나면 일반적인 수준의 먹이 섭취와 활동량으로 돌아간다.'에서 알 수 있듯이, 동면이 끝난 뒤면, 봄을 맞이해서 동면 전과 유사한 활동량을 보인다.
③ '다람쥐의 동면은 곰과 달리 몸을 거의 완전히 잠재우는 형태로 이루어지는데, 체온도 주변 환경 온도에 가깝게 내려간다.'에서 알 수 있듯이, 곰과 달리 다람쥐의 체온은 주변 온도에 가깝게 내려간다.

17. ② 【해설】 독서
'몰입 상태에 이르면 시간 감각이 왜곡되거나'에서 알 수 있듯이, 몰입 상태에 진입하면 시간에 대한 인식이 달라졌음을 알 수 있다.
① '이때에는 자신의 능력과 과제 난이도가 균형을 이루어 적절한 도전을 느끼는 것이 중요하다고 강조한다.'에서 알 수 있듯이, 반드시 자기 능력보다 높아야 한다고 하지 않았다.
③ '문화적·개인적 차이에 따라 몰입 상태가 다르게 나타날 수 있어'에서 알 수 있듯이, 문화적 배경과 다르게 나타날 수도 있다.
④ '몰입이라는 심리상태를 객관적으로 계량화하기가 어려워'에서 알 수 있듯이, 객관화되어 있지 않다.

18. ② 【해설】 독서
'굿값의 분배도 여자 무당을 중심으로 이루어졌고, 힘든 잡일을 담당한 남자 무당은 몫이 훨씬 적었다.'를 참고해 볼 때, 여자 무당의 소득은 남자 무당보다 높고, 남자 무당은 상대적으로 낮음을 알 수 있다.
① '민(民)의 사회적 열망을 담고 있던 판소리들은 당시 전국으로 확산하였다.'를 고려해 볼 때, 호남지역에 국한되지 않았다.
③ '세습 무당 집안에서 태어난 남자들은 노래를 잘하는 것이 잘 살 수 있는 길이었다. 남자들은 노래 공부를 열심히 했고, 이 과정에서 세습 무당 집안에서는 많은 명창을 배출하였다.'를 보면, 세습 무당 집안에서 많은 명창을 배출한 것은 맞지만, '마을굿의 형식을 표준화하는 과정'과는 별개이다.
④ '판소리는 한국의 서사무가의 서술 원리와 구연 방식을 빌려다가 흥미 있는 설화 자료를 각색해, 굿이 아닌 세속의 저잣거리에서 일반 사람들을 상대로 노래하면서 시작되었다.'를 참고해 볼 때, '무속의 상업화'는 관련이 없다.

19. ④ 【해설】 독서
ㄱ(○): 지배계급은 '유일한 직업이 군인'이었고, 피지배계급인 '페리오이코이'는 '상공업에만 종사'하였고, 마지막으로 '헬로트'는 '농노'이다.
ㄴ(×): '페리오이코이'는 병역 의무는 있고, 참정권이 없다.
ㄷ(×): '페리오이코이'는 병역 의무가 있지만 그렇다고 하여 지배층의 인구를 늘리고자 한 것은 아니다.

20. ② 【해설】 독서
ㄱ(○): 언어가 사고를 규정하거나 제한할 수 있다는 맥락 아래에서 강화하는 쪽으로 이해할 수 있다.
ㄴ(○): 미래와 과거를 높낮이로 구분하는 언어를 사용하는 부족 입장에서 인지에 영향을 미쳤다고 볼 수 있으므로, 그들은 더 수직적 배열을 선호하였을 것이다.
ㄷ(×): 언어가 사고에 영향을 주고 있지 않고, 다른 언어를 통해 배운다는 점에서 ㉠의 이론을 약화한다.

영어

출제교수: 김세현 교수님

1. ①
【해설】
substitution은 '대체, 대용'의 뜻으로 이와 가장 가까운 유의어는 ① alternative이다.
【해석】
이러한 획기적인 물질은 플라스틱이나 폴리에스테르의 환경친화적인 대체물로 사용될 수 있다.
【어휘】
revolutionary 혁명적인, 획기적인 material ①물질 ②재료 ③교재 environmentally friendly 친 환경적인, 환경 친화적인 alternative 대안, 대체(의) emphasis 강조 monopoly 독점, 독과점 elimination 제거

2. ④
【해설】
agree는 전치사 to와 함께 '~에 동의하다'의 뜻으로 이와 가장 가까운 유의어는 ④ consent이다.
【해석】
정부는 환경규제의 엄격한 시행에 대한 시위자들의 요구에 동의했다.
【어휘】
demonstrator 시위자 demand 요구(하다); 수요 strict 엄격한 enforcement 시행, 집행, 실시 environmental 환경의 regulation 규제 yield 양보하다 prove 증명하다 rebuke 비난하다, 질책하다

3. ①
【해설】
charge는 '책임'의 뜻으로 이와 가장 가까운 유의어는 ① responsibility가 된다.
【해석】
3년 전 그는 사람들이 밤에 잠이 들었을 때 사자가 잡아먹던 아빠의 소떼들을 돌보는 책임을 맡았다.
【어휘】
be in charge of ~에 대해서 책임지다 look after 돌보다 cattle 소떼 prey ①희생(물) ② 희생시키다 deletion 삭제, 제거 alliance 동맹, 협력 order ①순서 ②질서 ③명령

4. ②
【해설】
② 목적격 관계대명사 whom 다음 동사(patrol)가 있으므로(주어가 없다) 관계대명사 whom을 주격 관계대명사 who로 고쳐 써야 한다.
① 'one of 복수명사' 구조를 묻고 있다. 따라서 복수명사 detectives의 사용은 어법상 옳다.
③ with A B 구문으로 cut 뒤에 목적어가 없으므로(cut다음 more than 25%는 부사로 사용 되었다) 과거분사 cut은 어법상 적절하다.
④ few 다음 복수명사 industries의 사용은 어법상 옳다.
【해석】
Cooper는 Palmer Woods와 같은 번창하는 소수 집단 거주지들을 순찰하는 민간 경비원들 중 한 사람이다. 그 도시 경찰력의 25%이상이 삭감된 상태에서, 민간 경비는 디트로이트의 얼마 안 되는 성장 산업 중 하나가 된 것처럼 보인다.
【어휘】
private-security detective 사설 경호원 patrol 순찰하다 prosperous 번영(성)하는 enclave 소수 집단(민족) 거주지 appear to ⓥ ⓥ인 것 같다, ⓥ처럼 보이다 industry 산업

5. ①
【해설】
빈칸 다음 일기예보를 보니까 날씨가 맑을 것이라고 했으므로 빈칸에 들어갈 말로 가장 적절한 것은 ① '날씨는 어때'이다.
【해석】
Daniel: 이번 토요일에 하이킹 갈래? (7:55 am)
Emma: 재밌겠다! 날씨는 어때? (7:56 am)
Daniel: 일기예보를 보니까 하루 종일 맑을 거래. (7:56 am)
Emma: 완벽해! 나도 갈래. (7:57 am)
Daniel: 내가 간식이랑 물 챙겨 갈게. 너는 편한 신발만 신으면 돼. (7:58 am)
Emma: 알겠어! 아침 9시에 만나자. (7:58 am)
② 누구누구 가?
③ 표 필요해?
④ 얼마나 멀어?
【어휘】
go hiking 하이킹 가다 weather forecast 일기예보 count me in 나를 끼워줘, 나를 포함시켜줘 comfy 편안한

6. ③
【해설】
③ 본문 마지막 문장에서 '잔돈을 가지라'는 표현을 찾는다고 했으므로 팁을 받고 싶어 한다는 내용은 본문의 내용과 일치한다.
① 본문 첫 번째 문장에서 구글 번역기에 의존 한다고 했으므로 본문의 내용과 일치하지 않는다.
② 본문 2번째 문장에서 웨이터가 감동을 받은 것이기 때문에 본문의 내용과 일치하지 않는다.
④ 본문 3번째 문장에서 그 여자는 먹은 음식에 감동받아 감사를 표시하고 싶다고 했으므로 본문의 내용과 일치하지 않는다.
【해석】
사업차 프랑스를 여행하는 동안, 존슨부인은 구글 번역기에 의지해 가까스로 프랑스어로 점심을 주문했다. 웨이터는 깊은 인상을 받은 것 같았다. 나중에, 그녀가 계산서를 지불하면서, 그녀가 멋진 식사에 대한 적절한 표현을 찾고 있는 동안 그 웨이터에게 기다려 달라고 부탁했다. 그녀가 적절한 구절을 찾지 못하고 있을 때 그는 자신이 도와줄 수 있다고 말했다. 그는 재빨리 영어구절을 찾았는데 그가 찾던 영어구절은 "거스름돈은 가지세요"였다.
① 그 여자는 불어를 잘 했다.
② 그 웨이터는 그녀에게 감동을 주려고 노력했다.
③ 그 웨이터는 그녀로부터 팁을 받고 싶어 했다.
④ 그 여자는 웨이터에게 팁을 주고 싶어 했다.
【어휘】
manage to ⓥ 가까스로 ⓥ하다 rely on ~에 의존하다 translator 번역가, 통역가 impress 감동을 주다, 깊은 인상을 주다 pay a bill 계산하다 look for 찾다, 구하다 appropriate 적당한, 적절한(=suitable) phrase 구, 문구 indicate 암시하다, 가리키다 keep the change 잔돈(거스름돈)을 가지다

7. ②
【해설】
주어진 지문은 죽지 않고 영원히 사는 것이 인류에게는 불행이라는 내용의 글이므로 이 글의 요지로 가장 적절한 것은 ② '생명연장은 좋은 방향으로 바뀌지 않는다.'이다.
【해석】
우리 미래의 가장 큰 game-changer는 생명 연장이다. 그것은 쥐나 벌레에게 적용되었고, 분명 언젠가는 우리에게도 적용될 것이다. 생물학자들은 당신에게 생명 연장의 혜택을 가져다주고자 노력하면서 소위 노화방지 물질이라 불리는 물질들을 만들고 있다. 그러나 인생은 그것이 끝날 가능성이 있기에 우위를 가진다. 우리가 영원히 산다면 인생은 어떠할 것인가? 아무도 죽지 않는다. 아무도 늙지 않는다. 더 이상의 진화는 없다. 서두를 필요도 없다. 만약 당신이 어떤 일이 되기를 원한다면, 그것을 바쁜 사람에게 주라. 하지만, 당신이 영원한 생명을 가지고 있을 때, 아무도 바쁠 필요가 없다. 그렇다면, 누가 진짜 일을 할 것인가? 죽을 운명이 되기를 자원하거나 자원하도록 선택된 사람들이 할 것이다. 죽음이 없는 삶은 절대적으로 모든 것을 바꾼다. 만약 우리가 상황이 있는 그대로 있기를 원한다면, 상황이 바뀌어야만 할 것이다.
① 목적에 의한 삶은 의미 있다.
③ 영원을 추구하는 것은 인류의 본성이다.
④ 천천히 그리고 이타적으로 사는 것이 당신을 젊게 해 준다.
【어휘】
game-changer 어떤 일의 판도를 바꿀 수 있는 중요한 역할을 하는 인물이나 사건 prolongation 연장 worm 벌레

biologist 생물학자 tinker 만지작거리다 so-called 소위
substance 물질 edge ① 가장자리, 모서리 ② 우위
evolution 진화 volunteer 자원하다 mortal 죽을 운명인
purpose 목적 extension 연장 shift 이동, 변화 pursue
추구하다 eternity 영원, 영겁 nature 본성 humanity 인류
selflessly 이타적으로

8. ③
【해설】
주어진 지문은 19세기에 기업은 과업 지향적인 집단이었고, 전쟁이 끝난 후에도 자사의 제품과 사회 기여라는 측면에서 그런 식으로 계속 정의되었지만 1980년대 금융 자본주의가 도래하면서 주주의 이익을 최우선시하게 되었고, 1990년에 기업은 주주뿐만 아니라 사회 전체에 봉사하기 위해 설립되는 것으로 정의되었다. 이처럼 기업에 대한 생각이 시대의 흐름에 따라 변화되었다고 했으므로, 이 글의 주제로 가장 적절한 것은 ③ '기업에 대한 변화하는 개념'이다.
【해석】
기업은 한때 운하나 철도 건설과 같은 특정 프로젝트를 수행하기 위해 19세기에 인가서를 통해 만들어진, 과업 지향적인 집단이었다. '기업의(corporate)'라는 단어는 여전히 주주를 위해 수익을 창출하는 것 이상의, 어떤 공동의 일에 관여하는 집단을 암시하는데, 전쟁이 끝나고 난 후에도 기업은 자사의 제품과 사회에 대한 전반적인 기여라는 측면에서 스스로를 계속 정의하였다. 그러나 1980년대에 '금융 자본주의'의 출현과 더불어, 주주의 이익은 다른 모든 고려 사항들, 심지어 제품에 대한 자부심마저 능가하게 되었다. 하버드 경영대학원의 Rakesh Khurana는 전문 경영의 쇠퇴에 대해 기록해 왔는데, 그는 기업이라는 개념이 어떻게 발전되어 나갔는지를 '미국 내 200대 대기업 협의체(Business Roundtable)'에 의해 만들어진 정책 보고서를 통해 추적하여 찾아낸다. 2000년, 미국의 대기업들을 대표하는 '미국 내 200대 대기업 협의체(Business Roundtable)'는 직원, 고객, 공급업체, 그리고 지역 사회와 같은 이해당사자를 포함함, '기업은 주주뿐 아니라 사회 전체에 봉사하기 위해 설립된다.'고 진술했다.
① 과업지향적인 집단으로서 기업
② 기업의 사회적 책임
④ 기업에 대한 주주의 증가하는 영향
【어휘】
corporation 기업, 법인 task-oriented 업무지향적인
charter ①인가서 ②설립하다 specific ①특정한, 구체적인 ②세부적인 canal 운하, 수로 corporate 기업의, 법인의 engaged ①관여하는 ②종사하는 collective 집단의, 공동의 shareholder 주주 postwar 전후의 contribution 기여, 공헌 finance 금융, 재정 capitalism 자본주의 advent 출현, 도래 come to ⓥ ⓥ하게끔 되다 surpass 능가하다, 뛰어넘다 business school 경영대학원 record ①기록하다 ②진술하다, 밝히다 trace 추적하다 evolve ①발전(발달)하다 ②진화하다 policy statement 정책보고서 Business Roundtable 미국 내 200대 대기업 협의체 stakeholder 이해 당사자

9. ①
【해설】
주어진 지문은 새롭게 시행될 건강 복지 혜택을 안내하고 있으므로 이 글의 목적으로 가장 적절한 것은 ①이다.

10. ②
【해설】
문맥상 expanded는 '확장된'의 뜻으로 이와 가장 가까운 유의어는 ② 'increased'이다.
【해석】
안녕하세요, 직원 여러분.
저희는 5월 1일부터 시행될 새로운 건강 복지 혜택을 안내해 드리게 되어 기쁩니다. 이 개선사항은 치과 및 안과 진료 혜택 확대와 웰니스(건강관리)활동에 대한 재정 지원, 그리고 처방약의 본인 부담금 감소를 위한 확대된 범위의 지원을 포함합니다. 또한 직원들은 온라인 무료 건강 상담을 이용할 수 있습니다. 이와 관련하여 4월 13일 오후 3시에 본사 회의실에서 설명회를 진행할 예정입니다. 참석을 권장하지만 참석이 어려운 경우, 설명회 녹화본이 회사 웹사이트에 업로드될 예정입니다.
자세한 내용은 인사 포털을 참고하거나 benefits@ourcompany.com으로 문의해 주세요.
【어휘】
excited 기쁜, 설레는 announce 발표하다, 알리다 update 업데이트, 변경 사항 health benefits 건강 복리후생 take effect 발효되다, 시행되다 improvement 개선 사항 include 포함하다 expanded 확대된 coverage 보장 dental care 치과 치료 vision care 시력 치료 financial support 재정 지원 wellness activities 건강관리 lower 더 낮아진, 더 낮은 co-pays 본인 부담금 prescription 처방 medication 약 additionally 게다가, 또한 have access to ~을 이용할 수 있다 free 무료의 online health consultations 온라인 건강 상담 help 돕다 hold 열다, 개최하다 informational session 설명회 main conference room 대회의실 attendance 참석 recording 녹화본 available 이용 가능한 further details 추가 세부사항 contact 연락하다 benefits 복리후생 sincerely 진심으로

11. ①
【해설】
접속사 and를 기준으로 논리의 방향이 같기 때문에 appease와 비슷한 내용이 빈칸에 있어야 한다. 따라서 정답은 ① soothe이다.
【해석】
그 조치는 정권의 비판자들을 진정시키고 달래기 위한 시도로 널리 여겨졌다.
【어휘】
measure ①재다, 측정하다 ②대책, 조치 widely 넓게 look upon A as B A를 B로 여기다, 간주하다 attempt 시도(하다) appease 달래다, 진정(완화)시키다 critic 비평가, 비판자 regime 정권 soothe 달래다, 진정(완화)시키다 bother ①귀찮게(성가시게)하다 ②괴롭히다 annoy 짜증나게 하다, 화나게 하다 amass 모으다, 축적하다

12. ①
【해설】
as opposed to를 기준으로 Judy와 그녀의 남편이 서로 대조적인 행동을 보이고 있다는 것을 추론 할 수 있다. 남편이 overly excited(지나치게 흥분한)라고 했으므로 빈칸에는 이와 반대되는 내용이 있어야 한다. 따라서 밑줄 친 부분에 들어갈 말로 가장 적절한 것은 ① apathetic이다.
【해석】
Judy가 냉담하게 보이는 것과는 대조적으로 그녀의 남편은 지나치게 흥분한 것을 보는 것은 다소 흥미로웠다.
【어휘】
somewhat 다소, 약간 as opposed to ~와는 반대로(대조적으로) overly 지나치게 apathetic 무관심한, 냉담한 stubborn 고집 센, 완고한 rampant 만연한, 널리 퍼져있는 rudimentary 기본적인, 기초적인

13. ①
【해설】
how 다음 형용사+S+V 구조가 필요하고 문맥상 감정표현동사 exhaust의 주체가 사람이므로 과거분사가 역시 있어야 한다. 따라서 빈칸에 들어가기에 가장 적절한 것은 ① 'exhausted I am'이다.
【해석】
영어강사로서 나는 농담을 하는데 내가 얼마나 지쳤는지 말하고 싶다.
【어휘】
instructor 강사 in ~ing ~하는 데 있어서 exhausted 지친, 피곤한

14. ③
【해설】
우체국 방향을 묻는 질문과 더불어 거리가 머냐고 묻는 점을 통해 B는 우체국이 어디 있는지 알고 있고 A에게 우체국 방향에 대한 대략적인 정보를 주었음을 유추할 수 있다. 이후 대화에서 구체적인 방법(버스)을 알려주고 있으므로 빈칸에

- 2 -

들어가기에 가장 적절한 것은 ③ '네 이 길로 가시면 됩니다' 이다.
【해석】
A: 실례합니다만, 저는 우체국을 가려고 해요. 우체국 가는 방법을 알려주시겠어요?
B: 네, 이 길로 가시면 됩니다.
A: 여기서 거리가 먼가요?
B: 여기서 꽤 멀어요. 버스를 타고 가시는 게 나아요.
A: 당신의 친절함에 감사합니다.
B: 천만에요
① 여기요
② 아니요, 저도 여기가 처음입니다
④ 네, 나는 시류에 편승하고 있어
【어휘】
It's quite a distance (거리가) 꽤 멀다 had better ⓥ ⓥ하는 게 더 낫다 jump on the bandwagon 시류에 편승하다

15. ④
【해설】
창의력은 진공 상태에서 나오는 것이 아니라 전통을 토대로 만들어지는 것이라고 했으므로 빈칸에 들어가기에 가장 적절한 것은 ④ '진공상태'이다.
【해석】
창의성은 진공상태에서 나오는 것이 아니라 하나 또는 그 이상의 기존의 문화적 전통을 토대로 하는 것이다. 이것은 시, 건축, 영화제작, 노래하는 스타일 및 셀 수 없이 많은 기타의 사례에도 해당된다. 이러한 의미에서 창의적인 재능은 그 내부나 그것을 넘어서 더욱 나아갈 수 있는 법을 배울 수 있도록 전통을 필요로 하는 것이다. 혁신은 그것을 분리시켜 전통에 대항하게 하는 그런 접근법을 거부함으로써 이해되어야 한다.
① 거부
② 존재
③ 전통
【어휘】
creativity 창의력, 창의성 emerge 나오다, 나타나다 existing 기존의 architecture 건축 innovation 혁신 reject 거부(거절)하다 separately 분리해서 existence 존재 vacuum 진공, 진공상태

16. ④
【해설】
주어진 문장의 내용은 언어학자가 가설을 검증하는 방법이다. 따라서 on the other hand를 기준으로, 심리학자가 가설을 검증하는 방법을 설명하는 문장 바로 뒤인 ④에 주어진 문장이 들어가는 것이 가장 적절하다.
【해석】
심리학자와 언어학자는 둘 다 사회과학자로 분류될 수 있기에, 어떤 의미에서 그들의 연구방법은 오랫동안 비슷했다. 모든 사회과학자는 가설을 만들고 검증하는 방식으로 작업한다. 예를 들어, 어떤 심리학자나 언어학자가 신경계의 진행성 질환을 앓고 있는 어떤 이의 말이 특정한 순서로 해체될 것인데, 그것은 아마도 그 환자가 가장 최근에 배운 구조가 첫 번째로 사라질 것을 암시한다는 가설을 세울 수 있다. 그 다음 이러한 가설은 뇌 손상을 입은 어떤 이의 말에서 수집된 자료와 비교하여 검증될 것이다. 바로 여기서 심리학자와 언어학자가 때때로 다르다. 심리학자는 주로 주의 깊게 통제된 실험에 의하여 그들의 가설을 검증한다. 반면에 언어학자는 주로 자연발생적인 발화와 반대하는 것들을 확인함으로써 그들의 가설을 검증한다. 그들은 실험 환경의 경직성이 때때로 결과를 왜곡한다고 느낀다.
【어휘】
linguist 언어학자 test 검증하다 hypothesis 가설(복수형:hypotheses) mainly 주로, 대체로 spontaneous 자연발생적인, 자발적인 utterance 발화, 발언 classify 분류하다 hypothesize 가설을 세우다 progressive 진행성인, 점진적인, 꾸준히 진행되는 disintegrate 해체되다 certain ①어떤, 특정한 ②확실한, 분명한 order 순서 construction ①구조, 구성, ②건설 nervous system 신경계 by means of ~에 의하여 rigidity 경직성, 엄격성 falsify 왜곡하다

17. ③
【해설】
(B)에 them은 주어진 문장의 examples를 대신하고 a word 다음 the word가 이어져야 하므로 (B)다음 (C)가 이어져야 하고 (C)에 this second sense는 (B)의 내용을 설명하므로 글의 순서로 가장 적절한 것은 ③(B) - (C) - (A)이다.
【해석】
시간이 흐름에 따라 단어의 정의가 변해 온 한 가지 이유는 단지 단어의 잘못된 사용 때문이다. 상대적으로 평범한 언어의 부정확한 의미가 원래의 의도나 정의보다 더 널리 보급되는 사례 수가 점점 증가하고 있다. (B) 'peruse'라는 단어는 그런 사례 중의 하나이다. 무언가를 'peruse'한다는 것은 '많은 주의를 기울이지 않고 그것을 재빨리 훑어보거나 대충 읽는다'는 것을 의미한다고 대부분의 사람들은 생각한다. 사실, 이것은 'peruse'가 실제로 의미하는 것 '무언가를 주의 깊게, 상세히 연구하거나 읽는다'의 정반대이다. (C) 하지만 그 단어는 너무 많은 사람들에 의해 아주 흔하게 잘못 사용되었기에, 그 단어의 이런 두 번째 의미가 2차적인 정의 그것이 실제로 의미하는 것의 정반대 로 결국 받아들여졌고, 대부분의 사람들이 알고 있는 한 그것이 유일한 정의이다. (A) 이제, 화가 난 고객이 당신의 한 상점에서 받은 서비스에 대해 당신에게 편지를 보냈다고 생각해보자. 만약 당신이 '그의 편지를 peruse했다'고 답변한다면, 그는 전보다 훨씬 더 화를 낼 가능성이 있다.
【어휘】
definition 정의 incorrect 부정확한, 틀린(≠correct) relatively 비교적, 상대적으로 commonplace 평범한, 흔한 widespread 널리 퍼진, 널리 보급된 reply 대답(응답)하다(=respond) be likely to ⓥ ⓥ인 것 같다 original ①원래(근원)의 ②독창적인 intention 의도 scan 훑어보다 skim 대충 읽다 exact opposite 정반대 in detail 상세히, 세부적으로 secondary ①2차적인 ②중등교육의 as far as~ ~하는 한(=as(so) long as, so far as)

18. ③
【해설】
주어진 지문은 이슬람교의 전파로 인한 비잔틴 제국의 종교적 불완전성에 관한 내용의 글이므로 '비잔틴 제국의 다른 곳에서는 지역에 따라 제각기 다른 종교적 이미지 양식들이 공존했다'는 ③은 전체 글의 흐름과 무관하다.
【해석】
7세기에 이슬람교가 전파되면서, 비잔틴 제국은 불안정한 시기로 들어섰다. 이슬람 세력은 비잔티움으로부터 수많은 영토를 점령하였고, 지중해 동부, 북아프리카, 그리고 스페인을 영구적으로 탈바꿈시켰다. 726년, 성스러운 혹은 신성한 인물들의 형상들을 만들거나 소유하는 것에 대한 정당성에 관하여 격렬한 분쟁이 비잔티움에서 일어났다. 그 뒤를 이은 성상 파괴주의 기간은 843년까지 지속되었는데, 그 기간 동안 형상들이 공식적으로 비잔틴 제국에서 금지되었고, 예수, 그의 어머니인 성모 마리아, 그리고 성인들이 묘사된 초창기 형상들이 파괴되었다. (비잔틴 제국의 다른 곳에서는 지역에 따라 제각기 다른 종교적 이미지 양식들이 공존했는데, 몇몇 양식은 다른 양식들보다 더 추상적이었지만 각각의 양식은 그 지역의 다양한 상황을 반영하였다.) 따라서 예술적 관점에서, 8세기와 9세기는 비잔틴 종교예술의 어려운 시기를 나타낸다.
【어휘】
instability 불안정 seize ①점령하다, 빼앗다 ②불잡다 territory 영토 permanently 영구적으로 transform 바꾸다, 변형시키다 Mediterranean 지중해 violent ①폭력적인 ②격렬한 dispute 분쟁 erupt ①일어나다 ②분출하다 legitimacy ①합법성 ②정당성, 적합성 saintly 성스러운 divine 신성한 figure ①모습, 형상 ②숫자 ③인물 ensue 뒤따르다 last 지속되다 ban 금지하다 depiction 묘사 saint 성인 regional 지역적인 coexist 공존하다 abstract 추상적인 represent 나타내다, 보여주다 religious 종교적인

19. ④
【해설】
주어진 안내문은 피구에 대한 추억을 되살릴 수 있도록 친구

들과 함께 피구 경기 리그에 참가하라는 내용의 글이므로 이 안내문의 제목으로 가장 적절한 것은 ④ '즐거운 추억을 떠올리며 피구 리그로 우정을 뽐내세요'이다.
① 피구가 돌아왔다
② 친구도 사귀고 피구도 하자
③ 이번 봄, 리그에 참가하고 상품도 받자

20. ② 【해설】
심판과 모든 경기 장비는 제공된다(Referees and all game equipment are provided.)고 했으므로, 안내문의 내용과 일치하지 않는 것은 ②이다.
【해석】
피구를 하던 재미를 기억하시나요? 이제 그 추억을 되살릴 수 있습니다! 일단의 친구들을 모아 피구 경기 리그에 참가하세요. 시즌은 2월 5일부터 3월 26일까지 진행됩니다. 1위와 2위 팀에게는 상과 트로피가 수여됩니다!
리그 세부 정보
■ 경기는 매주 수요일 오후 5시부터 7시까지입니다.
■ 심판과 모든 경기 장비는 제공됩니다. 팀 유니폼은 제공되지 않습니다.
■ 모든 경기는 HUB 커뮤니티 센터에서 개최됩니다.
■ 리그는 최소 6개 팀에서 최대 12개 팀으로 구성됩니다.
■ 각 팀에는 최소 6명의 선수가 있어야 하고 10명까지 둘 수 있습니다.
등록 및 참가비
■ 등록하기 위해서는 저희에게 505-678-1234로 전화를 주십시오.
■ 참가자는 18세 이상이어야 합니다.
■ 참가비는 팀 규모에 상관없이 선수당 10달러입니다.
■ 모든 참가비는 등록 마감일인 2026년 1월 31일까지 납부되어야 합니다.
더 많은 정보를 원하시면, dodgeball@hubcenter.gov로 이메일을 보내 문의해 주세요.
【어휘】
dodgeball 피구, 도지볼 relive 되살리다 gather 모으다 competitive 경기의, 경쟁의 run 운영되다 referee 심판 equipment 장비 maximum 최대 minimum 최소 up to ~까지 register 등록하다 *registration 등록 participant 참가자 fee 참가비 per 마다, 당 regardless of ~와 관계없이 deadline 마감일

한 국 사

출제교수: 노범석 교수님

1. ① 【해설】 고구려 장수왕
제시된 자료는 중원 고구려비의 기록으로, 5세기 고구려 장수왕의 한강 유역 진출과 관련된 내용이다. '고려대왕 상왕공'은 장수왕이다.
① 장수왕은 평양으로 천도하여 남하정책을 추진하였다.
② 고국천왕, ③ 소수림왕, ④ 문자왕 때의 일이다.

2. ③ 【해설】 신라의 통치 제도
③ 신라의 지방제도는 중앙(수도)에 6부, 지방에 9주를 두어 다스렸다.
①백제, ② 발해, ④ 고구려의 정치 제도에 대한 설명이다.

3. ② 【해설】 고조선
제시된 자료는 고조선에서 시행한 8조법의 내용이다.
② 고조선에는 상, 대부, 장군, 박사 등의 관직이 있었다.
① 옥저와 동예에 대한 설명이다.
③ 삼한에 대한 설명으로, 삼한 중 마한에서 세력이 가장 큰 목지국의 지배자가 삼한 전체를 대표하였다.
④ 고구려에 대한 설명이다.

4. ④ 【해설】 충렬왕
제시된 자료는 충렬왕 때 승려 일연이 편찬한 '삼국유사'의 서문이다.
④ 충렬왕 때 도병마사를 도평의사사로 개편하여 국정을 총괄하게 하였다.
① 충선왕, ② 인종은 김부식으로 하여금 '삼국사기'를 편찬하게 하였다.
③ 공민왕 때의 일이다.

5. ④ 【해설】 고려 시대의 문화
제시된 자료는 송나라 사신인 서긍이 묘사한 예성항(벽란도)의 모습으로, 고려시대의 대외 무역과 관련된 내용이다.
④ 고려 후기, 원나라의 영향을 받아 경천사 10층 석탑이 건립되었다.
① 백운동 서원은 조선 시대에 건립되었다.
② 보은 법주사 팔상전은 조선 후기인 17세기에 축조된 다층의 사원 건축물이다.
③ 미륵사지 석탑은 백제의 문화재이다.

6. ① 【해설】 고려의 대외 관계
ⓒ 거란의 1차 침입(고려 성종 재위 기간) 때 서희의 외교 담판으로 압록강 동쪽의 강동 6주를 확보하였다.
② 거란의 2차 침입(고려 현종 재위 기간) 때의 일이다.
㉠ 예종 때 윤관은 별무반을 이끌고 여진을 축출하고 동북 9성을 쌓았다.
ⓒ 몽골의 2차 침입(최우 집권기) 때인 1232년 처인성 전투에서 김윤후가 이끄는 민병과 승군에 의해 몽골군 총사령관 살리타가 사살되었다.

7. ① 【해설】 정도전
제시된 자료는 정도전이 편찬한 '조선경국전'에 기록된 내용으로, 재상의 직분과 비중을 언급하고 정치는 재상 중심으로 이끌어야 하는 까닭을 밝히고 있다.
① 정도전은 『불씨잡변』에서 불교를 비판하였다.
② 세종 때 설순이 편찬하였다.
③ 서거정 등에 대한 설명이다.
④ 조준에 대한 설명이다.

8. ② 【해설】 중종
제시된 자료의 밑줄 친 '왕'은 조선의 중종을 일컫는다.
② 중종 때 부산포·제포·염포 등 삼포에 거주하고 있던 일본인들이 반란을 일으켰는데, 이를 삼포왜란이라고 한다.
① 세종, ③ 명종, ④ 광해군 때의 일이다.

9. ④ 【해설】 조선 왕조 실록
'조선왕조실록'에 대한 설명이다.

10. ③ 【해설】 임술 농민 봉기
제시된 자료는 '임술 농민 봉기(진주민란)'에 대한 내용이다.
ⓒ, ② 임술 농민 봉기는 1862년에 부세제도의 모순에 불만을 품은 민중들이 경상도 진주에서 봉기를 일으키는 것을 시작으로 곧이어 북으로 함흥, 남으로 제주까지 이어졌다. 진주 민중은 향임 유계춘의 지도 아래 머리에 흰 두건을 쓰고 스스로 초군이라 부르면서 봉기하였다. 그래서 '백건당의 난'이라고도 부른다. 결국 정부는 민란의 수습책으로 안핵사를 파견하고, 삼정이정청을 설치하였다.
㉠, ⓒ 홍경래의 난에 대한 설명들이다.

11. ③ 【해설】 이황
제시된 자료는 이황의 견해이다.
③ 이이는 존화주의적 역사서인 『기자실기』를 저술하였다. 이이는 우리 역사에서 기자의 행적을 주목하고, 왕도 정치가 기자에서 시작되었다고 평가하였다.
①, ②, ④ 이황에 대한 설명이다.

12. ③ 【해설】 비변사
제시된 자료는 비변사에 대한 내용이다.
③ 비변사는 흥선 대원군 때 폐지되었다.
① 비변사는 삼포왜란 때 설치되었으며, 명종 때 을묘왜변을 계기로 상설 기구로 운영되기 시작하였다.
② 훈련도감에 대한 설명이다.
④ 비변사의 기능 강화로 의정부와 6조 중심의 행정 체계는 유명무실화되었고, 왕권은 약화되었다.

13. ④ 【해설】 독립협회
제시된 자료의 밑줄 친 '민회'는 독립협회를 가리킨다.
④ 독립협회는 자주 국권 운동을 전개하여 러시아의 절영도 조차 요구를 저지하고, 한·러은행을 폐쇄시켰다.
① 대한자강회, ② 신민회, ③ 보안회에 대한 설명이다.

14. ④ 【해설】 을사조약의 체결에 대한 저항
제시된 사료는 1905년에 체결된 을사조약의 일부 내용이다.
④ 을사 조약이 체결되자 장지연은 '시일야방성대곡'에서 이 조약을 비판하였다.
① 정미 의병에 대한 설명이다.
② 최익현은 왜양일체론을 주장하며 강화도 조약 체결에 반대하였다.
③ 동학 농민 운동에 대한 설명이다.

15. ① 【해설】 1920년대 정치 상황
(가)는 1923년에 발표된 조선 형평사 창립 취지문이고, (나)는 1929년에 발표된 광주 학생 항일 운동의 격문이다.
① 신간회는 1927년 비타협적 민족주의자들과 사회주의자들이 연대하여 결성된 좌우 합작 단체이다. 이들은 광주 학생 항일 운동이 전개될 당시 진상 조사단을 파견하고 민중 대회를 계획하기도 하였다.
② 1932년의 일이다.
③ 1940년의 일이다.
④ 1912년 고종의 밀명으로 독립의군부가 조직되었다.

16. ② 【해설】 이상설
제시된 자료와 모두 관련된 인물은 이상설이다. 이상설은 1906년 간도 용정촌에서 서전서숙을 설립하였고, 1907년 을사조약 체결의 부당성을 알리기 위해 헤이그 만국 평화 회의에 이준, 이위종과 함께 참석하였다. 1910년에는 연해주에서 유인석 등과 13도의군을 편성하였고 1911년에 권업회를 조직, 1914년에는 대한 광복군 정부를 수립하였다.

17. ① 【해설】 무장 독립 전쟁(독립군의 활약)
제시된 자료의 (가)는 조선 혁명군이다. 양세봉이 지휘했던 조선 혁명군은 중국 의용군과 연합 작전을 전개하였는데, 영

- 1 -

링가 전투에서 대규모의 일본군을 격파하였다.
① 조선 혁명군은 양세봉의 지휘 하에 부대를 5개 중대로 개편 및 정비하고 주로 남만주 일대에서 활동하였다.
② 한국독립군, ③ 조선의용대, ④ 한국광복군에 대한 설명이다.

18. ② 【해설】대한민국 수립과정
㉠ 1946년 7월 김규식, 여운형에 의해 좌우 합작 위원회가 구성되었다.
㉢ 1947년 5월 2차 미·소 공동 위원회가 개최되었다.
㉡ 2차 미소 공동 위원회에서도 미·소는 자국의 이익을 위해 조금도 물러서지 않고 대립하였다. 이에 1947년 9월 미국은 한반도 문제를 유엔에 일방적으로 이관하였다.
㉣ 유엔 소총회의 결의에 따라 1948년 5월 10일 남한에서 단독으로 선거가 실시되었다.

19. ② 【해설】조·일 수호 조규 부록과 조·청 상민 수륙 무역 장정
(가)는 1876년 8월에 체결된 조·일 수호 조규 부록의 일부이고 (나)는 1882년 임오군란 진압 직후 체결된 조·청 상민 수륙 무역 장정의 내용이다.
② 1882년의 일이다.
① 영국이 거문도를 점령한 것은 1885년부터 1887년까지이다.
③ 화폐 정리 사업이 추진된 것은 1905년의 일이다.
④ 1896년 2월 아관 파천 직후, 러시아는 압록강 유역의 산림 채벌권을 획득하였다.

20. ② 【해설】유신 헌법(1970년대 정치 상황)
제시된 자료는 1972년 10월에 제정된 유신 헌법이다. 유신 헌법은 1980년 10월 8차 개헌 전까지 적용되었다.
② 유신 독제 체제를 반대하는 부·마 민주 항쟁은 1979년에 일어났다.
① 1965년부터 베트남 파병이 시작되었다.
③ 7·4 남북 공동 성명은 유신헌법 제정 이전인 1972년 7월에 발표되었다.
④ 전두환 정부 시기의 일이다.

행정법

출제교수: 강성빈 교수님

1. ④ 【해설】 행정법통론
예산회계법 제98조에서 법령의 규정에 의한 납입고지를 시효중단 사유로 규정하고 있는바, 이러한 납입고지에 의한 시효중단의 효력은 그 납입고지에 의한 부과처분이 취소되더라도 상실되지 않는다. 대법원 2000. 9. 8. 선고 98두19933 판결
① 폐기물처리업의 허가를 받은 원고들이 피고인 시장으로부터 원고들이 진주시에서 발생하는 음식물류 폐기물의 수집·운반, 가로 청소, 재활용품의 수집·운반 업무를 대행할 것을 위탁받고, 각각 피고와 위 대행 업무에 관해 체결한 도급계약 및 위 계약체결 후 그 계약내용 중 일부를 변경하기로 한 변경계약을 사법상 계약으로 본 사례. 대법원 2018. 2. 13. 선고 2014두11328 판결
② 대한변호사협회는 변호사 등록에 관한 한 공법인으로서 공권력 행사의 주체이다. 또한 변호사법의 관련 규정, 변호사 등록의 법적 성질, 변호사 등록을 하려는 자와 변협 사이의 법적 관계 등을 고려했을 때 변호사 등록에 관한 한 공법인 성격을 가지는 대한변호사협회가 등록사무의 수행과 관련하여 정립한 규범을 단순히 내부 기준이라거나 사법적인 성질을 지니는 것이라 볼 수는 없고, 변호사 등록을 하려는 자와의 관계에서 대외적 구속력을 가지는 공권력 행사에 해당한다고 할 것이다. 헌법재판소 2019. 11. 28. 선고 2017헌마759 전원재판부 결정
③ 조세에 관한 소멸시효가 완성되면 국가의 조세부과권과 납세의무자의 납세의무는 당연히 소멸한다 할 것이므로 소멸시효완성 후에 부과된 부과처분은 납세의무 없는 자에 대하여 부과처분을 한 것으로서 그와 같은 하자는 중대하고 명백하여 그 처분의 효력은 당연무효이다. 대법원 1985. 5. 14. 선고 83누655 판결

2. ④ 【해설】 행정절차법
'고시'의 방법으로 불특정 다수인을 상대로 의무를 부과하거나 권익을 제한하는 처분은 성질상 의견제출의 기회를 주어야 하는 상대방을 특정할 수 없으므로, 이와 같은 처분에 있어서까지 구 행정절차법 제22조 제3항에 의하여 그 상대방에게 의견제출의 기회를 주어야 한다고 해석할 것은 아니다. 대법원 2014. 10. 27. 선고 2012두7745 판결
① 대통령의 한국방송공사 사장의 해임 절차에 관하여 방송법이나 관련 법령에도 별도의 규정을 두지 않고 있고, 행정절차법의 입법 목적과 행정절차법 제3조 제2항 제9호와 관련 시행령의 규정 내용 등에 비추어 보면, 이 사건 해임처분이 행정절차법과 그 시행령에서 열거적으로 규정한 예외 사유에 해당한다고 볼 수 없으므로 이 사건 해임처분에도 행정절차법이 적용된다고 할 것이다. 대법원 2012. 2. 23. 선고 2011두5001 판결
② 행정청이 문서에 의하여 처분을 한 경우 처분서의 문언이 불명확하다는 등의 특별한 사정이 없는 한, 문언에 따라 어떤 처분을 하였는지를 확정하여야 한다. 처분서의 문언만으로도 행정청이 어떤 처분을 하였는지가 분명한데도 처분 경위나 처분 이후의 상대방의 태도 등 다른 사정을 고려하여 처분서의 문언과는 달리 다른 처분까지 포함되어 있는 것으로 확대 해석해서는 안 된다. 대법원 2017. 8. 29. 선고 2016두44186 판결
③ 묘지공원과 화장장의 후보지를 선정하는 과정에서 서울특별시, 비영리법인, 일반 기업 등이 공동 발족한 협의체인 추모공원건립추진협의회가 후보지 주민들의 의견을 청취하기 위하여 그 명의로 개최한 공청회는 행정청이 도시계획시설결정을 하면서 개최한 공청회가 아니므로, 위 공청회의 개최에 관하여 행정절차법에서 정한 절차를 준수하여야 하는 것은 아니다. 대법원 2007. 4. 12. 선고 2005두1893 판결

3. ④ 【해설】 행정구제법
공무원에게 부과된 직무상 의무의 내용이 단순히 공공 일반의 이익을 위한 것이거나 행정기관 내부의 질서를 규율하기 위한 것이 아니고 전적으로 또는 부수적으로 사회구성원 개인의 안전과 이익을 보호하기 위하여 설정된 것이라면, 공무원이 그와 같은 직무상 의무를 위반함으로 인하여 피해자가 입은 손해에 대하여는 상당인과관계가 인정되는 범위 내에서 국가가 배상책임을 진다. 대법원 2017. 11. 9. 선고 2017다228083 판결
① 일반적으로 공무원이 직무를 집행함에 있어서 관계법규를 알지 못하거나 필요한 지식을 갖추지 못하여 법규의 해석을 그르쳐 잘못된 행정처분을 하였다면 그가 법률전문가가 아닌 행정직 공무원이라고 하여 과실이 없다고 할 수 없다. 대법원 1995. 10. 13. 선고 95다32747 판결
② 어떠한 행정처분이 후에 항고소송에서 취소되었다고 할지라도 그 기판력에 의하여 당해 행정처분이 곧바로 공무원의 고의 또는 과실로 인한 것으로서 불법행위를 구성한다고 단정할 수는 없는 것이다. 대법원 2000. 5. 12. 선고 99다70600 판결
③ 국민의 생명, 신체, 재산 등에 대하여 절박하고 중대한 위험상태가 발생하였거나 발생할 우려가 있어서 국민의 생명, 신체, 재산 등을 보호하는 것을 본래적 사명으로 하는 국가가 초법규적, 일차적으로 그 위험 배제에 나서지 아니하면 국민의 생명, 신체, 재산 등을 보호할 수 없는 경우에는 형식적 의미의 법령에 근거가 없더라도 국가나 관련 공무원에 대하여 그러한 위험을 배제할 작위의무를 인정할 수 있다. 대법원 1998. 10. 13. 선고 98다18520 판결

4. ① 【해설】 실효성 확보수단
병무청장이 하는 병역의무 기피자의 인적사항 등 공개조치에는 특정인을 병역의무 기피자로 판단하여 그에게 불이익을 가한다는 행정결정이 전제되어 있고, 공개라는 사실행위는 행정결정의 집행행위라고 보아야 한다. 병무청장이 그러한 행정결정을 공개 대상자에게 미리 통보하지 않은 것이 적절한지는 본안에서 해당 처분이 적법한가를 판단하는 단계에서 고려할 요소이며, 병무청장이 그러한 행정결정을 공개 대상자에게 미리 통보하지 않았다거나 처분서를 작성·교부하지 않았다는 점만으로 항고소송의 대상적격을 부정하여서는 아니 된다. 대법원 2019. 6. 27. 선고 2018두49130 판결
② 관할 지방병무청장이 위원회의 심의를 거쳐 공개 대상자를 1차로 결정하기는 하지만, 병무청장에게 최종적으로 공개 여부를 결정할 권한이 있으므로, 관할 지방병무청장의 공개 대상자 결정은 병무청장의 최종적인 결정에 앞서 이루어지는 행정기관 내부의 중간적 결정에 불과하다. 가까운 시일 내에 최종적인 결정과 외부적인 표시가 예정된 상황에서, 외부에 표시되지 않은 행정기관 내부의 결정을 항고소송의 대상인 처분으로 보아야 할 필요성은 크지 않다. 관할 지방병무청장이 1차로 공개 대상자 결정을 하고, 그에 따라 병무청장이 같은 내용으로 최종적 공개결정을 하였다면, 공개 대상자는 병무청장의 최종적 공개결정만을 다투는 것으로 충분하고, 관할 지방병무청장의 공개 대상자 결정을 별도로 다툴 소의 이익은 없어진다. 대법원 2019. 6. 27. 선고 2018두49130 판결
③ 세법상 가산세는 과세권의 행사 및 조세채권의 실현을 용이하게 하기 위하여 납세자가 정당한 이유 없이 법에 규정된 신고, 납세 등 각종 의무를 위반한 경우에 개별세법이 정하는 바에 따라 부과되는 행정상의 제재로서 납세자의 고의, 과실은 고려되지 않는 반면, 이와 같은 제재는 납세의무자가 그 의무를 알지 못한 것이 무리가 아니었다고 할 수 있어서 그를 정당시할 수 있는 사정이 있거나 그 의무의 이행을 당사자에게 기대하는 것이 무리라고 하는 사정이 있을 때 등 그 의무 해태를 탓할 수 없는 정당한 사유가 있는 경우에는 이를 과할 수 없다. 대법원 2005. 1. 27. 선고 2003두13632 판결
④ 범칙금의 통고 및 납부 등에 관한 규정들의 내용과 취지 등에 비추어 볼 때, 범칙자가 경찰서장으로부터 범칙행위를 하였음을 이유로 범칙금의 통고를 받고 납부기간 내에 그 범칙금을 납부한 경우 범칙금의 납부에 확정판결에 준하는 효력이 인정됨에 따라 다시 벌받지 아니하게 되는 행위사실은 범칙금 통고의 이유에 기재된 당해 범칙행위 자체 및 그 범칙행위와 동일성이 인정되는 범칙행위에 한정된다고 해석함이 상당하다. 대법원 2002. 11. 22. 선고 2001도849 판결

5. ③

【해설】 행정쟁송법
행정심판법 제27조(심판청구의 기간)

> **행정심판법 제27조(심판청구의 기간)**
> ⑥ 행정청이 심판청구 기간을 알리지 아니한 경우에는 제3항에 규정된 기간(처분이 있었던 날부터 180일)에 심판청구를 할 수 있다.

① 행정심판법 제6조(행정심판위원회의 설치)

> **행정심판법 제6조(행정심판위원회의 설치)**
> ① 다음 각 호의 행정청 또는 그 소속 행정청(행정기관의 계층구조와 관계없이 그 감독을 받거나 위탁을 받은 모든 행정청을 말하되, 위탁을 받은 행정청은 그 위탁받은 사무에 관하여는 위탁한 행정청의 소속 행정청으로 본다. 이하 같다)의 처분 또는 부작위에 대한 행정심판의 청구(이하 "심판청구"라 한다)에 대하여는 다음 각 호의 행정청에 두는 행정심판위원회에서 심리·재결한다.
> 1. 감사원, 국가정보원장, 그 밖에 대통령령으로 정하는 대통령 소속기관의 장

② 행정심판법 제7조(행정심판위원회의 구성)

> **행정심판법 제7조(행정심판위원회의 구성)**
> ① 행정심판위원회(중앙행정심판위원회는 제외한다. 이하 이 조에서 같다)는 위원장 1명을 포함하여 50명 이내의 위원으로 구성한다.

④ 행정심판법 제43조의2(조정)

> **행정심판법 제43조의2(조정)**
> ③ 조정은 당사자가 합의한 사항을 조정서에 기재한 후 당사자가 서명 또는 날인하고 위원회가 이를 확인함으로써 성립한다.

6. ②

【해설】 행정작용법
처분을 할 것인지 여부와 처분의 정도에 관하여 재량이 인정되는 과징금 납부명령에 대하여 그 명령이 재량권을 일탈하였을 경우, 법원으로서는 재량권의 일탈 여부만 판단할 수 있을 뿐이지 재량권의 범위 내에서 어느 정도가 적정한 것인지에 관하여는 판단할 수 없어 그 전부를 취소할 수밖에 없고, 법원이 적정하다고 인정하는 부분을 초과한 부분만 취소할 수는 없다. 대법원 2009. 6. 23. 선고 2007두18062 판결
① 행정행위를 기속행위와 재량행위로 구분하는 경우 양자에 대한 사법심사는, 기속행위의 경우 그 법규에 대한 원칙적인 기속성으로 인하여 법원이 사실인정과 관련 법규의 해석·적용을 통하여 일정한 결론을 도출한 후 그 결론에 비추어 행정청이 한 판단의 적법 여부를 독자의 입장에서 판정하는 방식에 의하게 되나, 재량행위의 경우 행정청의 재량에 기한 공익판단의 여지를 감안하여 법원은 독자의 결론을 도출함이 없이 당해 행위에 재량권의 일탈·남용이 있는지 여부만을 심사하게 되고, 이러한 재량권의 일탈·남용 여부에 대한 심사는 사실오인, 비례·평등의 원칙 위배 등을 그 판단 대상으로 한다. 대법원 2005. 7. 14. 선고 2004두6181 판결
③ 개발제한구역 내에서는 구역지정의 목적상 건축물의 건축 및 공작물의 설치 등 개발행위가 원칙적으로 금지되고, 다만 구체적인 경우에 이러한 구역지정의 목적에 위배되지 아니할 경우 예외적으로 허가에 의하여 그러한 행위를 할 수 있게 되어 있음이 그 규정의 체제와 문언상 분명하고, 이러한 예외적인 개발행위의 허가는 상대방에게 수익적인 것이 틀림이 없으므로 그 법률적 성질은 재량행위 내지 자유재량행위에 속하는 것이다. 대법원 2004. 3. 25. 선고 2003두12837 판결
④ 산림훼손행위는 국토의 유지와 환경의 보전에 직접적으로 영향을 미치는 행위이므로 법령이 규정하는 산림훼손 금지 또는 제한지역에 해당하는 경우는 물론 금지 또는 제한지역에 해당하지 않더라도 허가관청은 산림훼손허가신청 대상토지의 현상과 위치 및 주위의 상황 등을 고려하여 국토 및 자연의 유지와 환경의 보전 등 중대한 공익상 필요가 있다고 인정될 때에는 허가를 거부할 수 있고, 그 경우 법규에 명문의 근거가 없더라도 거부처분을 할 수 있다. 대법원 1997. 9. 12. 선고 97누1228 판결

7. ②

【해설】 행정법통론
위법한 행정처분이 수차례에 걸쳐 반복적으로 행하여졌다 하더라도 그러한 처분이 위법한 것인 때에는 행정청에 대하여 자기구속력을 갖게 된다고 할 수 없다. 대법원 2009. 6. 25. 선고 2008두13132 판결
① 지방세법상의 보세운송면허세의 근거규정이 1973. 3. 12. 제정되어 1977. 9. 20. 폐지될 때까지 4년 반 동안 위 면허세가 한 건도 과세된 일이 없고 면허의 주무관청인 관세청장도 수출확대라는 공익상의 필요에서 면허세부과의 문제점을 지적하고 그 소급제외를 거듭 건의하였다면 과세권자는 과세하여야 할 것을 알면서도 과세하지 아니하였던 것이고 납세자로서는 그 비과세를 믿을 수밖에 없는 것이므로 그로써 비과세의 관행이 이루어진 것으로 보아야 한다. 대법원 1981. 3. 10. 선고 81누16 판결
③ 여러 종류의 자동차운전면허는 서로 별개의 것으로 취급하는 것이 원칙이나, 취소·정지 사유가 특정 면허에 관한 것이 아니고 다른 면허와 공통된 것이거나 운전면허를 받은 사람에 관한 것일 경우에는 여러 면허를 전부 취소·정지할 수도 있다. 대법원 1997. 5. 16. 선고 97누2313 판결
④ 비례의 원칙은 법치국가 원리에서 당연히 파생되는 헌법상의 기본원리로서, 모든 국가작용에 적용된다. 행정목적을 달성하기 위한 수단은 목적달성에 유효·적절하고, 가능한 최소침해를 가져오는 것이어야 하며, 아울러 그 수단의 도입에 따른 침해가 의도하는 공익을 능가하여서는 안 된다. 대법원 2019. 7. 11. 선고 2017두38874 판결

8. ①

【해설】 행정작용법
행정기본법 제20조(자동적 처분)

> **행정기본법 제20조(자동적 처분)**
> 행정청은 법률로 정하는 바에 따라 완전히 자동화된 시스템(인공지능 기술을 적용한 시스템을 포함한다)으로 처분을 할 수 있다. 다만, 처분에 재량이 있는 경우는 그러하지 아니하다.

② 변상금 부과처분에 대한 취소소송이 진행 중이라도 그 부과권자로서는 위법한 처분을 스스로 취소하고 그 하자를 보완하여 다시 적법한 부과처분을 할 수도 있다. 대법원 2006. 2. 10. 선고 2003두5686 판결
③ 문화재보호구역 내에 있는 토지소유자 등으로서는 위 보호구역의 지정해제를 요구할 수 있는 법규상 또는 조리상의 신청권이 있다고 할 것이고, 이러한 신청에 대한 거부행위는 항고소송의 대상이 되는 행정처분에 해당한다. 대법원 2004. 4. 27. 선고 2003두8821 판결
④ 서울특별시립무용단 단원의 위촉은 공법상의 계약이라고 할 것이고, 따라서 그 단원의 해촉에 대하여는 공법상의 당사자소송으로 그 무효확인을 청구할 수 있다. 대법원 1995. 12. 22. 선고 95누4636 판결

9. ③

【해설】 행정작용법
지방의회의원에 대하여 유급보좌인력을 두는 것은 지방의회의원의 신분·지위 및 그 처우에 관한 현행 법령상의 제도에 중대한 변경을 초래하는 것으로서, 이는 개별 지방의회의 조례로써 규정할 사항이 아니라 국회의 법률로써 규정하여야 할 입법사항이다. 대법원 2013. 1. 16. 선고 2012추84 판결
① 구 여객자동차운수사업법에는 관할관청은 개인택시운송사업자의 운전면허가 취소된 때에 그의 개인택시운송사업면허를 취소할 수 있도록 규정되어 있을 뿐 그에게 운전면허 취소사유가 있다는 사유만으로 개인택시운송사업면허를 취소할 수 있도록 하는 규정은 없으므로, 관할관청으로서는 비록 개인택시운송사업자에게 운전면허 취소사유가 있다 하더라도 그로 인하여 운전면허 취소처분이 이루어지지 않은 이상 개인택시운송사업면허를 취소할 수는 없다. 대법원 2008. 5. 15. 선고 2007두26001 판결
② 텔레비전방송수신료는 대다수 국민의 재산권 보장의 측면이나 한국방송공사에게 보장된 방송자유의 측면에서 국민의 기본권실현에 관련된 영역에 속하고, 수신료금액의 결정은 납부의무자의 범위 등과 함께 수신료에 관한 본질적인 중요한 사항이므로 국회가 스스로 행하여야 하는 사항에 속하는

것임에도 불구하고 한국방송공사법 제36조 제1항에서 국회의 결정이나 관여를 배제한 채 한국방송공사로 하여금 수신료금액을 결정해서 문화관광부장관의 승인을 얻도록 한 것은 법률유보원칙에 위반된다. 헌법재판소 1999. 5. 27. 선고 98헌바70 결정
④ 전기가 국민의 생존과 직결되어 있어 전기의 사용이 일상생활을 정상적으로 영위하는 데에 필수불가결한 요소라 하더라도, 전기요금은 전기판매사업자가 전기사용자와 체결한 전기공급계약에 따라 전기를 공급하고 그에 대한 대가로 전기사용자에게 부과되는 것으로서, 조세 내지 부담금과는 구분된다. 즉 한국전력공사가 전기사용자에게 전기요금을 부과하는 것이 국민의 재산권에 제한을 가하는 행정작용에 해당한다고 볼 수 없다. (중략) 전기요금의 산정이나 부과에 필요한 세부적인 기준을 정하는 것은 전문적이고 정책적인 판단을 요할 뿐 아니라 기술의 발전이나 환경의 변화에 즉각적으로 대응할 필요가 있다. 전기요금의 결정에 관한 내용을 반드시 입법자가 스스로 규율해야 하는 부분이라고 보기 어려우므로, 심판대상조항은 의회유보원칙에 위반되지 아니한다. 헌법재판소 2021. 4. 29. 선고 2017헌가25 전원재판부 결정

10. ① 【해설】 행정법통론
행정기본법 제7조(법령등 시행일의 기간 계산)

> 행정기본법 제7조(법령등 시행일의 기간 계산)
> 법령등(훈령·예규·고시·지침 등을 포함한다)의 시행일을 정하거나 계산할 때에는 다음 각 호의 기준에 따른다.
> 3. 법령등을 공포한 날부터 일정 기간이 경과한 날부터 시행하는 경우 그 기간의 말일이 토요일 또는 공휴일인 때에는 그 말일로 기간이 만료한다.

② 법령공포법 제13조의2(법령의 시행유예기간)

> 법령공포법 제13조의2(법령의 시행유예기간)
> 국민의 권리 제한 또는 의무 부과와 직접 관련되는 법률, 대통령령, 총리령 및 부령은 긴급히 시행하여야 할 특별한 사유가 있는 경우를 제외하고는 공포일부터 적어도 30일이 경과한 날부터 시행되도록 하여야 한다.

③ 법령공포법 제11조(공포 및 공고의 절차)

> 법령공포법 제11조(공포 및 공고의 절차)
> ② 「국회법」 제98조제3항 전단에 따라 하는 국회의장의 / 기본서463p

④ 행정기본법 제7조(법령등 시행일의 기간 계산)

> 행정기본법 제7조(법령등 시행일의 기간 계산)
> 법령등(훈령·예규·고시·지침 등을 포함한다)의 시행일을 정하거나 계산할 때에는 다음 각 호의 기준에 따른다.
> 2. 법령등을 공포한 날부터 일정 기간이 경과한 날부터 시행하는 경우 법령등을 공포한 날을 첫날에 산입하지 아니한다.

11. ④ 【해설】 행정쟁송법
어떠한 처분에 대하여 그 근거 법률에서 행정소송 이외의 다른 절차에 의하여 불복할 것을 예정하고 있는 경우, 그러한 처분은 항고소송의 대상이 되는 처분에 해당하지 않는다. 그런데 부작위위법확인소송은 '처분의 부작위'가 있는 경우에만 인정되므로, 결국 항고소송의 대상이 되는 처분이 될 수 없는 행정작용의 부작위에 대해서는 부작위위법확인소송을 제기할 수 없게 된다.
① 행정처분의 당연무효를 선언하는 의미에서 그 취소를 청구하는 행정소송을 제기하는 경우에도 소원의 전치와 제소기간의 준수 등 취소소송의 제소요건을 갖추어야 한다. 대법원 1984. 5. 29. 선고 84누175 판결
② 행정처분의 무효확인을 구하는 청구에는 특별한 사정이 없는 한 그 처분의 취소를 구하는 취지까지도 포함되어 있다고 볼 수는 있으나 위와 같은 경우에 취소청구를 인용하려면 먼저 취소를 구하는 항고소송으로서의 제소요건을 구비한 경우에 한한다(주: 취소사유 있는 처분에 대하여 취소소송의 제소기간 내에 무효확인소송이 제기된 경우, 법원은 취소판결을 선고할 수 있음). 대법원 1986. 9. 23. 선고 85누838 판결
③ 항고소송인 무효확인소송에 대해서는 민사소송과 달리 확인의 이익(보충성)이 요구되지 않으므로, 처분 상대방은 이행소송인 부당이득반환청구소송을 제기하지 않고 곧바로 무효확인소송을 제기할 수 있다.

> 행정처분의 근거 법률에 의하여 보호되는 직접적이고 구체적인 이익이 있는 경우에는 행정소송법 제35조에 규정된 '무효확인을 구할 법률상 이익'이 있다고 보아야 하고, 이와 별도로 무효확인소송의 보충성이 요구되는 것은 아니므로 행정처분의 무효를 전제로 한 이행소송 등과 같은 직접적인 구제수단이 있는지 여부를 따질 필요가 없다고 해석함이 상당하다. 대법원 2008. 3. 20. 선고 2007두6342 전원합의체 판결

12. ① 【해설】 행정작용법
국가배상청구소송의 선결문제는 처분의 효력 유무가 아닌 처분의 '위법' 여부가 되므로, 수소법원인 민사법원은 영업허가취소처분에 취소사유에 해당하는 하자가 있는 경우, 즉 당해 처분이 위법한 경우 이를 이유로 배상청구를 인용할 수 있다.
② 구 도시계획법 제78조 제1항에 정한 처분이나 조치명령을 받은 자가 이에 위반한 경우 이로 인하여 같은 법 제92조에 정한 처벌을 하기 위하여는 그 처분이나 조치명령이 적법한 것이라야 하고, 그 처분이 당연무효가 아니라 하더라도 그것이 위법한 처분으로 인정되는 한 같은 법 제92조 위반죄가 성립될 수 없다. 대법원 1992. 8. 18. 선고 90도1709 판결
③ 일반적으로 행정처분이나 행정심판 재결이 불복기간의 경과로 확정될 경우 그 확정력은, 처분으로 법률상 이익을 침해받은 자가 당해 처분이나 재결의 효력을 더 이상 다툴 수 없다는 의미일 뿐, 더 나아가 판결과 같은 기판력이 인정되는 것은 아니어서 그 처분의 기초가 된 사실관계나 법률적 판단이 확정되고 당사자들이나 법원이 이에 기속되어 모순되는 주장이나 판단을 할 수 없게 되는 것은 아니다. 대법원 2008. 7. 24. 선고 2006두20808 판결
④ 불가변력은 당해 행정행위에만 인정되는 것이므로, 비록 동종의 행정행위라 하더라도 그 대상을 달리할 때에는 불가변력은 인정될 여지가 없다. 대법원 1974. 12. 10. 선고 73누129 판결

13. ③ 【해설】 실효성 확보수단
구 건축법상 이행강제금을 부과받은 사람이 이행강제금사건의 제1심 결정 후 항고심결정이 있기 전에 사망한 경우, 항고심결정은 당연무효이고, 이미 사망한 사람의 이름으로 제기된 재항고는 보정할 수 없는 흠결이 있는 것으로서 부적법하다. 대법원 2006. 12. 8.자 2006마470 결정
① 단순한 부작위의무의 위반, 즉 관계 법령에 정하고 있는 절대적 금지나 허가를 유보한 상대적 금지를 위반한 경우에는 당해 법령에서 그 위반자에 대하여 위반에 의하여 생긴 유형적 결과의 시정을 명하는 행정처분의 권한을 인정하는 규정을 두고 있지 아니한 이상, 법치주의의 원리에 비추어 볼 때 위와 같은 부작위의무로부터 그 의무를 위반함으로써 생긴 결과를 시정하기 위한 작위의무를 당연히 끌어낼 수는 없으며, 또 위 금지규정(특히 허가를 유보한 상대적 금지규정)으로부터 작위의무, 즉 위반결과의 시정을 명하는 권한이 당연히 추론되는 것도 아니다. 대법원 1996. 6. 28. 선고 96누4374 판결
② 농지법 제62조 제6항, 제7항이 위와 같이 이행강제금 부과처분에 대한 불복절차를 분명하게 규정하고 있으므로, 이와 다른 불복절차를 허용할 수는 없다. 설령 관할청이 이행강제금 부과처분을 하면서 재결청에 행정심판을 청구하거나 관할 행정법원에 행정소송을 할 수 있다고 잘못 안내하거나 관할 행정심판위원회가 각하재결이 아닌 기각재결을 하면서 관할 법원에 행정소송을 할 수 있다고 잘못 안내하였다고 하더라도, 그러한 잘못된 안내로 행정법원의 항고소송 재판관할이 생긴다고 볼 수도 없다. 대법원 2019. 4. 11. 선고 2018두42955 판결
④ 세무공무원이 국세의 징수를 위해 납세자의 재산을 압류하는 경우 그 재산의 가액이 징수할 국세액을 초과한다 하여

위 압류가 당연무효의 처분이라고는 할 수 없다. 대법원 1986. 11. 11. 선고 86누479 판결

14. ② 【해설】행정구제법
하천구역 편입토지에 대한 손실보상청구권은 공법상의 권리임이 분명하고, 따라서 그 손실보상을 둘러싼 쟁송은 사인 간의 분쟁을 대상으로 하는 민사소송이 아니라 공법상의 법률관계를 대상으로 하는 행정소송절차에 의하여야 한다. 위 규정들에 의한 손실보상청구권은 1984. 12. 31. 전에 토지가 하천구역으로 된 경우에는 당연히 발생되는 것이지, 관리청의 보상금지급결정에 의하여 비로소 발생하는 것은 아니므로, 위 규정들에 의한 손실보상금의 지급을 구하거나 손실보상청구권의 확인을 구하는 소송은 행정소송법 제3조 제2호 소정의 당사자소송에 의하여야 할 것이다. 대법원 2006. 5. 18. 선고 2004다6207 판결
① 도시계획시설의 지정으로 말미암아 당해 토지의 이용가능성이 배제되거나 또는 토지소유자가 토지를 종래 허용된 용도대로도 사용할 수 없기 때문에 이로 말미암아 현저한 재산적 손실이 발생하는 경우에는, 원칙적으로 사회적 제약의 범위를 넘는 수용적 효과를 인정하여 국가나 지방자치단체는 이에 대한 보상을 해야 한다. 헌법재판소 1999. 10. 21. 선고 97헌바26 전원재판부
③ 공익사업을 위한 토지 등의 취득 및 보상에 관한 법률 시행규칙 제57조에 따른 사업폐지 등에 대한 보상청구권은 공익사업의 시행 등 적법한 공권력의 행사에 의한 재산상 특별한 희생에 대하여 전체적인 공평부담의 견지에서 공익사업의 주체가 손해를 보상하여 주는 손실보상의 일종으로 공법상 권리임이 분명하므로 그에 관한 쟁송은 민사소송이 아닌 행정소송절차에 의하여야 한다. 대법원 2012. 10. 11. 선고 2010다23210 판결
④ 구 '공익사업을 위한 토지 등의 취득 및 보상에 관한 법률' 제74조 제1항에 규정되어 있는 잔여지 수용청구권은 손실보상의 일환으로 토지소유자에게 부여되는 권리로서 그 요건을 구비한 때에는 잔여지를 수용하는 토지수용위원회의 재결이 없더라도 그 청구에 의하여 수용의 효과가 발생하는 형성권적 성질을 가지므로, 잔여지 수용청구를 받아들이지 않은 토지수용위원회의 재결에 대하여 토지소유자가 불복하여 제기하는 소송은 위 법 제85조 제2항에 규정되어 있는 '보상금의 증감에 관한 소송'에 해당하여 사업시행자를 피고로 하여야 한다. 대법원 2010. 8. 19. 선고 2008두822 판결

15. ① 【해설】행정작용법
행정처분이 취소되면 그 소급효에 의하여 처음부터 그 처분이 없었던 것과 같은 효과를 발생하게 되는바, 행정청이 의료법인의 이사에 대한 이사취임승인취소처분(제1처분)을 직권으로 취소(제2처분)한 경우에는 그로 인하여 이사가 소급하여 이사로서의 지위를 회복하게 되고, 그 결과 위 제1처분과 제2처분 사이에 법원에 의하여 선임결정된 임시이사들의 지위는 법원의 해임결정이 없더라도 당연히 소멸된다. 대법원 1997. 1. 21. 선고 96누3401 판결
② 건축주가 토지 소유자로부터 토지사용승낙서를 받아 그 토지 위에 건축물을 건축하는 대물적 성질의 건축허가를 받았다가 착공에 앞서 건축주의 귀책사유로 해당 토지를 사용할 권리를 상실한 경우, 건축허가의 존재로 말미암아 토지에 대한 소유권 행사에 지장을 받을 수 있는 토지 소유자로서는 건축허가의 철회를 신청할 수 있다고 보아야 한다. 따라서 토지 소유자의 위와 같은 신청을 거부한 행위는 항고소송의 대상이 된다. 대법원 2017. 3. 15. 선고 2014두41190 판결
③ 과세관청은 부과의 취소를 다시 취소함으로써 원부과처분을 소생시킬 수는 없고 납세의무자에게 종전의 과세대상에 대한 납부의무를 지우려면 다시 법률에서 정한 부과절차에 좇아 동일한 내용의 새로운 처분을 하는 수밖에 없다. 대법원 1995. 3. 10. 선고 94누7027 판결
④ 행정기본법 제18조(위법 또는 부당한 처분의 취소)

행정기본법 제18조(위법 또는 부당한 처분의 취소)
① 행정청은 위법 또는 부당한 처분의 전부나 일부를 소급하여 취소할 수 있다. 다만, 당사자의 신뢰를 보호할 가치가 있는 등 정당한 사유가 있는 경우에는 장래를 향하여 취소할 수 있다.

16. ③ 【해설】행정쟁송법
조합설립추진위원회의 구성에 동의하지 아니한 정비구역 내의 토지 등 소유자도 조합설립추진위원회 설립승인처분에 대하여 같은 법에 의하여 보호되는 직접적이고 구체적인 이익을 향유하므로 그 설립승인처분의 취소소송을 제기할 원고적격이 있다. 대법원 2007. 1. 25. 선고 2006두12289 판결
① 거부처분이 재결에서 취소된 경우 재결에 따른 후속처분이 아니라 그 재결의 취소를 구하는 것은 실효적이고 직접적인 권리구제수단이 될 수 없어 분쟁해결의 유효적절한 수단이라고 할 수 없으므로 법률상 이익이 없다. 대법원 2017. 10. 31. 선고 2015두45045 판결
② 분양전환승인처분 이후 진행된 분양전환절차에서 분양계약을 체결하지 아니한 채 임대주택에서 퇴거한 임차인은, 분양전환승인처분에 관하여 효력정지결정이 이루어져 임대사업자가 제3자에게 해당 임대주택을 매각하지 않았다는 등의 특별한 사정이 없는 한, 분양전환승인처분의 취소를 구할 법률상 이익(협의의 소의 이익)이 인정되지 않는다고 보아야 한다. 대법원 2020. 7. 23. 선고 2015두48129 판결
④ 도시환경정비사업에 대한 사업시행계획에 당연무효인 하자가 있는 경우에는 도시환경정비사업조합은 그 사업시행계획을 새로이 수립하여 관할관청으로부터 인가를 받은 후 다시 분양신청을 받아 관리처분계획을 수립하여야 할 것인바, 분양신청기간 내에 분양신청을 하지 않거나 분양신청을 철회함으로 인해 도시 및 주거환경정비법 제47조 및 조합 정관 규정에 의하여 조합원의 지위를 상실한 토지 등 소유자도 다시 분양신청을 함으로써 건축물 등을 분양받을 수 있으므로 관리처분계획의 무효확인 또는 취소를 구할 법률상 이익이 있다. 대법원 2011. 12. 8. 선고 2008두18342 판결

17. ③ 【해설】정보공개법
공공기관의 정보공개에 관한 법률상 공개청구의 대상이 되는 정보란 공공기관이 직무상 작성 또는 취득하여 현재 보유·관리하고 있는 문서에 한정되는 것이기는 하나, 그 문서가 반드시 원본일 필요는 없다. 대법원 2006. 5. 25. 선고 2006두3049 판결
① 국민으로부터 보유·관리하는 정보에 대한 공개를 요구받은 공공기관으로서는 같은 법 제7조 제1항 각 호에서 정하고 있는 비공개사유에 해당하지 않는 한 이를 공개하여야 할 것이고, 만일 이를 거부하는 경우라 할지라도 대상이 된 정보의 내용을 구체적으로 확인·검토하여 어느 부분이 어떠한 법익 또는 기본권과 충돌되어 같은 법 제7조 제1항 몇 호에서 정하고 있는 비공개사유에 해당하는지를 주장·입증하여야만 할 것이며, 그에 이르지 아니한 채 개괄적인 사유만을 들어 공개를 거부하는 것은 허용되지 아니한다. 대법원 2003. 12. 11. 선고 2001두8827 판결
② 원고가 이 사건 정보공개를 청구한 목적이 이 사건 손해배상소송에 제출할 증거자료를 획득하기 위한 것이었고 위 소송이 이미 종결되었다고 하더라도, 원고가 오로지 피고를 괴롭힐 목적으로 정보공개를 구하고 있다는 등의 특별한 사정이 없는 한, 위와 같은 사정만으로는 원고가 이 사건 소송을 계속하고 있는 것이 권리남용에 해당한다고 볼 수 없다. 대법원 2004. 9. 23. 선고 2003두1370 판결
④ 학교폭력대책자치위원회의 회의록은 다른 법령에 따라 비밀이나 비공개 사항으로 규정된 정보로서 비공개대상이다. 대법원 2010. 6. 10. 선고 2010두2913 판결

18. ④ 【해설】행정쟁송법
하자 있는 행정처분을 놓고 이를 무효로 볼 것인지 아니면 단순히 취소할 수 있는 처분으로 볼 것인지는 동일한 사실관계를 토대로 한 법률적 평가의 문제에 불과하고, 행정처분의 무효확인을 구하는 소에는 특단의 사정이 없는 한 그 취소를 구하는 취지도 포함되어 있다고 보아야 하는 점 등에 비추어 볼 때, 동일한 행정처분에 대하여 무효확인의 소를 제기하였다

가 그 후 그 처분의 취소를 구하는 소를 추가적으로 병합한 경우, 주된 청구인 무효확인의 소가 적법한 제소기간 내에 제기되었다면 추가로 병합된 취소청구의 소도 적법하게 제기된 것으로 봄이 상당하다. 대법원 2005. 12. 23. 선고 2005두3554 판결
① 처분이 있음을 안 날부터 90일 이내에 행정심판을 청구하지도 않고 취소소송을 제기하지도 않은 경우에는 그 후 제기된 취소소송은 제소기간을 경과한 것으로서 부적법하고, 처분이 있음을 안 날부터 90일을 넘겨 청구한 부적법한 행정심판청구에 대한 재결이 있은 후 재결서를 송달받은 날부터 90일 이내에 원래의 처분에 대하여 취소소송을 제기하였다고 하여 취소소송이 다시 제소기간을 준수한 것으로 되는 것은 아니다. 대법원 2011. 11. 24. 선고 2011두18786 판결
② 이미 제소기간이 지남으로써 불가쟁력이 발생하여 불복청구를 할 수 없었던 경우라면 그 이후에 행정청이 행정심판청구를 할 수 있다고 잘못 알렸다고 하더라도 그 때문에 처분 상대방이 적법한 제소기간 내에 취소소송을 제기할 수 있는 기회를 상실하게 된 것은 아니므로 이러한 경우에 잘못된 안내에 따라 청구된 행정심판 재결서 정본을 송달받은 날부터 다시 취소소송의 제소기간이 기산되는 것은 아니다. 불가쟁력이 발생하여 더 이상 불복청구를 할 수 없는 처분에 대하여 행정청의 잘못된 안내가 있었다고 하여 처분 상대방의 불복청구 권리가 새로이 생겨나거나 부활한다고 볼 수는 없기 때문이다. 대법원 2012. 9. 27. 선고 2011두27247 판결
③ 재조사결정은 처분청의 후속 처분에 의하여 그 내용이 보완됨으로써 이의신청 등에 대한 결정으로서의 효력이 발생한다고 할 것이므로, 재조사결정에 따른 심사청구기간이나 심판청구기간 또는 행정소송의 제소기간은 이의신청인 등이 후속 처분의 통지를 받은 날부터 기산된다고 봄이 상당하다. 대법원 2010. 6. 25. 선고 2007두12514 판결

19. ② 【해설】 실효성 확보수단
질서위반행위규제법 제20조(이의제기)

질서위반행위규제법 제20조(이의제기)
② 제1항에 따른 이의제기가 있는 경우에는 행정청의 과태료 부과처분은 그 효력을 상실한다.

① 공정거래법상 부과되는 과징금은 행정법상의 의무를 위반한 자에 대하여 당해 위반행위로 얻게 된 경제적 이익을 박탈하기 위한 목적으로 부과하는 금전적인 제재로서, 같은 법이 규정한 범위 내에서 그 부과처분 당시까지 부과관청이 확인한 사실을 기초로 일의적으로 확정되어야 할 것이고, 그렇지 아니하고 부과관청이 과징금을 부과하면서 추후에 부과금 산정 기준이 되는 새로운 자료가 나올 경우에는 과징금액이 변경될 수도 있다고 유보한다든지, 실제로 추후에 새로운 자료가 나왔다고 하여 새로운 부과처분을 할 수는 없다. 대법원 1999. 5. 28. 선고 99두1571 판결
③ 행정조사기본법 제7조(조사의 주기)

행정조사기본법 제7조(조사의 주기)
행정조사는 법령등 또는 행정조사운영계획으로 정하는 바에 따라 정기적으로 실시함을 원칙으로 한다.

④ 제3조(대집행의 절차)

제3조(대집행의 절차)
③ 비상시 또는 위험이 절박한 경우에 있어서 당해 행위의 급속한 실시를 요하여 전2항에 규정한 수속(주: 계고 및 영장 통지)을 취할 여유가 없을 때에는 그 수속을 거치지 아니하고 대집행을 할 수 있다.

20. ② 【해설】 행정쟁송법
당사자소송에 있어서는 항고소송의 무효확인소송과 달리 확인의 이익(보충성)이 요구된다. 따라서 이행소송 등 다른 직접적인 구제수단이 있는 경우 무효확인을 구하는 당사자소송은 확인의 이익이 없어서 부적법하다.
① 국가 등 과세주체가 당해 확정된 조세채권의 소멸시효 중단을 위하여 납세의무자를 상대로 제기한 조세채권존재확인의 소는 공법상 당사자소송에 해당한다. 대법원 2020. 3. 2. 선고 2017두41771 판결

③ 고용보험 및 산업재해보상보험의 보험료징수 등에 관한 법률의 각 규정에 의하면, 사업주가 당연가입자가 되는 고용보험 및 산재보험에서 보험료 납부의무 부존재확인의 소는 공법상의 법률관계 자체를 다투는 소송으로서 공법상 당사자소송이다. 대법원 2016. 10. 13. 선고 2016다221658 판결
④ 당사자소송에 대하여는 행정소송법 제23조 제2항의 집행정지에 관한 규정이 준용되지 아니하므로, 이를 본안으로 하는 가처분에 대하여는 행정소송법 제8조 제2항에 따라 민사집행법상 가처분에 관한 규정이 준용되어야 한다. 대법원 2015. 8. 21.자 2015무26 결정

행 정 학

출제교수: 이명훈 교수님

1. ④ 【해설】인사행정론
대표관료제는 관료들의 주관적 책임성(자기 집단의 이익에 대한 책임)을 적절하게 반영할 경우 행정의 공정성이 증진될 수 있다고 본다.
① 대표관료제는 관료들이 자신의 출신집단의 이익에 봉사할 것이라는 가정에 기반하고 있다.
② 대표관료제는 시민통제를 관료제 내부에 내재화함으로써 시민통제를 무력화한다는 점에서 국민주권의 원리에 반하며, 거버넌스 관점의 인사제도라 할 수 없다.
③ 대표관료제는 집단주의적·평등주의적 사고에 입각한 제도로 역차별을 야기하고 사회의 분열을 조장할 수 있다.

2. ③ 【해설】정책론
보호적 규제정책은 소수의 피해집단은 적극적인 반대활동을 전개하는 반면, 다수의 수혜집단은 적극적인 지지활동을 전개하지 않는다는 점에서 정책형성이 곤란하다.
《핵심체크》 경쟁적 규제정책과 보호적 규제정책

구분		내용
경쟁적 규제정책	의의	다수의 경쟁자 중에서 특정 개인 또는 집단에만 일정한 재화나 서비스를 제공할 수 있는 권한을 부여하여 경쟁을 제한하는 정책
	성격	분배정책과 유사한 성격, 규제정책과 분배정책의 이질혼합
	예	항공노선·해운노선·버스노선 인가, 방송국 설립인가, 이동통신사업자 선정 등
보호적 규제정책	의의	일반 공중을 보호하기 위해 사적 행위에 제한을 가하는 정책
	성격	재분배정책과 유사한 성격
	예	식품 및 의약품 허가, 근로기준설정, 최저임금제, 공공요금 규제, 환경 규제(개발제한구역 설정), 과대광고 규제, 독과점 규제, 부실기업 구조조정 등

3. ③ 【해설】행정학총론
㉠, ㉢은 옳고, ㉡, ㉣은 옳지 않다. 공공선택론은 행정은 가치중립적인 것이고 효율적인 집행을 담당하기 때문에 정치의 영역 밖에 있으며(정치행정이원론적 관점), 행정기능에 관한 모든 정부는 구조적으로 유사성을 지닌다고 보는 관료제를 비판하고 정치행정일원론의 관점에서 다원조직제를 주장하였다(㉡). 공공선택론은 역사적으로 누적·형성된 개인의 기득권을 유지하기 위한 보수주의적 접근에 불과하다는 비판을 받는다(㉣).

4. ③ 【해설】지방행정론
동일한 사항에 대하여 주민투표가 실시된 후 2년이 경과되지 아니한 사항은 주민투표에 부칠 수 없다.
① 자치단체의 장은 주민에게 과도한 부담을 주거나 중대한 영향을 미치는 지방자치단체의 주요 결정사항으로서 그 자치단체의 조례로 정하는 사항은 주민투표에 부칠 수 있다.
② 단체장은 지방의회 재적의원 과반수의 출석과 출석위원 과반수의 동의를 얻어 직권으로 주민투표를 실시할 수 있다.
④ 주민투표에 부쳐진 사항은 주민투표권자 총수의 3분의 1 이상의 투표와 유효투표수 과반수의 득표로 확정된다.

5. ④ 【해설】조직론
수평적 조직은 상호 보완적인 기능을 가진 사람들이 공동의 목표를 달성하기 위해 책임을 공유하고 공동의 접근방법을 사용하는 조직단위이다. 수평적 조직은 분업화(전문화)된 업무수행이 아닌 팀웍을 바탕으로 한 공동업무수행을 특징으로 하며, 공동책임과 공동보상을 중시한다.

6. ④ 【해설】재무행정론
행정안전부장관은 지방자치단체의 재정적·지역적 여건 등을 고려하여 대통령령으로 정하는 바에 따라 지방자치단체별 주민참여예산제도의 운영에 대하여 평가를 실시할 수 있다(「지방재정법」 제39조 4항).

7. ③ 【해설】정책론
무의사결정은 정책의제설정과정뿐만 아니라 결정과정(결정의 지연, 상징에 그치는 대안 채택 등) 및 집행과정(집행의 지연 등)에서도 발생한다.
① 무의사결정은 엘리트의 의사에 반한 의사에 대한 의도적인 억압만을 의미하며, 무지나 실책에 의한 억압은 포함되지 않는다.
② 무의사결정은 엘리트의 의사에 반한 현재적·잠재적 도전을 사전적으로 억압한다.
④ 무의사결정의 수단 중 가장 간접적인 방법은 편견의 수정·강화(기존의 규범이나 절차의 수정 또는 보완)이다.

8. ② 【해설】인사행정론
4급 이상 공무원은 평가등급의 수는 3개 이상으로 상대평가하되 인원비율은 부처에서 자율결정한다. 다만, 고위공무원단은 5개 등급으로 하되, 최상위 등급은 20% 이하의 비율로, 하위 2개 등급의 인원은 10% 이상의 비율로 분포하도록 한다.

9. ④ 【해설】행정학총론
실체설은 공익을 사익의 단순한 총합이 아닌 사익과 구별되는 선험적 실체로 보는 시각으로 집단주의적 성격을 띤다.
① 공익과정설은 지나친 집단이기주의(사익 추구)를 야기할 위험성이 있기 때문에, 이를 극복하기 위해서는 공익에 대한 '실체설'적인 입장을 반영할 필요가 있다.
② 공익과정설은 절차적 합리성을 강조하여 적법절차의 준수에 의해서 공익이 보장된다고 본다.
③ 공익실체설은 공익과 사익을 별개로 인식하므로 개인의 사적 이익은 성격상 아무리 합쳐도 공익이 될 수 없다고 본다.

10. ③ 【해설】지방행정론
우리나라의 경우 지방의회의장과 부의장에 대한 불신임의결권은 단체장에 부여된 권한이 아니라 지방의회의원들에게 부여된 권한이다.
《핵심체크》 지방의회와 단체장의 권한

의회의 권한	지방자치단체장의 권한
조례 제정권	조례 공포권
예산의 심의·확정 및 결산의 승인권	예산안 및 결산안 편성·제출권
의결권, 재의결권, 선결처분 승인권	재의요구권 및 제소권, 선결처분권
단체장의 출석답변 요구권	단체장 및 공무원의 출석 답변권
행정사무 감사 및 조사권	임시회 소집 요구권, 위원회 개최 요구권
단체장에 대한 불신임의결권 없음	단체장의 의회해산권 없음

11. ② 【해설】재무행정론
㉡, ㉢은 옳고, ㉠, ㉣은 옳지 않다. 한정성의 원칙은 예산은 국회가 의결해 준 목적범위 내, 규모범위 내, 시간범위 내에서 사용되어야 한다는 원칙을 말한다. 목적 한정성의 원칙의 예외로는 이용과 전용, 규모 한정성의 원칙의 예외로는 예비비와 추가경정예산, 시간 한정성의 원칙의 예외로는 이월, 계속비 등이 있다(㉢). 통일성의 원칙은 특정수입을 특정지출과 연계해서는 안 된다는 원칙으로 특별회계, 기금, 수입대체경비, 수익금마련지출제도, 목적세(국세-교육세, 농어촌특별세 / 지방세 - 지역자원시설세, 지방교육세) 등이 그 예외이다.
㉠ 예산총계주의 원칙은 세입과 세출 내역의 명시적 나열

을 의미하며, 전대차관과 수입대체경비는 예산총계주의의 원칙의 예외이나 추가경정예산은 그 예외가 아니다.
ㄹ. 사전의결의 원칙은 회계연도 개시 전 예산 확정을 의미하며, 준예산과 예비비는 사전의결의 원칙의 예외이나 가예산과 잠정예산은 그 예외가 아니다.

12. ① 【해설】 행정학총론
합리선택적 신제도주의는 인간의 선호를 선험적으로 외부에서 주어진 외생적 선호를 가정한다.
<<핵심체크>> 합리선택적 신제도주의

구분	내용
의의	• 현실의 경제는 각종 제도적 제약조건 하에서 개인의 합리적 선택의 결과로 작동한다고 보는 제도중심의 접근방법 • 공공선택론, 조직경제학(주인-대리인이론, 거래비용이론), 공유지 이론, 집단행동의 딜레마이론 등으로 발전
제도의 개념	인간의 합리적 행동의 상황적 조건(제도적 제약) 또는 유인체계로 작용하는 법률·관습·문화 등
제도의 형성	제도는 효용극대화를 추구하는 이기적 개인들의 합리적·전략적 선택이 합쳐진 결과이며, 형성된 제도는 인간의 행위를 제약하는 제도적 제약 또는 유인구조로 작용
제도의 변화	• 제도는 게임의 규칙으로 일탈 시 수반되는 제재에 의해 유지됨 • 제도는 개인의 전략적 선택(비용과 편익의 비교)에 의해 변화됨
주요내용	• 제도-공식적 제도 : 합리적 행위자들을 유인하기 위한 공식적 제도에 초점 • 인간-외생적 선호 : 선험적으로 외부에서 주어진 이기적 선호 • 강조점 : 개인들 간 전략적 상호작용의 결과로 형성된 균형상태 중시
연구방법	• 분석수준 : 미시주의(방법론적 개체주의) • 접근방법 : 연역적 접근
유용성	성과지향적인 혁신적 제도의 이론적 기반
한계	• 권력관계와 문화에 대한 인식 미흡 • 행위자의 선호 형성에 대한 설명 미흡

13. ② 【해설】 정책론
정책대안의 미래예측기법은 투사, 예측, 추측기법으로 구분된다. 회귀분석(①), 선형계획(③), 투입-산출분석(④)은 예측기법에 해당하며, 델파이기법(②)은 추측기법에 해당한다.

14. ① 【해설】 조직론
ㄷ, ㄹ, ㅁ은 옳고, ㄱ, ㄴ은 옳지 않다. 로크(Locke)는 행동의 결과에 초점을 두는 강화이론과 달리 행동의 원인이 동기부여를 가져올 수 있다고 보았다(ㄱ). 허츠버그(Herzberg)는 조직구성원에게 만족을 주는 요인과 불만족을 주는 요인은 상호 독립되어 있는 것으로 보았다(ㄴ).

15. ③ 【해설】 행정환류론
옴부즈만 제도의 관할범위는 모든 국가기관을 대상으로 하며, 자체 정보에 의해 능동적으로 조사하는 것도 가능하다. 다만, 우리나라의 옴부즈만 제도인 국민권익위원회의 관할범위는 행정부만을 대상으로 하며, 직권에 의한 능동적 조사는 불가능하고 신청에 의한 조사만 가능하다.

16. ④ 【해설】 행정학총론
ㄱ, ㄴ은 옳고, ㄷ, ㄹ은 옳지 않다. 행정기관(사경제주체로서 제기하는 경우에는 제외), 행정기관과 사법상 계약관계에 있는 자(민원과 직접 관련된 계약관계만 해당), 성명·주소 등이 불명확한 자 등 대통령령으로 정하는 자는 민원인에서 제외된다(ㄷ). 민원인의 편의를 위해 복합민원은 되도록 일괄 처리하는 것이 바람직하다(ㄹ).

17. ② 【해설】 지방행정론
시·군세에는 담배소비세, 주민세, 지방소득세, 재산세, 자동차세가 있다. 지방소비세는 도세에 해당한다.
<<핵심체크>> 지방세

구분	특별시·광역시/자치구		도/시·군	
	특별시·광역시세	자치구세	도세	시·군세
보통세	주민세, 취득세, 담배소비세, 레저세, 지방소비세, 지방소득세, 자동차세	등록면허세, 재산세	취득세, 등록면허세, 지방소비세, 레저세	주민세, 재산세, 자동차세, 담배소비세, 지방소득세
목적세	지역자원시설세, 지방교육세		지역자원시설세, 지방교육세	

18. ③ 【해설】 조직론
일상적 기술을 사용하는 부서의 경우 넓은 통솔범위, 높은 집권성, 높은 공식성 등의 특징을 지니며, 기계적 구조가 적합하다.
<<핵심체크>> 페로우(Perrow)의 기술유형론

구분		과제 다양성	
		낮음(소수의 예외)	높음(다수의 예외)
분석가능성	낮음	장인기술(기예적 기술) • 대체로 유기적 • 중간의 공식화 • 중간의 집권화 • 중간의 통솔범위	비일상적 기술 • 유기적 구조 • 낮은 공식화 • 낮은 집권화 • 적은 통솔범위
	높음	일상적 기술 • 기계적 구조 • 높은 공식화 • 높은 집권화 • 넓은 통솔 범위	공학기술 • 대체로 기계적 • 중간의 공식화 • 중간의 집권화 • 중간의 통솔범위

19. ④ 【해설】 정책론
ㄴ, ㄷ은 옳고, ㄱ, ㄹ은 옳지 않다. 국무총리는 정부업무평가기본계획을 수립하고, 최소한 3년마다 이를 수정·보완해야 한다(ㄱ). 특정평가란 국무총리가 중앙행정기관을 대상으로 국정을 통합적으로 관리하기 위하여 필요한 정책 등을 평가하는 것을 말한다(ㄹ).

20. ③ 【해설】 재무행정론
세입, 세출의 결산상 생긴 세계잉여금은 국무회의의 심의를 거쳐 대통령의 승인을 얻어 사용 또는 출연하며, 국회의 동의를 구할 필요는 없다.

2025 공무원 시험대비 【5월분】

박문각 주간 모의고사

― 제3회 ―

[정답 및 해설]

제1과목 국어
제2과목 영어
제3과목 한국사
제4과목 행정법총론
제5과목 행정학개론

주간 모의고사 정오표

답안 입력 및 성적 조회는 PC, 모바일에서 모두 가능합니다.

★ PC: pass.pmg.co.kr | ★ 모바일 앱: 박문각 합격관리

합격까지

국 어

출제교수: 강세진 교수님

1. ① 【해설】국어문법
   ○ 밭을[바츨](×) → [바틀](○): 모음으로 시작하는 'ㅣ' 또는 반모음 'ㅣ'가 아니면, 연음해서 발음해야 한다.
   ② 없이도: [업씨도], 연음/된소리되기(교체)
   → 연음 후 된소리되기를 적용하여 발음해야 한다.
   ③ 히읗을: [히으슬], 제16항(표준발음법)
   → '자음'을 발음할 때는 제16항에 따라 발음해야 한다. [히으흘]이 아니라 [히으슬]로 발음해야 한다.
   ④ 않도록: [안토록], 자음 축약(축약, ㅎ+ㄷ=ㅌ)
   → 'ㅎ'과 'ㄷ'이 새로운 자음 'ㅌ'으로 바뀌어 발음해야 한다.

2. ④ 【해설】국어문법
   '-어 보다'의 구성으로 쓰일 때, 앞의 단어가 동사인지 확인해 보면 된다. '당하다'는 동사이고, 이때의 '보다'는 '보조 동사'이다. 나머지는 모두 '보조 형용사'이다.

3. ③ 【해설】국어문법
   실질형태소이면서 의존형태소인 것은 용언의 어간을 의미한다. ③의 문장을 분석하면 '없으면, 오르내리는, 좋다'를 찾을 수 있는데, '없-, 오르-, 내리-, 좋-'이 분석되고 모두 4개이므로 가장 많다.
   ① 먹을, 앉아야, 한다: 먹-, 앉-, 하- → 3개
   ② 아파서, 쉬었다: 아프-, 쉬- → 2개
   ④ 좋다는데, 찍으러, 가자: 좋-, 찍-, 가- → 3개

4. ④ 【해설】국어문법
   '읽는'을 '절대시제' 기준으로 풀면, 발화시와 사건시를 구별하면 된다. 발화시 기준으로는 이미 과거의 사건에 해당하므로, 절대시제는 과거여야 한다. 그러나 상대시제는 '보다'와 '읽다'의 사건을 비교하는 것이므로, 현재여야 한다. 따라서 ④가 정답이다.

5. ③ 【해설】어문규정
   ○ 김칫-국: 김치(우리말) + 국(우리말)
   → 순우리말로 된 합성어이자, 앞말이 모음으로 끝났고, 뒷말의 첫소리가 된소리로 난 경우이다.
   ① 거짓-말: 거짓(우리말) + 말(우리말)
   → 순우리말로 된 합성어는 맞지만, 앞말이 'ㅅ'으로 끝난 경우이다.
   ② 사삿-일: 사사(私私)(한자어) + 일(우리말)
   → 순우리말로 된 합성어가 아니다.
   ④ 버섯-국: 버섯(우리말) + 국(우리말)
   → 순우리말로 된 합성어는 맞지만, 앞말이 'ㅅ'으로 끝난 경우이다.

6. ① 【해설】어휘
   '소문이 돌다'라는 맥락을 고려해 볼 때, '소문이나 돌림병 따위가 퍼지는 현상'과 연결되므로, 이에 해당하는 대상은 '괴질'뿐이니 정답은 ①이 된다.
   ※ 돌다(동사): ❷【…에】【…에서】「4」소문이나 돌림병 따위가 퍼지다.
   ② 돌다(동사): ❷【…에】【…에서】「1」어떤 기운이나 빛이 겉으로 나타나다.
   ③ 돌다(동사): ❶「1」물체가 일정한 축을 중심으로 원을 그리면서 움직이다.
   ④ 돌다(동사): ❶「5」기억이나 생각이 얼른 떠오르지 아니하다.

7. ① 【해설】작문
   ①만 영향권 중의성의 예이고, ②~④는 구조적 중의성의 예이다. '어떤 단어가 의미 해석에 영향을 미치는 작용역이 달라짐으로써 생기는 중의성'에 해당하기 때문이다. 즉, 학생 모두가 오지 않았는지, 학생 일부가 오지 않았는지 알 수 없다.
   ② 나와 철수가 같이 민수를 만났는지, 나 홀로 철수와 민수를 만났는지 알 수 없다.
   ③ 그와 그녀를 중심으로 비교하였는지, 그녀와 초콜릿을 비교하였는지 알 수 없다.
   ④ 가정에 충실한 사람이 주부인지, 아니면 남편까지를 말하는 것인지 알 수 없다.

8. ④ 【해설】작문
   창업 실패를 예방하기 위하여 창업 시도 자체를 법적으로 규제한다고 하면, 이는 청년 창업 문제의 개선 방안이라고 볼 수 없다.
   ① '불안정한 창업 환경과 제도적으로 한계'가 있다는 점을 고려해 볼 때, 제도적 보완을 통해 환경을 개선하고 활성화하는 것은 개선 방안으로 볼 수 있다.
   ② '멘토링 및 전문 인력 지원이 부족하다'는 점을 고려해 볼 때, 창업 관련 멘토링 시스템 및 전문 교육 프로그램을 확충하는 것은 개선 방안으로 볼 수 있다.
   ③ '금융권'의 투자가 제한되고 리스크가 회피되는 것을 고려해 볼 때, 청년 창업 지원 금융 프로그램을 확대하고, 보조금 지원 강화를 해야 할 것이다.

9. ② 【해설】화법
   ㄱ(○): '이는 단순히 개인적 삶의 질을 높이는 데 그치지 않고, 경기 부양 효과까지 기대할 수 있다는 점에서 매우 중요한 정책 수단이다.'과 '소득 격차를 줄인다'는 점에서 적절한 설명이다.
   ㄴ(×): 을은 최저임금 인상의 부정적인 면을 지적하였다.
   ㄷ(×): 병은 최저임금의 필요성을 부정하지 않는다.
   ㄹ(○): 갑과 병 모두 최저임금 정책을 펼침으로써 사회 정의를 실현할 수 있다는 점을 지적한다.
   ㅁ(○): 최저 임금의 인상으로 인해 일부 근로자가 불이익을 받을 수 있다는 점을 을과 병 모두 지적하고 있다.

10. ① 【해설】신유형
    A: 경민이가 시간이 있음.
    B: 준호는 시간이 있음.
    C: 은지는 여행을 감.
    (가) A → ~B, B → ~A <대우 관계>
    (나) ~B → C, ~C → B <대우 관계>
    (다) ~C

    결론: ~C → B → ~A
    "경민이는 시간이 없다."가 정답이다.
    ② ×, 준호는 시간이 있다.
    ③ ×, 경민이는 시간이 없다.
    ④ ×, 은지가 여행을 가지 않고, 준호는 시간이 있다.

11. ③ 【해설】신유형
    갑: 다음 주 토요일∨다다음 주 토요일
    을: (   )
    병: 다음 주 토요일 → 이번 주 안에 모든 계획을 마쳐야 함.
    정: '다다음 주 토요일'에 개최하기로 함.

    다음 주 토요일에 개최하려면, 준비 시간이 너무 촉박하다고 하였고, 이를 들은 정은 '다다음 주 토요일에 개최하기'로 결정하였다. '을'은 '병'과 같은 맥락에서 말해야 하므로, 다음 주 토요일에 개최하기 어렵다고 표현한 ③만이 정답이다.
    ① ×, 정의 말과 위배된다.
    ② ×, 정의 말과 위배된다.
    ④ ×, 정의 말과 위배된다.

12. ① 【해설】독서
    ○ 서준 → (유진∨민재), (~유진∧~민재) → ~서준 <대우 관계>
    ○ ~서준 → 정희, ~정희 → 서준 <대우 관계>
    ○ ~정희 → ~민재, 민재 → 정희 <대우 관계>

결론 ①: ~정희 → 서준 → 유진∨민재
결론 ②: ~정희 → ~민재
'정희가 상을 받지 않았다면'이란 가정 아래에서 '서준'은 시험에 합격하고, 서준이가 시험에 합격하면, 유진은 상을 받게 된다. 그리고 이는 항상 성립되어야 하는 명제이므로 정답은 ①이다.
② ~유진 → 서준, 유진이가 상을 받지 않았다면, 서준이만 시험에 합격했다는데, 이는 알 수 없다.
③ 서준 → 유진, 서준이가 시험에 합격하면, 유진이만 상을 받았다는데, 서준이가 시험에 합격하면, 유진이나 민재 중 적어도 한 명이 상을 받으니, (가) 명제만으로는 알 수 없다.
④ ~정희 → 민재, 정희가 상을 받지 않으면, 민재는 상을 받지 않으므로 적절한 선지가 아니다.

13. ④ 【해설】 독서
1) (가)와 (라)의 내용을 먼저 파악 후, 무엇이 더 먼저 배치되는 것이 나은지 이해해야 한다.
2) (가): '주다'를 중심으로 어떤 주체냐에 따라 달라진다는 점을 설명하였다.
(라): '사랑의 능동성'을 강조하며, 가장 일반적인 방식이 바로 '주는 것'이라고 강조한다.
3) 이 둘로 바로 파악이 되지 않으므로, (나)와 (다)도 마저 읽어서 내용의 연결을 파악해야 한다.
4) (나): '준다'에 관한 글쓴이의 생각이 나열되어 있다. '무언가를 포기하거나 빼앗기거나 희생하는 것'은 오해의 입장으로 설명하고, '지향하는 단계를 넘어서지 못한 사람'이라고 판단한다. 게다가 '받는 것'과 '주는 것'의 교환으로 이해하고 있으므로 (나)는 '준다'에 관한 구체적 설명으로 정리할 수 있다.
(다): '생산적인 성격'에 관한 것이며, '전혀 다르다'고 보는데, 이는 앞의 상황이 어느 정도 설명이 되어야만, 삽입될 수 있는 글이다. 이들의 준다는 '즐거운 자, 활동성' 등으로 표현하며, 주는 것은 받는 것보다 더 즐겁다고 성격을 정리하였다.
5) 이런 과정을 볼 때, (나)-(다)의 흐름이 자연스럽고, (다)-(나)와 같은 역은 적절하지 못하므로, ②와 ③ 선지는 선택할 수 없다.
6) 따라서 ①과 ④를 따져 볼 때, 선지의 구성은 (가)와 (라)의 흐름이 반대로 되어 있으므로, 무엇이 먼저 제시되는 것이 나은지, 전체적으로 구성을 보면 된다.
7) (가)의 중심 화제는 성격이 비생산적인 사람들을 주체로 보아 그들이 생각하는 주는 것의 의미를 파악했는데, 이는 (나) 다음에 배치되는 것이 낫다. 따라서 ①이 아닌 ④로 보는 것이 적절하다.
8) 정리하자면, '(라)-(나)-(가)-(다)'로 이루어진 ④가 정답이다.

14. ① 【해설】 독서
㉠: '어머니의 사랑은 본질적으로 무조건'이어야 '이와 달리, 아버지의 사랑은 조건이 있는 사랑이다.'의 맥락과 이어진다. 따라서 ①과 ②만이 답이 된다.
㉡: 그런데, 아버지의 사랑은 조건이 있는 사랑이므로 '의무, 장래성, 기대'와 같은 조건을 제시할 수는 있어도, '내 아이로 태어났다는 이유'는 조건이 되지 않는다. 이는 무조건에 해당하므로, 어머니의 사랑으로 보아야 할 것이다. 따라서 ①, ③, ④만이 답이 된다.
정리하자면, 정답은 ①이다.

15. ④ 【해설】 독서
'이러한 집단사고는 짧은 시일 내 빠른 결정을 내려야 할 때 유리하게 보일 수 있으나'에서 확인할 수 있는 내용이다.
① '강력한 리더십이나 집단 내 분화된 의견을 표현하기 어려운 문화가 존재할 경우, 대안적 사고나 반대 의견이 차단되면서 잠재적 위험 요소가 제대로 고려되지 않을 가능성이 높다.'에서 알 수 있듯이, 집단 사고를 발견할 가능성이 더 높다.
② '집단의 화합만을 중시하는 분위기에 동조하기 쉽기 때문이다.'에서 알 수 있듯이, 친밀도가 낮은 쪽이 아니라 친밀도가 높은 쪽에서 일어난다.
③ 의견 대립이 전혀 없는 조직일수록 반대 의견이 차단될 확률이 높으므로 집단사고일 가능성이 높을 것이다.

16. ② 【해설】 독서
'근대 중국 지식인들의 유교 비판은 신분 질서를 옹호하는 의미가 내포된 예교 규칙인 명교와 삼강에 집중되었다. 이름이나 신분, 성별에 따른 우열은 분명 평등과 민주의 이념에 어긋나는 것이었기 때문이다.'에서 알 수 있듯이 민주주의 이념에 어긋나는 요소가 있다고 생각하였다.
① '이제부터 유교의 근본정신을 그대로 '유교'라고 일컫고, 유교의 행위 규범은 '예교'라고 일컫기로 한다.'에서 알 수 있듯이 근본정신을 그대로 '유교'라고 일컫고, 행위 규범은 '예교'라고 일컫는다.
③ '삼강은 임금과 신하, 부모와 자식, 부부 등 신분, 성별에 따른 우열을 규정한 것이었다.'에서 알 수 있듯이, 신분, 성별에 따른 우열을 규정한 것은 '삼강'도 포함된다.
④ '삼강은 임금과 신하, 부모와 자식, 부부 등 신분, 성별에 따른 우열을 규정한 것이었다.'에서 '신분과 성별에 따른 우열을 옹호하는 것'은 맞으나, '강상'은 예교와 비슷한 의미로 사용된 것이므로, '자발적이고 내면적인 규율'로 이해해야 한다.

17. ② 【해설】 독서
제국 곳곳에 근거지를 확보할 수 있었기 때문에 테러가 효과적이었는지 알 수 없다. 이들의 테러가 효과적인 것은 '누군지 알 수 없다는 것, 정치력이 커졌다는 것' 등에 있다.
① '그들은 이스마일파 교리에 완전히 매료되어서 종파의 대의를 지키기 위하여 자신의 목숨을 비롯한 모든 것을 바쳤다.'에서 확인할 수 있다.
③ '수년에 걸쳐 이스마일파의 정치력이 커지면서, 이 종파에 속한 암살자들은 거의 신화적인 존재가 되었다.'에서 이스마일파는 공포 분위기를 조성함으로써 커다란 정치력을 발휘하였음을 알 수 있다.
④ '도대체 누가 이스마일파인지 구분하기는 불가능했다. 어느 누구도 진실을 알 수 없는 상황이었기에 모두가 혐의자가 될 수밖에 없었다.'에서 알 수 있다.

18. ② 【해설】 독서
'괴테는 집단의식보다는 개인의 존엄성을 더 중시했다고 할 수 있다.'를 고려해 볼 때, 집단의 맹목적인 목적에 따르는 것은 올바른 자세가 아니라고 본 ②가 정답이다.
① 개인의 이익과 집단의 이익의 연결을 논하고자 쓴 글이 아니다.
③ 개인의 존엄성을 다른 비교 대상으로부터 논리적 관계를 파악하고자 쓴 글이 아니다.
④ 진정한 인간성, 개인의 지나친 독립적 논의를 하고자 쓴 글이 아니다.

19. ④ 【해설】 독서
ㄱ(×): '중국에서는 일찍부터 종이 위에 모눈을 그어 모든 지역이 같은 비율로 나타나도록 표현하는 방식이 고안되었다. 방격법이라 불린 이 방법은 우리나라에 전해 내려와 우물 정(井)자를 긋는다는 의미로 획정(劃井)이라 불렸다.'에서 확인되듯이, 중국에서 전해 내려온 방격법을 사용했음을 알 수 있다.
ㄴ(○): '각 지역의 북극 고도를 고려함으로써 지도의 정확성이 높아졌다. 북극 고도는 동양의 천문지식을 활용하여 측정하였다.'를 고려해 볼 때, 적절한 설명이다.
ㄷ(×): '이때 각 지역 간의 상대적 거리를 설정해야만 했고, 백리척은 이 과정에서 만들어졌다.'를 고려해 볼 때, '실측해 가면서는' 적절한 설명이 아니다.

20. ② 【해설】 독서
ㄱ(○): '절대적 방향 언어 체계를 쓰는 화자들은 바뀐 환경 속에서도 동서남북을 더 쉽게 파악한다는 것이다.'에서 알 수 있듯이, 절대적 방향 언어를 사용하는 화자들은 낯선 도시라도 동서남북을 금방 파악할 수 있었을 것이다.
ㄴ(○): 좌우 같은 상대적 방향이 아닌 동서남북인 절대적 방향 표현 방식을 장기간 습득을 했다는 점, 그리고 낯선 환경에서도 동서남북 위주로 길을 찾는다는 점은 ㉠을 강화한다.
ㄷ(×): 절대적 방향 언어권 화자들인데 낯선 환경에서 구분하지 못한다는 점은 ㉠을 약화한다.

- 2 -

영 어

출제교수: 김세현 교수님

1. ① 【해설】
treasure는 '소중히 하다'의 뜻으로 이와 가장 가까운 유의어는 ① cherish이다.
【해석】
많은 사람들이 여전히 그의 죽음을 비통해 하고 있지만, 우리는 그의 연기를 계속해서 소중히 여길 것이고 그를 보석 같이 귀중한 배우로 영원히 기억할 것이다.
【어휘】
grieve 비통해 하다, 슬퍼하다 jewel 보석 cherish 소중히 하다 overlook 간과하다 disregard 무시하다 condemn 비난하다

2. ② 【해설】
extravagant는 '낭비하는, 사치하는'의 뜻으로 이와 가장 가까운 유의어는 ② lavish이다.
【해석】
전반적으로 경제는 큰 문제가 아닐 수도 있는 것이 그렇게 쓰여진 돈은 이 주머니에서 저 주머니로 위치만 옮기는 것이기 때문이다. 그러므로 능력이 되는 사람들이 호화결혼을 하는 것도 문제 삼아서는 안 될 것이다.
【어휘】
matter 중요하다 as a whole 전반적으로 can afford ~할 여유가 있다 cordial 진심어린, 애정 어린 lavish 낭비하는, 사치하는 amicable 우호적인, 평화적인 exquisite 아름다운, 정교한

3. ④ 【해설】
candid는 '솔직한, 있는 그대로'의 뜻으로 이와 가장 가까운 유의어는 ④ frank이다.
【해석】
그들은 "부모로부터의 독립," "취업," 및 "인터넷/스마트폰 중독"과 같은 다양한 주제를 놓고 솔직하고 다양한 관점에서 토론을 했는데 이 모든 내용을 유창한 한국어로 진행했다.
【어휘】
a variety of 다양한 career ①직업 ②경력 pursuit ①추적 ②추구 addiction 중독 present 주다, 제공하다 diversified 다양한, 다양화된 perspective 관점, 견해; 원근법 fluent 유창한 analogous 유사한, 비슷한 immoral 부도덕한 content 만족한 frank 정직한, 솔직한

4. ① 【해설】
① because of 다음 주어동사가 도치된 was a barn이 있으므로 전치사 because of는 접속사 because로 고쳐 써야 한다.
② 장소·위치의 전치사구 next to ~가 문두에 위치해 주어동사가 도치된 구조이므로 주어 a barn의 동사 was의 사용은 어법상 옳다.
③ enough는 뒤에서 앞에 있는 형용사를 후치 수식해야 하므로 large enough의 사용은어법상 적절하다.
④ 자릿값에 의해 준동사 자리이고 뒤에 목적어가 없으므로 과거분사 assembled의 사용은 어법상 옳다. 참고로 assembled는 being이 생략된 분사구문이다.
【해석】
내가 그 장소를 고른 이유는 15세기에 지어진 집 옆에 60년 넘게 모아 온 약 30,000권의 내 책들을 수용하기에 충분히 큰 헛간이 있었기 때문이었다.
【어휘】
next to ~옆에 barn 헛간, 곳간 accommodate 수용하다, (공간을)제공하다 assemble ①모으다, 모이다 ②조립하다 decade 10년

5. ④ 【해설】
④ 자릿값에 의해 helping은 동사 자리여야 하므로 현재분사 helping은 문맥상 과거동사 helped로 고쳐 써야 한다.
① 주어가 복수명사(collections)이므로 복수동사 were의 사용은 어법상 적절하다.
② 허락동사 permit의 목적격보어자리에 to 부정사의 사용은 어법상 옳다.
③ 전치사 다음 목적격 관계대명사 whom은 어법상 적절하고 또한 for whom 다음 문장구조가 완전하므로 어법상 옳다.
【해석】
나는 나만의 비밀 규칙에 따라 책들을 재배열했던 것을 기억한다. 즉, 두툼한 동화 모음집들은 작은 크기의 그림책들과 닿도록 허락되지 않았고, 봉제 동물 인형들은 책들과 같은 선반에 놓이도록 허용되지 못했다. 관대한 선생님들, 열정적인 서적상들, 책을 주는 것이 친밀함과 신뢰를 보여 주는 최고 행동이었던 친구들은 내가 그 서고를 만들도록 도왔다.
【어휘】
rearrange 재배치(배열)하다 fairy tale 동화 stuffed animal 봉제 동물 인형 shelf 선반 generous 관대한 passionate 열정적인 supreme 최고의, 최상의 intimacy 친밀감, 친밀함

6. ④ 【해설】
빈칸 앞에 Lily가 밤을 새야 할 것 같다고 했고 이에 대한 응답 뒤에 어쩔 수 없다는 Lily의 대답이 이어지므로 빈칸에 들어갈 말로 가장 적절한 것은 ④ '그것은 좋은 것 같지 않아'이다.
【해석】
Ethan: 과제 다 끝냈어? (10:15 pm)
Lily: 아직. 하루 종일 하고 있는데, 아직도 할 게 많아. (10:16 pm)
Ethan: 와, 힘들겠다. (10:16 pm)
Lily: 진짜 그래. 이렇게 오래 걸릴 줄 몰랐어. (10:18 pm)
Ethan: 마감 기한까지 끝낼 수 있을 것 같아? (10:18 pm)
Lily: 그러길 바라지만, 밤을 새야 할지도 몰라. (10:19 pm)
Ethan: 그것은 좋은 것 같지 않아. (10:19 pm)
Lily: 나도 알아, 하지만 어쩔 수 없어. (10:20 pm)
① 난 어제 내 과제 끝냈어.
② 네 과제가 어떤 내용이야?
③ 얼마나 더 남았어?
【어휘】
assignment 과제 all day 하루 종일 tough 힘든, 어려운 stay up all night 밤새다

7. ③ 【해설】
주어진 지문은 회사가 성장에 대한 기회를 잡게 되면 그 기회를 밀고 나갈 필요가 있지만 그러기 위해서는 회사의 조직과 체제를 동시에 발전시킬 필요가 있다는 내용의 글이므로 이 글의 주제로 가장 적절한 것은 ③ '회사의 성장과 관리 능력'이다.
【해석】
거대한 성장을 받아들이기 위한 근거는 회사들이 만약 언제든 갑자기 판매 실적이 두 배 혹은 세 배가 될 수 있는 보기 드문 기회를 얻는다면 '밀고 나갈' 필요가 있다는 것이다. 그러나 조금 더 더딘, 더 통제된 성장이 현명할 때도 있다. 이러한 기회에 대한 위험은 양쪽 측면 모두에 있다. 시장이 호황을 맞이하기 시작하여 회사가 역량과 자원을 크게 증가시키지 않고는 수요와 어깨를 나란히 할 수가 없을 때, 회사는 딜레마에 봉착한다. 즉 그 기회가 줄어들까봐 두려워 보수적인 태도를 견지하지만 그렇게 함으로써 커져 가는 시장의 일부를 경쟁자들에게 넘겨주든지, 또는 (회사를) 활발하게 키워 그 기회를 충분히 이용하지만 그 가능성이 갑자기 사라지게 되면 지나치게 확장이 되어 취약해질 수도 있는 위험을 감수하든지 하는 것이다. 큰 성장이라는 비전에 전력하든 그렇지 않든지 간에, 회사는 반드시 그러한 비전을 다루기 위한 조직과 체제와 통제 장치를 발전시켜야 한다.
① 회사 확장에 있어서 문제점
② 회사 확장을 위한 기회
④ 경쟁적인 시장에서 회사 축소의 필요성
【어휘】

rationale 근거, 이유 take up ~을 받아들이다 run with the ball 밀고 나가다 triple 세 배가 되다 sensible 현명한, 분별 있는 boom 호황을 맞다, 번창하다, 쾅하는 소리를 내다 keep up with ①~와 어깨를 나란히 하다 ②~와 계속 연락하고 지내다 capacity 수용력, 능력 conservative 보수적인 shorten 줄이다, 단축하다 thereby 그렇게 함으로써 expand 확장시키다, 팽창시키다 vigorously 활발하게, 힘차게 overextend 지나치게 확대[확장]하다 vulnerable 취약한, 공격받기 쉬운 regardless of ~와는 관계[상관]없이 commitment 헌신, 약속 organization ①조직 ②준비 ③정리, 정돈 handle 다루다, 조종하다 extension 확장 manageability 관리능력 downsize 줄이다, 축소하다

8. ④ 【해설】
주어진 지문은 문자 메시지 보내기가 의례적인 언어 사용에 비해 보다 간결하고 직접적이다라는 내용의 글이므로 이 글의 제목으로 가장 적절한 것은 ④ '문자보내기의 특성: 간결함과 직접성'이다.
【해석】
문자 메시지 보내기는 시간에 대한 압박감이 심해지고 주의 지속 시간이 짧아지는 것이 갈수록 점점 더 하나의 풍조가 되어가고 있는 사회에서 새로운 의사소통의 요구에 부응하는 것 같다. 그 매체(문자 메시지 보내기)는 전통적 방식인 마주 보고하는 대화나 음성을 통한 전화 통화에 필요한, 말로 하는 악수와 같은 것을 하느라 시간을 낭비하고 싶지 않은 사람들의 관심을 끄는데, 이러한 말로 하는 악수와 같은 것은 언어학에서 종종 '사교적 언어 사용'이라 불리어진다. 그러한 맥락에서 누구를 만났을 때 "잘 지냈어?" 또는 "날씨 좋네." 등의 사교적인 메시지를 주고받는 것은 정상적인 공손한 행동이며, 몇몇 언어에서는 인사와 작별이라는 대화상의 의식이 상당히 정교하다. 이 중 그 어떤 것도 문자 메시지 보내기에서는 필요하지 않은데, 여기에서 메시지는 전형적으로 짧고 단도직입적이며 거의 혹은 전혀 인사말을 꺼내지 않고 도입된다. 마주 보고 말하는 상황에서는 그런 메시지들이 느닷없거나 심지어, 말을 주고받는 사람들의 관계에 따라서는, 무례해 보이기까지 할 것이다.
① 문자보내기가 정교한 언어인가?
② 문자 세대차: 당신은 너무 나이가 많은가?
③ 문자 보낼 때 좋은 인상을 남겨라.
【어휘】
texting 문자 메시지 보내기 attention span 주의 지속 시간 norm 표준, 규범 medium 매체, 도구 appeal 관심을 끌다, 호소하다 engage in ~에 참여하다 linguistics 언어학 context 맥락, 문맥 polite 공손한, 예의 바른 behavior 행동, 행위 exchange 교환하다 ritual 의식, 의례 elaborate ①정교한, 공들인 ②자세히 설명하다, 정교하게 만들어 내다 remark 말, 발언, 언급 abrupt 느닷없는, 퉁명스러운 rude 무례한, 버릇없는 terseness 간결함

9. ③ 【해설】
주어진 지문은 지도가 손으로 제작되기 전에 이미 인간은 마음속에 지도를 갖고 있었다는 내용의 글이므로 '지도가 양가죽이나 다른 적당한 재료에 그려졌고 오직 손으로 베껴야만 복사될 수 있었다'는 ③은 전체 글의 흐름과 무관하다.
【해석】
비록 모든 사람들이 지도 제작에 이러한 공간을 표현하기로 선택하지는 않지만, 인간은 공간적으로, 즉 이것은 여기에 있고, 저것은 저기에 있다고 생각하는 능력을 항상 지녀왔다. 머릿속 지도를 구성할 수 있는 능력은 초기 인류에게 필수적이었음이 분명하다. 예를 들어 수렵인들은 실제 지도 없이도 이주 동물들의 경로와 그 동물들을 사냥할 수 있는 가장 좋은 장소를 알았다. (목판 인쇄술을 발명하기 전에 지도는 양가죽이나 다른 적당한 재료에 그려졌고 오직 손으로 베껴야만 복사될 수 있었다.) 대부분의 원시인들은 머릿속에 그들의 땅에 대한 지도를 지녔을 것이다.
【어휘】
capacity 능력, 수용력 spatially 공간적으로 *spatiality 공간 *spatial 공간의 huntergather 수렵인 route 길 migratory 이주하는 wood block 목판 parchment 양피지 suitable 적절한, 적당한 replicate 복사하다, 복제하다 primitive 원시적인, 원시시대의

10. ① 【해설】
주어진 지문은 도심 내 새로운 교통 규정을 안내하고 있으므로 이 글의 목적으로 가장 적절한 것은 ①이다.

11. ② 【해설】
문맥상 breaches는 '위반'의 뜻으로 이와 가장 가까운 유의어는 ② 'violations'이다.
【해석】
11월 15일부터 도심 내 새로운 교통 규정이 시행됩니다. 이번 변경의 목적은 도로 안전을 강화하고 교통 혼잡을 줄이는 것입니다. 주요 변경 사항은 다음과 같습니다.
• 모든 도심 도로에서 속도 제한이 50km/h → 40km/h로 감소
• 학교 및 병원 앞 주차 금지 구역 신설
• 주요 도로에 자전거 전용차선 추가
운전자들은 새로운 규정을 숙지하여 벌금을 피하도록 해야 합니다. 교통경찰이 해당 구역을 면밀히 감시할 예정이며, 규정을 위반하면 벌금이 부과됩니다. 자세한 지도 및 추가 정보는 **www.citytransport.gov**에서 확인하세요.
【어휘】
traffic 교통의 regulation 규정 enforce 시행하다 downtown area 도심 지역 improve 향상시키다 road safety 도로 안전 reduce 줄이다 congestion 혼잡 major 주된, 주요한 reduction 감소 speed limit 제한 속도 no-parking zone 주차 금지 구역 designated 지정된 bicycle lane 자전거 전용차로 familiarize 익숙해지다 fines 벌금 traffic officer 교통경찰 monitoring 감시 closely 면밀히 breach 위반 result in 초래하다 penalty 처벌, 벌금 detailed maps 상세 지도 further information 추가 정보

12. ② 【해설】
뒤를 잇거나 물려받는 사람을 지칭하므로 빈칸에 들어가기에 가장 적절한 것은 ② successor이다.
【해석】
이전 사람이 죽거나 은퇴를 할 때 순서대로 뒤를 잇거나 직함이나 업무를 물려받는 사람이 계승자이다.
【어휘】
follow next 뒤를 잇다 in order 순서대로, 차례로 inherit 상속받다, 물려받다, 이어받다 title 직함 task 일, 업무 retire 은퇴하다 predecessor 전임자 successor 계승자, 상속자 criminal 범인, 범죄자 genius 천재

13. ① 【해설】
Paul과 Ted가 더 이상 싸우지 말고 사이좋게 지냈으면 좋겠다는 내용의 글이므로 빈칸에 들어가기에 가장 적절한 것은 ① buried the hatch이다.
【해석】
나는 Paul과 Ted가 그들의 묵은 말다툼에 대해 잊어버리면 좋겠다. 그들은 이제 화해하고 다시 친구가 될 때이다
【어휘】
quarrel 논쟁, 말다툼 bury the hatchet 화해하다 know one's onions (자기 일에)정통(능숙)하다 be fed up with ~에 질리다, 싫증나다 fly off the handle (몹시)화내다, 자제력을 잃다

14. ① 【해설】
'lest (that) S+(should)+동사원형'구문을 묻고 있다. lest는 부정의 의미를 갖고 있으므로 not과 함께 사용할 수 없고 또한 생략된 조동사 should가 있으므로 동사원형이 있어야 한다. 따라서 빈칸에 들어가기에 가장 적절한 것은 ① fall이다.
【해석】
나무에서 떨어지지 않도록 조심해야 한다.

【어휘】
have got to ~해야 한다 careful 주의하는, 조심하는 lest (should) ~ ~하지 않도록

15. ① 【해설】
마지막 A의 응답에서 다시 한 번 말해달라는 부탁이 있으므로 B의 설명을 다 이해하지 못했다. 따라서 빈칸에 들어가기에 가장 적절한 것은 ① '무슨 말을 하고 있는지 이해되나요?' 이다.
【해석】
A: 실례합니다. 시청으로 가는 길을 말씀해 주실 수 있나요?
B: 그럼요, 좌측에 있는 웨딩홀까지 이 도로를 따라가세요. 그곳을 지난 직후, 우회전하세요. 약 10분 동안 이 길을 따라 계속 가세요. 은행을 보게 되면, 우회전을 하시고 그러고 나서 5분 동안 쭉 내려가세요. 무슨 말을 하고 있는지 이해되나요?
A: 미안하지만, 다시 한 번 말씀해 주실 수 있나요?
② 절 지지하시는 겁니까?
③ 당신은 나를 깨워 줄 수 있나요?
④ 당신은 조만간 호전될 수 있나요?
【어휘】
stand up for 옹호하다, 지지하다 sooner or later 조만간

16. ② 【해설】
주어진 지문은 옛 선조들이 소리와 연기로 서로 먼 지역에서 의사소통을 할 수 있었다는 내용의 글이므로 빈칸에 들어가기에 가장 적절한 것은 ② '먼 거리에서 메시지를 보내는지'이다.
【해석】
옛날에 음성전달을 하는 가장 유일하고 빠른 방법은 아프리카 드럼이었다. 이런 드럼은 나무줄기의 텅 빈 구멍이다. 끝은 막혀있고, 나무 안을 베어서 긴 구멍을 만든다. 이 드럼은 여러 마일 밖에서 들린다. 그 다음에 다른 드럼 치는 사람은 그 드럼 소리를 받아 다음 드럼장소로 전달해준다. 원시인들은 연기와 불이라는 2가지 도구로 시각적 신호를 보냈다. 미국 인디언들은 언덕 꼭대기에서 불을 피워서 여러 마일 밖에 소식을 전할 수 있었다. 그들은 담요를 불에 덮어 연기를 가두고 담요를 빨리 펼쳐서 연기를 밖으로 내뿜게 했다. 따라서 선조들은 어떻게 먼 거리에서 메시지를 보내는지 알았다고 결론을 내려도 무방하다.
① 효과적으로 드럼을 사용하는지
③ 연기로 서로에게 의사소통하는지
④ 소리를 통해서 두 먼 지점 사이에 소식을 전달하는지
【어휘】
hollow 속이 빈 trunk ①(나무의)몸통 ②(코끼리의)코 primitive 원시의 hilltop 언덕 꼭대기 smoke 연기 puff (담배, 파이프 등을) 뻐끔 뻐끔 피우다, 내뿜다 blanket 담요 trap 가두다 remove 없애다, 제거하다 ancestor 선조 efficiency 효율, 효율성

17. ③ 【해설】
시간순서전개방식을 이용해야 한다. 제시문에서 1996년에 미국의 한 다국적 기업이 콜라병을 캔으로 바꾸고자 했고, (C) 2000년까지 원형(原型) 생산을 준비했으나 (A) 예상치 못한 문제가 발생했고, 2005년까지 중단되었다가 (B) 그때부터 지금까지 결국 다른 회사와 구별되지 않는 형태를 유지하게 되었다는 글의 흐름이 가장 적절하다. 따라서 글의 순서로 가장 적절한 것은 ③ (C)-(A)-(B)이다.
【해석】
1996년에 미국의 한 다국적 음료회사는 <Project Can>에 착수했는데, 이는 포장을 병에서 캔으로 바꾸기 위해 고안된 것이었다. (C) 2000년 말에는, 그 회사는 최초의 원형(原型) 제품이 생산될 수 있도록 준비를 마쳤다. 그 유명한 병이 병 모양의 알루미늄캔으로 바뀌려고 하고 있었다. (A) 하지만, 예상치 못한 문제가 발생했다. 음료를 가득 채운 새로운 형태의 캔은 쌓아 놓으면 무게를 지탱할 수 없었다. 그래서 그 프로젝트는 지연되다가 결국 2005년까지 중단되었다. (B) 그 이후로 계속, 그 콜라 캔은 오직 그 회사의 특징인 붉은색만이 그 브랜드를 구별해 줄 뿐, 시장의 다른 모든 탄산음료와 그 형태를 공유할 수밖에 없는 운명이었다.
【어휘】
work on ~에 착수하다, ~에 공을 들이다 transform 바꾸다, 변경하다 stack 쌓다 from then on 그때부터 계속해서 doomed to ~할 수밖에 없는 운명인 signature 특징 distinguish 구별하다 prototype 원형

18. ③ 【해설】
주어진 문장의 '그런 행사(Such an event)'라는 내용으로 보아 이 문장 앞에는 행사와 관련된 내용이 있어야 하고, 한 남자가 혼자서 제공할 수 있는 능력을 넘어선다(is beyond the capacity of a man to provide by himself)는 내용으로 보아 이 문장 뒤에는 다른 사람의 도움이 있을 것임을 추론할 수 있다. 따라서 주어진 문장이 들어가기에 가장 적절한 곳은 ③이다.
【해석】
균형 잡힌 상호 이익의 주요 경제적 동기 부여는 잉여 재화와 용역을 공급이 부족한 그것들(재화와 용역)과 교환하는 것이다. 부족량과 잉여량은 기술의 다른 수준, 환경의 차이, 또는 다른 생산 능력의 결과일 수 있다. 그러나 원인이 무엇이든, 균형 잡힌 상호 이익은 교환하는 양쪽으로 하여금 자기들의 소비를 최대화하는 것을 가능하게 한다. 멕시코의 Oaxaca 인디언들은 재화와 용역 둘 다의 교환에서 균형 잡힌 상호 이익의 전형적인 예가 된다. 사회 관습에 따라서, 남자는 주요 성인(聖人)의 날을 축하하는 적어도 한 가지 축제에 후원할 것으로 기대된다. 그런 행사는 정성을 들인 음식, 음료, 그리고 오락을 포함하는데, 거의 항상 한 남자가 혼자서 제공할 수 있는 능력을 넘어선다. 그 결과 그 남자는 자기의 친척, 친구 그리고 이웃의 도움을 구하고, 그것에 의해서 (그는) 자기의 미래 잉여량을 저당 잡힌다. 도와주는 사람들은 자기들이 비슷한 축제를 후원할 때 동등한 양으로 상환받기를 기대한다.
【어휘】
elaborate 공들인, 정교한 beverage 음료 entertainment 오락 capacity 능력 motivation 동기 부여 reciprocity 호혜, 상호 이익, 상호성 exchange 교환(하다) surplus 잉여(의), 과잉(의) goods 상품, 제품 shortfall 부족량 result from ~에 기인하다 variation 차이, 변화 enable 가능하게 하다 maximize 최대화하다, 최대한으로 활용하다 consumption 소비 exemplify 전형적인 예가 되다 according to ~에 따라서, ~에 따르면 custom 관습 sponsor 후원하다 at least 적어도 saint 성인(聖人) consequently 결과적으로 seek 구하다, 찾다 relative 친척 thereby 그것에 의해서 mortgage 저당 잡히다 repay 상환하다, 갚다 equivalent (가치·힘 따위가) 동등한

19. ④ 【해설】
주어진 안내문은 Blue Bay의 아름다움을 짧고 매력적인 영상으로 담아내어 쇼츠 영상대회에 참가하라는 내용의 글이므로 이 안내문의 제목으로 가장 적절한 것은 ④ '2025 블루베이 숏츠 콘테스트: 해안의 아름다움을 담다'이다.
① 블루베이 관광 리포트: 불만을 공유하세요
② 블루베이를 탐험하세요: 장편 다큐멘터리 도전
③ 블루베이 정화의 날: 함께 보호하고 보존해요

20. ④ 【해설】
참가자의 개인 UTube 채널에 영상을 업로드하라(Upload your video to your personal Utube channel.)고 했으므로, 안내문의 내용과 일치하는 것은 ④이다.
【해석】
2025 Visit Blue Bay 쇼츠 대회가 다가오고 있습니다! Blue Bay의 아름다움을 짧고 매력적인 영상으로 포착하여 전 세계와 공유할 기회입니다. 풍광이 아름다운 해안선에서 무엇이 그토록 블루베이를 잊지 못하게 하는지 담아 보세요. 수상작은 공식 채널에 소개되고 시상도 이루어집니다!
대회 날짜
- 제출 기간: 6월 2일(월요일)~6월 27일(금요일)

누가 참가할 수 있는가?
- 18세 이상 누구나 참가할 수 있습니다.

영상 필요조건
- 짧은 형식의 동영상(30초에서 60초 사이)
- 참가자 1인당 1개의 출품작만 가능

참가 방법
- 여러분의 개인 UTube 채널에 영상을 업로드하세요.
- 저희 공식 웹사이트 www.bluebaycity.net을 방문하여 대회 양식을 구하세요.
- 여러분의 UTube 영상 링크를 제공하여 대회 양식을 통해 출품작을 제출하세요.

시상
- 대상: 1,000달러
- 1등(수상자 2명): 각 700달러
- 2등(수상자 4명): 각 500달러
- 수상자 발표: 7월 25일(금요일) 오후 1시

Blue Bay가 어떤 곳인지 전 세계에 보여 줄 준비를 하세요! 더 많은 정보를 원하시면, 저희 웹사이트 www.bluebaycity.net을 방문하세요.

【어휘】
capture 담아내다, 포착하다   engaging 매력적인
submission 제출   requirement 필요조건   entry 출품작
grand prize 대상   announcement 발표

한국사

출제교수: 노범석 교수님

1. ③ 【해설】 동예
제시된 자료는 동예에 대한 설명이다. 동예는 족외혼을 엄격하게 지켰으며, 각 부족의 영역을 함부로 침범하지 못하게 하였다.
③ 동예는 매년 10월에 무천이라는 제천 행사를 열었다.
① 옥저의 혼인 풍속이다.
② 삼한에 대한 설명이다.
④ 부여에 대한 설명이다.

2. ④ 【해설】 5C 정치적 상황
제시된 자료는 5세기 장수왕 때 백제의 수도 한성을 함락시키고 백제 개로왕을 살해한 것과 관련된 내용이다.
④ 장수왕은 평양으로 도읍을 옮기고 적극적으로 남진 정책을 추진하였다.
① 천리장성 축조는 영류왕~보장왕 때의 일이다.
② 6세기 신라 법흥왕에 대한 설명이다.
③ 4세기 고구려 소수림왕에 대한 설명이다.

3. ③ 【해설】 신문왕
제시된 자료는 통일 신라의 신문왕의 업적에 대한 것이다. 신문왕은 김흠돌의 난을 계기로 귀족 세력을 숙청하였으며, 중앙 및 지방 행정 조직, 군사조직을 정비하였다. 그리고 관료전을 지급하고 녹읍을 폐지하였다.
③ 신문왕은 유교 정치 이념을 확립하고 유교 교육을 강화하기 위해 국학을 설립하였다.
① 지증왕에 대한 설명이다.
② 문무왕에 대한 설명이다.
④ 법흥왕에 대한 설명이다.

4. ② 【해설】 발해 선왕
발해가 당으로부터 '해동성국(海東盛國)'이라는 칭호를 들었던 시기는 선왕 때이다. 선왕은 남쪽으로는 신라와 접하고 서쪽으로는 요동으로 진출하는 등 옛 고구려와 부여의 영토를 대부분 회복하였다. 또 대부분의 말갈족들을 복속시키고 5경 15부 62주의 지방 제도를 정비하였다.
② 문왕 때 중경 현덕부에서 상경 용천부로 천도하였다.

5. ① 【해설】 무령왕릉
제시된 자료에서 밑줄 친 '이 무덤'은 백제 무령왕릉으로 무령왕릉은 중국 남조(양나라)의 영향을 받은 벽돌무덤(전축분)이다.
② 고구려와 고구려의 영향을 받은 발해에서 만들어진 무덤의 특징이다.
③ 무령왕릉에서는 사신도의 벽화가 발견되지 않았으며, 송산리 6호분과 능산리 1호분에서 사신도 벽화가 발견되었다.
④ 통일 신라의 무덤 양식으로 김유신묘가 대표적이다.

6. ④ 【해설】 최승로
제시된 자료는 최승로가 성종에게 올린 '시무 28조'이다.
④ 시무 28조의 제7조에서 최승로는 지방관의 파견을 건의하였다. 그에 따라 성종 때 12목이 설치되고 지방관이 파견되었다.
① 광종 때 쌍기에 대한 설명이다.
② 최충, ③ 김부식에 대한 설명이다.

7. ③ 【해설】 이앙법
제시된 자료는 19세기 농서인 서유구의 「임원경제지」에 실린 이앙법에 대한 설명이다.
③ 고려 시대 경제 상황에 대한 설명이다.
① 조선 후기에는 밭고랑에 곡식을 심는 이른바 견종법이 보급되어 생산력이 증대되었고 노동력도 절감할 수 있었다.
② 조선 후기에 민간 수공업자들은 대체로 작업장과 자본의 규모가 소규모여서 원료의 구입과 제품의 처분에서 상업 자본의 지배를 받았다. 이들을 중심으로 공인이나 상인에게 주문을 받을 때 자금과 원료를 미리 받아 제품을 생산하는 선대제가 성행하였다.
④ 조선 후기의 농민들은 상품 작물을 재배하여 가계 수입을 증가시키기도 하였다.

8. ① 【해설】 성리학의 융성
(가)는 이황의 이기호발설, (나)는 이이의 이기지묘론이다.

9. ② 【해설】 최충헌
제시된 자료는 최충헌 집권기에 일어난 만적의 난에 대한 내용으로, (가)에 들어갈 인물은 최충헌이다.
② 최충헌에 대한 설명이다.
①, ④ 최우에 대한 설명이다.
③ 정중부, 경대승, 이의민 등에 대한 설명이다.

10. ③ 【해설】 현종~영조
ⓒ 갑인예송은 현종 때인 1674년에 일어났다.
㉠ 숙종 때 경신환국(1680)으로, 남인 정권이 붕괴되고 서인 정권이 수립되었다.
ⓒ 숙종 때 일어난 기사환국(1689)으로 서인이 몰락하고 남인이 다시 집권하게 되었다.
㉣ 이인좌의 난은 영조 때인 1728년에 발생하였다.

11. ④ 【해설】 홍대용
제시된 자료는 홍대용이 주장한 내용이다. ④ 홍대용은 지전설을 받아들이고 무한 우주론을 주장하였으며, 중국 중심의 세계관을 비판하였다. 그리고 「임하경륜」에서는 놀고 먹는 선비들이 생산 활동에 종사할 것을 강조하고, 성인 남자들에게 2결의 토지를 나누어 줄 것과 병농 일치의 군대 조직을 제안하였다.
① 박제가에 대한 설명이다.
② 박지원에 대한 설명이다.
③ 이익에 대한 설명이다.

12. ④ 【해설】 고려 중앙 관제
제시된 자료의 인물은 고려 중기에 활약한 최충이다.
④ 고려 후기에 도병마사의 기능이 확대되었으며, 충렬왕 때 도평의사사로 개편되었다.
① 조선의 과거에 대한 설명이다.
② 고려시대 대간의 임무이다. 지공거는 고려 시대의 과거 시험관으로 문제 출제, 시험 감독, 채점 등을 담당하였다.
③ 문하시중은 중서문하성의 장관이다. 상서성의 장관은 상서령이고, 행정 실무를 담당한 것은 상서성과 6부이다.

13. ① 【해설】 성종의 업적
제시된 자료에서 밑줄 친 전하는 조선 성종으로, 제시된 글은 성종 때 편찬된 「동문선」이다.
① 성종은 홍문관을 설치하고 경연을 활성화하였다.
② 세조 때 있었던 일이다.
③ 세종에 대한 설명이다.
④ 단종 때 일어난 계유정난(1453)에 대한 설명이다.

14. ② 【해설】 영조
제시된 자료는 영조가 즉위 후 탕평을 표방하며 발표한 교서이다. 영조는 형벌 제도를 완화하고 가혹한 형벌을 폐지하였으며, 사형수에 대한 삼심제를 엄격히 시행하였다.
② 동국문헌비고는 영조 때 왕명으로 편찬된 관찬 한국학 백과사전이다.
① 숙종, ③ 정조, ④ 흥선대원군에 대한 설명이다. 흥선 대원군은 세도정치의 기반인 비변사를 사실상 혁파하고 의정부와 삼군부의 기능을 부활시켰으며 왕권 강화를 통해 세도정치의 폐단을 시정하려 하였다.

15. ③ 【해설】 미쓰야 협정
제시된 자료는 1925년에 체결된 미쓰야 협정에 대한 내용이다. 만주에서 3부가 성립되어 투쟁을 전개하던 시기에 만주의 군벌 장쭤린[張作霖]과 총독부의 경무국장 미쓰야 사이에 독립군 탄압을 위한 미쓰야 협정이 체결되었다. 이로 인해 만주의 독립운동은 큰 타격을 받게 되었다.
간도 참변(1920), 자유시 참변(1921), 참의부 성립(1923), 나석주 의거(1926), 국민부 조직(1929)

16. ② 【해설】 신민회
제시된 자료는 1908년 일본 헌병대에서 신민회에 대해 조사한 내용이다.
② 국권 피탈 직전 신민회는 국외 무장 투쟁 노선을 채택하여 장기적인 독립운동을 계획하였으며 이에 따라 만주 등지에 독립운동 기지를 건설하였다.
① 대한 자강회는 일본이 고종을 강제로 퇴위시키고 한·일 신협약(정미 7조약)을 체결하자, 이에 반대하는 투쟁을 전개하다가 1907년 8월에 보안법에 의해 강제로 해산되었다.
③ 대한 자강회에 대한 설명이다.
④ 의열단에 대한 설명이다.

17. ④ 【해설】 홍경래의 난
제시된 자료는 순조 때 있었던 홍경래의 난(1811)의 격문이다.
④ 홍경래의 난의 경제적인 원인이다. 순조 연간에 세도 정권은 서울 특권 상인의 이권을 보호하기 위해 평안도민의 상공업 활동을 억압하였다. 이에 평안도의 상공업계는 위축되고 그 폐해는 평안도의 신흥 상공업자와 일반 백성들에게 고스란히 전가되었다.
① 명종 때 임꺽정의 난, ② 철종 때 임술 농민 봉기, ③ 숙종 때 장길산의 난에 대한 설명이다.

18. ① 【해설】 일제의 경제적 수탈
㉠ 회사의 설립을 총독의 허가제로 하는 회사령을 제정하였다(1910).
㉡ 1925년 일제는 치안유지법을 제정하여 사회주의 사상을 탄압하였다.
㉢ 대륙 침략이 본격화되면서 일제는 조선 농촌의 자력갱생을 도모하는 농촌 진흥 운동을 1932년에 시작하였다.
㉣ 일제는 중·일 전쟁 발발 후 전쟁 협력을 위한 교화 운동을 목적으로 국민 정신 총동원 조선 연맹을 조직하였다(1938).

19. ① 【해설】 대종교
단군을 섬기는 대종교는 나철(나인영) 등이 중심이 되어 조직하였다. 이후 일제의 탄압이 심해지자 만주로 근거지를 옮기고 독립 운동에도 적극적으로 참여하여 비밀 결사인 중광단을 조직하였다. 중광단은 북로군정서군으로 발전하여 청산리 전투에서 승리를 거두기도 하였다.
②, ③, ④ 천주교에 대한 설명이다.

20. ② 【해설】 이승만 정부 사사오입 개헌
제시된 자료는 1954년 통과된 사사오입 개헌안의 내용으로, 이 개헌이 이루어진 것은 이승만 정부 때의 일이다.
② 1958년 진보당 사건에 대한 설명으로, 이승만 정부가 강력한 대선 경쟁자로 부상한 조봉암을 제거(이듬해인 1959년 처형됨)한 사건이다.
① 김영삼 정부에서 실시한 정책이다.
③ 3차 개헌에 따라 국회가 민의원·참의원의 양원제로 구성되었다.
④ 1972년 유신 헌법(7차 개헌)에 규정된 내용이다.

행 정 법

출제교수: 강성빈 교수님

1. ② 【해설】 행정작용법
국책사업인 '한국형 헬기 개발사업'(Korean Helicopter Program)에 개발주관사업자 중 하나로 참여하여 국가 산하 중앙행정기관인 방위사업청과 '한국형헬기 민군겸용 핵심구성품 개발협약'을 체결한 갑 주식회사가 협약을 이행하는 과정에서 환율변동 및 물가상승 등 외부적 요인 때문에 협약금액을 초과하는 비용이 발생하였다고 주장하면서 국가를 상대로 초과비용의 지급을 구하는 민사소송을 제기한 사안에서, 위 협약의 법률관계는 공법관계에 해당하므로 이에 관한 분쟁은 행정소송으로 제기하여야 한다고 한 사례. 대법원 2017. 11. 9. 선고 2015다215526 판결
① 국가공무원법상 직위해제처분의 무효확인 또는 취소소송 계속 중 정년을 초과하여 직위해제처분의 무효확인 또는 취소로 공무원 신분을 회복할 수는 없다고 할지라도, 그 무효확인 또는 취소로 직위해제일부터 직권면직일까지 기간에 대한 감액된 봉급 등의 지급을 구할 수 있는 경우에는 직위해제처분의 무효확인 또는 취소를 구할 법률상 이익이 있다. 대법원 2014. 5. 16. 선고 2012두26180 판결
③ 구 국가를 당사자로 하는 계약에 관한 법률상의 요건과 절차를 거치지 않고 체결한 국가와 사인 간의 사법상 계약은 무효이다. 대법원 2015. 1. 15. 선고 2013다215133 판결
④ 행정지도가 강제성을 띠지 않은 비권력적 작용으로서 행정지도의 한계를 일탈하지 아니하였다면, 그로 인하여 상대방에게 어떤 손해가 발생하였다 하더라도 행정기관은 그에 대한 손해배상책임이 없다. 대법원 2008. 9. 25. 선고 2006다18228 판결

2. ④ 【해설】 행정작용법
구 청소년보호법에 따른 청소년유해매체물 결정 및 고시처분은 당해 유해매체물의 소유자 등 특정인만을 대상으로 한 행정처분이 아니라 일반 불특정 다수인을 상대방으로 하여 일률적으로 표시의무, 포장의무, 청소년에 대한 판매·대여 등의 금지의무 등 각종 의무를 발생시키는 행정처분으로서, 정보통신윤리위원회가 특정 인터넷 웹사이트를 청소년유해매체물로 결정하고 청소년보호위원회가 효력발생시기를 명시하여 고시함으로써 그 명시된 시점에 효력이 발생하였다고 봄이 상당하고, 정보통신윤리위원회와 청소년보호위원회가 위 처분이 있었음을 위 웹사이트 운영자에게 제대로 통지하지 아니하였다고 하여 그 효력 자체가 발생하지 아니한 것으로 볼 수는 없다. 대법원 2007. 6. 14. 선고 2004두619 판결
① 공문서(전자공문서 포함)는 결재권자가 서명 등의 방법으로 결재함으로써 성립된다. 여기서 '결재'란 문서의 내용을 승인하여 문서로서 성립시킨다는 의사를 서명 등을 통해 외부에 표시하는 행위이다. 결재권자의 결재가 있었는지 여부는 결재권자가 서명을 하였는지뿐만 아니라 문서에 대한 결재권자의 지시 사항, 결재의 대상이 된 문서의 종류와 특성, 관련 법령의 규정 및 업무 절차 등을 종합적으로 고려하여야 한다. 대법원 2020. 12. 10. 선고 2015도19296 판결
② 행정처분의 외부적 성립은 행정의사가 외부에 표시되어 행정청이 자유롭게 취소·철회할 수 없는 구속을 받게 되는 시점을 확정하는 의미를 가지므로, 어떠한 처분의 외부적 성립 여부는 행정청에 의해 행정의사가 공식적인 방법으로 외부에 표시되었는지를 기준으로 판단하여야 한다. 대법원 2017. 7. 11. 선고 2016두35120 판결
③ 법무부장관이 출입국관리법 및 동법 시행령에 따라 위 입국금지결정을 했다고 해서 '처분'이 성립한다고 볼 수는 없고, 위 입국금지결정은 법무부장관의 의사가 공식적인 방법으로 외부에 표시된 것이 아니라 단지 그 정보를 내부전산망인 '출입국관리정보시스템'에 입력하여 관리한 것에 지나지 않으므로, 위 입국금지결정은 항고소송의 대상이 될 수 있는 '처분'에 해당하지 않는다. 대법원 2019. 7. 11. 선고 2017두38874 판결

3. ④ 【해설】 행정법통론
신청인의 행정청에 대한 신청의 의사표시는 명시적이고 확정적인 것이어야 한다고 할 것이므로 신청인이 신청에 앞서 행정청의 허가업무 담당자에게 신청서의 내용에 대한 검토를 요청한 것만으로는 다른 특별한 사정이 없는 한 명시적이고 확정적인 신청의 의사표시가 있었다고 하기 어렵다. 대법원 2004. 9. 24. 선고 2003두13236 판결
① 행정절차법 제17조(처분의 신청)

> **행정절차법 제17조(처분의 신청)**
> ① 행정청에 처분을 구하는 신청은 문서로 하여야 한다. 다만, 다른 법령등에 특별한 규정이 있는 경우와 행정청이 미리 다른 방법을 정하여 공시한 경우에는 그러하지 아니하다.

② 행정절차법 제17조(처분의 신청)

> **행정절차법 제17조(처분의 신청)**
> ⑧ 신청인은 처분이 있기 전에는 그 신청의 내용을 보완·변경하거나 취하할 수 있다. 다만, 다른 법령등에 특별한 규정이 있거나 그 신청의 성질상 보완·변경하거나 취하할 수 없는 경우에는 그러하지 아니하다.

③ 행정절차법 제17조 제5항은 신청인이 신청할 때 관계 법령에서 필수적으로 첨부하여 제출하도록 규정한 서류를 첨부하지 않은 경우와 같이 쉽게 보완이 가능한 사항을 누락하는 등의 흠이 있을 때 행정청이 곧바로 거부처분을 하는 것보다는 신청인에게 보완할 기회를 주도록 함으로써 행정의 공정성·투명성 및 신뢰성을 확보하고 국민의 권익을 보호하려는 행정절차법의 입법목적을 달성하고자 함이지, 행정청으로 하여금 신청에 대하여 거부처분을 하기 전에 반드시 신청인에게 신청의 내용이나 처분의 실체적 발급요건에 관한 사항까지 보완할 기회를 부여하여야 할 의무를 정한 것은 아니라고 보아야 한다. 대법원 2020. 7. 23 선고 2020두36007 판결

4. ② 【해설】 행정절차법
행정청이 행정절차법 제20조 제1항의 처분기준 사전공표 의무를 위반하여 미리 공표하지 아니한 기준을 적용하여 처분을 하였다고 하더라도, 그러한 사정만으로 곧바로 해당 처분에 취소사유에 이를 정도의 흠이 존재한다고 볼 수는 없다. 대법원 2020. 12. 24. 선고 2018두45633 판결
① 현행 행정절차법에서는 제40조의2(확약)에서 확약에 관한 일반적인 규정을 두고 있다.
③ 처분 당시 당사자가 어떠한 근거와 이유로 처분이 이루어진 것인지를 충분히 알 수 있어서 그에 불복하여 행정구제절차로 나아가는 데에 별다른 지장이 없었던 것으로 인정되는 경우에는 처분서에 처분의 근거와 이유가 구체적으로 명시되어 있지 않았다고 하더라도 그로 말미암아 그 처분이 위법한 것으로 된다고 할 수는 없다. 대법원 2013. 11. 14. 선고 2011두18571 판결
④ 처분이나 민원의 처리기간을 정하는 것은 신청에 따른 사무를 가능한 한 조속히 처리하도록 하기 위한 것이다. 처리기간에 관한 규정은 훈시규정에 불과할 뿐 강행규정이라고 볼 수 없다. 행정청이 처리기간이 지나 처분을 하였더라도 이를 처분을 취소할 절차상 하자로 볼 수 없다. 민원처리법 시행령 제23조에 따른 민원처리진행상황 통지도 민원인의 편의를 위한 부가적인 제도일 뿐, 그 통지를 하지 않았더라도 이를 처분을 취소할 절차상 하자로 볼 수 없다. 대법원 2019. 12. 13. 선고 2018두41907 판결

5. ③ 【해설】 행정쟁송법
항고소송의 대상인 처분에 관한 법리에 비추어 고용보험 및 산업재해보상보험의 보험료징수 등에 관한 법률, 동법 시행령과 시행규칙 및 근로복지공단이 고용산재보험료징수법령 등에서 위임된 사항과 그 시행을 위하여 필요한 사항을 규정할 목적으로 제정한 '적용 및 부과업무 처리 규정' 등 관련 규정들의 내용과 체계 등을 살펴보면, 근로복지공단이 사업주에 대하여 하는 '개별 사업장의 사업종류 변경결정'은 행정청이 행하는 구체적 사실에 관한 법집행으로서의 공권력의 행사인 '처분'에 해당한다. 대법원 2020. 4. 9. 선고 2019두

61137 판결
① 행정청의 행위가 '처분'에 해당하는지가 불분명한 경우에는 그에 대한 불복방법 선택에 중대한 이해관계를 가지는 상대방의 인식가능성과 예측가능성을 중요하게 고려하여 규범적으로 판단하여야 한다. 대법원 2020. 4. 9. 선고 2019두61137 판결
② 기존의 행정처분을 변경하는 내용의 행정처분이 뒤따르는 경우, 후속처분이 종전 처분을 완전히 대체하는 것이거나 주요 부분을 실질적으로 변경하는 내용인 경우에는 특별한 사정이 없는 한 종전처분은 효력을 상실하고 후속처분만이 항고소송의 대상이 되지만, 후속처분의 내용이 종전처분의 유효를 전제로 내용 중 일부만을 추가·철회·변경하는 것이고 추가·철회·변경된 부분이 내용과 성질상 나머지 부분과 불가분적인 것이 아닌 경우에는, 후속처분에도 불구하고 종전처분이 여전히 항고소송의 대상이 된다. 대법원 2015. 11. 19. 선고 2015두295 판결
④ 시험승진후보자명부에 등재되어 있던 자가 그 명부에서 삭제됨으로써 승진임용의 대상에서 제외되었다 하더라도, 그와 같은 시험승진후보자명부에서의 삭제행위는 결국 그 명부에 등재된 자에 대한 승진 여부를 결정하기 위한 행정청 내부의 준비과정에 불과하고, 그 자체가 어떠한 권리나 의무를 설정하거나 법률상 이익에 직접적인 변동을 초래하는 별도의 행정처분이 된다고 할 수 없다. 대법원 1997. 11. 14. 선고 97누7325 판결

6. ③ 【해설】 행정법통론
남북정상회담의 개최과정에서 재정경제부장관에게 신고하지 아니하거나 통일부장관의 협력사업 승인을 얻지 아니한 채 북한측에 사업권의 대가 명목으로 송금한 행위 자체는 헌법상 법치국가의 원리와 법 앞에 평등원칙 등에 비추어 볼 때 사법심사의 대상이 된다. 대법원 2004. 3. 26. 선고 2003도7878 판결
① 비록 서훈취소가 대통령이 국가원수로서 행하는 행위라고 하더라도 법원이 사법심사를 자제하여야 할 고도의 정치성을 띤 행위라고 볼 수는 없다. 대법원 2015. 4. 23. 선고 2012두26920 판결
② 개성공단 전면중단 조치가 고도의 정치적 결단을 요하는 문제이기는 하나, 조치 결과 개성공단 투자기업인 청구인들에게 기본권 제한이 발생하였고, 국민의 기본권 제한과 직접 관련된 공권력의 행사는 고도의 정치적 고려가 필요한 행위라도 헌법과 법률에 따라 결정하고 집행하도록 견제하는 것이 헌법재판소 본연의 임무이므로, 그 한도에서 헌법소원심판의 대상이 될 수 있다. 헌법재판소 2022. 1. 27. 선고 2016헌마364 전원재판부 결정
④ 비록 고도의 정치적 결단에 의하여 행해지는 국가작용이라고 할지라도 그것이 국민의 기본권 침해와 직접 관련되는 경우에는 당연히 헌법재판소의 심판대상이 될 수 있는 것일 뿐만 아니라, 긴급재정경제명령은 법률의 효력을 갖는 것이므로 마땅히 헌법에 기속되어야 할 것이다(주 : 긴급재정경제명령도 국민의 기본권 침해와 직접 관련되는 경우 사법심사의 대상이 된다는 의미). 헌법재판소 1996. 2. 29. 선고 93헌마186 결정

7. ① 【해설】 실효성 확보수단
구 국세기본법 제81조의4 제1항, 제2항 규정의 문언과 체계, 재조사를 엄격히 제한하는 입법 취지, 그 위반의 효과 등을 종합하여 보면, 구 국세기본법 제81조의4 제2항에 따라 금지되는 재조사에 기하여 과세처분을 하는 것은 단순히 당초 과세처분의 오류를 경정하는 경우에 불과하다는 등의 특별한 사정이 없는 한 그 자체로 위법하고, 이는 과세관청이 그러한 재조사로 얻은 과세자료를 과세처분의 근거로 삼지 않았다거나 이를 배제하고서도 동일한 과세처분이 가능한 경우라고 하여 달리 볼 것은 아니다. 대법원 2017. 12. 13. 선고 2016두55421 판결
② 농지법 제62조 제6항, 제7항이 위와 같이 이행강제금 부과처분에 대한 불복절차를 분명하게 규정하고 있으므로, 이와 다른 불복절차를 허용할 수는 없다. 설령 관할청이 이행강제금 부과처분을 하면서 재결청에 행정심판을 청구하거나 관할 행정법원에 행정소송을 할 수 있다고 잘못 안내하거나 관할 행정심판위원회가 각하재결이 아닌 기각재결을 하면서 관할 법원에 행정소송을 할 수 있다고 잘못 안내하였다고 하더라도, 그러한 잘못된 안내로 행정법원의 항고소송 재판관할이 생긴다고 볼 수도 없다. 대법원 2019. 4. 11. 선고 2018두42955 판결
③ 행정대집행법 제4조(대집행의 실행 등)

행정대집행법 제4조(대집행의 실행 등)
① 행정청은 해가 뜨기 전이나 해가 진 후에는 대집행을 하여서는 아니 된다. 다만, 다음 각 호의 어느 하나에 해당하는 경우에는 그러하지 아니하다.
4. 그 밖에 비상시 또는 위험이 절박한 경우

④ 납세의무자가 세무공무원의 잘못된 설명을 믿고 그 신고납부의무를 이행하지 아니하였다 하더라도 그것이 관계 법령에 어긋나는 것임이 명백한 때에는 그러한 사유만으로 정당한 사유가 있다고 볼 수 없다. 대법원 1997. 8. 22. 선고 96누15404 판결

8. ① 【해설】 행정구제법
차량이 통행하는 도로에서 유입되는 소음 때문에 인근 주택의 거주자에게 사회통념상 일반적으로 수인할 정도를 넘어서는 침해가 있는지 여부는, 주택법 등에서 제시하는 주택건설기준보다는 환경정책기본법 등에서 설정하고 있는 환경기준을 우선적으로 고려하여 판단하여야 한다. 대법원 2008. 8. 21. 선고 2008다9358,9365 판결
② 국회의원의 입법행위는 그 입법 내용이 헌법의 문언에 명백히 위반됨에도 불구하고 국회가 굳이 당해 입법을 한 것과 같은 특수한 경우가 아닌 한 국가배상법 제2조 제1항 소정의 위법행위에 해당된다고 볼 수 없다. 대법원 1997. 6. 13. 선고 96다56115 판결
③ 안전성을 갖추지 못한 상태, 즉 타인에게 위해를 끼칠 위험성이 있는 상태라 함은 당해 영조물을 구성하는 물적 시설 그 자체에 있는 물리적·외형적 흠결이나 불비로 인하여 그 이용자에게 위해를 끼칠 위험성이 있는 경우뿐만 아니라, 그 영조물이 공공의 목적에 이용됨에 있어 그 이용상태 및 정도가 일정한 한도를 초과하여 제3자에게 사회통념상 수인할 것이 기대되는 한도를 넘는 피해를 입히는 경우까지 포함된다고 보아야 한다. 대법원 2005. 1. 27. 선고 2003다49566 판결
④ 100년 발생빈도의 강우량을 기준으로 책정된 계획홍수위를 초과하여 600년 또는 1,000년 발생빈도의 강우량에 의한 하천의 범람은 예측가능성 및 회피가능성이 없는 불가항력적인 재해로서 그 영조물의 관리청에게 책임을 물을 수 없다고 본 사례. 대법원 2003. 10. 23. 선고 2001다48057 판결

9. ① 【해설】 실효성 확보수단
구 청소년보호법 제49조 제1항, 제2항에 따른 같은 법 시행령 제40조 [별표 6]의 위반행위의 종별에 따른 과징금 처분기준은 법규명령이기는 하나 (중략) 여러 요소를 종합적으로 고려하여 사안에 따라 적정한 과징금의 액수를 정하여야 할 것이므로 그 수액은 정액이 아니라 최고한도액이다. 대법원 2001. 3. 9. 선고 99두5207 판결
② 구 독점규제 및 공정거래에 관한 법률 제24조의2에 의한 부당내부거래에 대한 과징금은 행정상의 제재금으로서의 기본적 성격에 부당이득환수적 요소도 부가되어 있는 것이라 할 것이고, 이를 두고 헌법 제13조 제1항에서 금지하는 국가 형벌권 행사로서의 '처벌'에 해당한다고는 할 수 없으므로, 공정거래법에서 형사처벌과 아울러 과징금의 병과를 예정하고 있더라도 이중처벌금지원칙에 위반된다고 볼 수 없다. 헌법재판소 2003. 7. 24. 선고 2001헌가25 결정
③ 관할 행정청이 여객자동차운송사업자의 여러 가지 위반행위를 인지하였다면 전부에 대하여 일괄하여 5,000만 원의 최고한도 내에서 하나의 과징금 부과처분을 하는 것이 원칙이고, 인지한 여러 가지 위반행위 중 일부에 대해서만 우선 과징금 부과처분을 하고 나머지에 대해서는 차후에 별도의 과징금 부과처분을 하는 것은 다른 특별한 사정이 없는 한 허용되지 않는다. 대법원 2021. 2. 4. 선고 2020두48390 판결

④ 과징금부과처분은 반드시 현실적인 행위자가 아니라도 법령상 책임자로 규정된 자에게 부과되고 원칙적으로 위반자의 고의·과실을 요하지 아니하나, 위반자의 의무 해태를 탓할 수 없는 정당한 사유가 있는 등의 특별한 사정이 있는 경우에는 이를 부과할 수 없다. 대법원 2014. 10. 15. 선고 2013두5005 판결

10. ④ 【해설】행정쟁송법
특정인에 대한 행정처분을 주소불명 등의 이유로 송달할 수 없어 관보·공보·게시판·일간신문 등에 공고한 경우에는, 공고가 효력을 발생하는 날에 상대방이 그 행정처분이 있음을 알았다고 볼 수는 없고, 상대방이 당해 처분이 있었다는 사실을 현실적으로 안 날에 그 처분이 있음을 알았다고 보아야 한다. 대법원 2006. 4. 28. 선고 2005두14851 판결
① 통상 고시 또는 공고에 의하여 행정처분을 하는 경우에는 그 처분의 상대방이 불특정 다수인이고, 그 처분의 효력이 불특정 다수인에게 일률적으로 적용되는 것이므로, 그에 대한 행정심판 청구기간도 그 행정처분에 이해관계를 갖는 자가 고시 또는 공고가 있었다는 사실을 현실적으로 알았는지 여부에 관계없이 고시가 효력을 발생하는 날인 고시 또는 공고가 있은 후 5일이 경과한 날에 행정처분이 있음을 알았다고 보아야 한다. 대법원 2000. 9. 8. 선고 99두11257 판결
② 행정청이 법정 심판청구기간보다 긴 기간으로 잘못 알린 경우에 그 잘못 알린 기간 내에 심판청구가 있으면 그 심판청구는 법정 심판청구기간 내에 제기된 것으로 본다는 취지의 행정심판법 제18조 제5항의 규정은 행정심판 제기에 관하여 적용되는 규정이지, 행정소송 제기에도 당연히 적용되는 규정이라고 할 수는 없다. 대법원 2001. 5. 8. 선고 2000두6916 판결
③ 행정소송법 제20조(제소기간)

행정소송법 제20조(제소기간)
② 취소소송은 처분등이 있은 날부터 1년(제1항 단서의 경우는 재결이 있은 날부터 1년)을 경과하면 이를 제기하지 못한다. 다만, 정당한 사유가 있는 때에는 그러하지 아니하다.

11. ② 【해설】행정작용법
전결과 같은 행정권한의 내부위임은 법령상 처분권자인 행정관청이 내부적인 사무처리의 편의를 도모하기 위하여 그의 보조기관 또는 하급 행정관청으로 하여금 그의 권한을 사실상 행사하게 하는 것으로서 법률이 위임을 허용하지 않는 경우에도 인정되는 것이므로, 설사 행정관청 내부의 사무처리규정에 불과한 전결규정에 위반하여 원래의 전결권자 아닌 보조기관 등이 처분권자인 행정관청의 이름으로 행정처분을 하였다고 하더라도 그 처분이 권한 없는 자에 의하여 행하여진 무효의 처분이라고는 할 수 없다. 대법원 1998. 2. 27. 선고 97누1105 판결
① 어느 시행령의 규정이 모법에 저촉되는지의 여부가 명백하지 아니하는 경우에는 모법과 시행령의 다른 규정들과 그 입법 취지, 연혁 등을 종합적으로 살펴 모법에 합치된다는 해석도 가능한 경우라면 그 규정을 모법위반으로 무효라고 선언하여서는 안 된다. 대법원 2001. 8. 24. 선고 2000두2716 판결
③ 일반적으로 법률의 위임에 의하여 효력을 갖는 법규명령의 경우, 구법에 위임의 근거가 없어 무효였더라도 사후에 법 개정으로 위임의 근거가 부여되면 그 때부터는 유효한 법규명령이 되나, 반대로 구법의 위임에 의한 유효한 법규명령이 법개정으로 위임의 근거가 없어지게 되면 그 때부터 무효인 법규명령이 되므로, 어떤 법령의 위임 근거 유무에 따른 유효 여부를 심사하려면 법개정의 전·후에 걸쳐 모두 심사하여야만 그 법규명령의 시기에 따른 유효·무효를 판단할 수 있다. 대법원 1995. 6. 30. 선고 93추83 판결
④ 구 식품위생법시행규칙 제53조에서 [별표 15]로 식품위생법 제58조에 따른 행정처분의 기준을 정하였다고 하더라도 이는 형식만 부령으로 되어 있을 뿐, 그 성질은 행정기관 내부의 사무처리준칙을 정한 것으로서 행정명령의 성질을 가지는 것이고, 대외적으로 국민이나 법원을 기속하는 힘이 있는 것은 아니므로 같은 법 제58조 제1항에 의한 처분의 적법 여부는 같은 법 시행규칙에 적합한 것인가의 여부에 따라 판단할 것이 아니라 같은 법의 규정 및 그 취지에 적합한 것인가의 여부에 따라 판단하여야 한다. 대법원 1995. 3. 28. 선고 94누6925 판결

12. ② 【해설】행정법통론
(갑 지방자치단체가 을 주식회사 등 4개 회사로 구성된 공동수급체를 자원회수시설과 부대시설의 운영·유지관리 등을 위탁할 민간사업자로 선정하고 을 회사 등의 공동수급체와 위 시설에 관한 위·수탁 운영 협약을 체결한 사안에서) 위 협약은 갑 지방자치단체가 사인인 을 회사 등에 위 시설의 운영을 위탁하고 그 위탁운영비용을 지급하는 것을 내용으로 하는 용역계약으로서 상호 대등한 입장에서 당사자의 합의에 따라 체결한 사법상 계약에 해당한다(주: 민사소송의 대상으로 본 사례). 대법원 2019. 10. 17. 선고 2018두60588 판결
① 구 공익사업을 위한 토지 등의 취득 및 보상에 관한 법률 제91조에 규정된 환매권의 존부에 관한 확인을 구하는 소송 및 같은 조 제4항에 따라 환매금액의 증감을 구하는 소송은 민사소송에 해당한다. 대법원 2013. 2. 28. 선고 2010두22368 판결
③ 수도료의 부과·징수와 이에 따른 수도료의 납부관계는 공법상의 권리·의무관계이다. 대법원 1977. 2. 23. 선고 76다2517 판결
④ 국유잡종재산(현 '일반재산')에 관한 관리 처분의 권한을 위임받은 기관이 국유잡종재산을 대부하는 행위는 국가가 사경제 주체로서 상대방과 대등한 위치에서 행하는 사법상의 계약이고, 행정청이 공권력의 주체로서 상대방의 의사 여하에 불구하고 일방적으로 행하는 행정처분이라고 볼 수 없으며, 국유잡종재산에 관한 대부료의 납부고지 역시 사법상의 이행청구에 해당하고, 이를 행정처분이라고 할 수 없다. 대법원 2000. 2. 11. 선고 99다61675 판결

13. ③ 【해설】행정쟁송법
행정처분을 취소하는 확정판결이 제3자에 대하여도 효력이 있다고 하더라도 일반적으로 판결의 효력은 주문에 포함한 것에 한하여 미치는 것이니 그 취소판결 자체의 효력으로써 그 행정처분을 기초로 하여 새로 형성된 제3자의 권리까지 당연히 그 행정처분 전의 상태로 환원되는 것이라고는 할 수 없고, 단지 취소판결의 존재와 취소판결에 의하여 형성되는 법률관계를 소송당사자가 아니었던 제3자라 할지라도 이를 용인하지 않으면 아니된다는 것을 의미하는 것에 불과하다 할 것이다. 대법원 1986. 8. 19. 선고 83다카2022 판결
① 행정처분을 취소한다는 확정판결이 있으면 그 취소판결의 형성력에 의하여 당해 행정처분의 취소나 취소통지 등의 별도의 절차를 요하지 아니하고 당연히 취소의 효과가 발생한다. 대법원 1991. 10. 11. 선고 90누5443 판결
② 행정소송법 제30조 제1항에 의하여 인정되는 취소소송에서 처분 등을 취소하는 확정판결의 기속력은 주로 판결의 실효성 확보를 위하여 인정되는 효력으로서 판결의 주문뿐만 아니라 그 전제가 되는 처분 등의 구체적 위법사유에 관한 이유 중의 판단에 대하여도 인정된다. 대법원 2001. 3. 23. 선고 99두5238 판결
④ 행정소송법 제38조 제1항이 무효확인 판결에 관하여 취소판결에 관한 규정을 준용함에 있어서 같은 법 제30조 제2항을 준용한다고 규정하면서도 같은 법 제34조는 이를 준용한다는 규정을 두지 않고 있으므로, 행정처분에 대하여 무효확인 판결이 내려진 경우에는 그 행정처분이 거부처분인 경우에도 행정청에 판결의 취지에 따른 재처분의무가 인정될 뿐 그에 대하여 간접강제까지 허용되는 것은 아니라고 할 것이다. 대법원 1998. 12. 24.자 98무37 판결

14. ① 【해설】행정작용법
어떤 행정처분이 실효의 법리를 위반하여 위법한 것이라고 하더라도, 이러한 하자의 존부는 개별·구체적인 사정을 심리한 후에야 판단할 수 있는 사항이어서 객관적으로 명백한 것이라고 할 수 없으므로, 이는 행정처분의 취소사유에 해당할 뿐 당연무효사유는 아니다. 대법원 2021. 12. 30. 선고

2018다241458 판결
② 신청에 의한 처분의 경우에는 신청에 대하여 일단 거부처분이 행해지면 그 거부처분이 적법한 절차에 의하여 취소되지 않는 한, 사유를 추가하여 거부처분을 반복하는 것은 존재하지도 않는 신청에 대한 거부처분으로서 당연무효이다. 대법원 1999. 12. 28. 선고 98두1895 판결
③ 행정청이 청문서 도달기간을 다소 어겼다 하더라도 영업자가 이에 대하여 이의하지 아니한 채 스스로 청문일에 출석하여 그 의견을 진술하고 변명하는 등 방어의 기회를 충분히 가졌다면 청문서 도달기간을 준수하지 아니한 하자는 치유되었다고 봄이 상당하다. 대법원 1992. 10. 23. 선고 92누2844 판결
④ 구 경찰공무원법 제50조 제1항에 의한 직위해제처분과 같은 제3항에 의한 면직처분은 후자가 전자의 처분을 전제로 한 것이기는 하나 각각 단계적으로 별개의 법률효과를 발생하는 행정처분이어서 선행 직위해제처분의 위법사유가 면직처분에는 승계되지 아니한다 할 것이므로 선행된 직위해제처분의 위법사유를 들어 면직처분의 효력을 다툴 수는 없다. 대법원 1984. 9. 11. 선고 84누191 판결

15. ④ 【해설】행정쟁송법
처분행정청은 재결에 기속되어 재결의 취지에 따른 처분의무를 부담하게 되므로 이에 불복하여 행정소송을 제기할 수 없다. 대법원 1998. 5. 8. 선고 97누15432 판결
① 행정심판법 제15조(선정대표자)

행정심판법 제15조(선정대표자)
① 여러 명의 청구인이 공동으로 심판청구를 할 때에는 청구인들 중에서 3명 이하의 선정대표자를 선정할 수 있다.

② 행정심판법 제31조(임시처분)

행정심판법 제31조(임시처분)
① 위원회는 처분 또는 부작위가 위법·부당하다고 상당히 의심되는 경우로서 처분 또는 부작위 때문에 당사자가 받을 우려가 있는 중대한 불이익이나 당사자에게 생길 급박한 위험을 막기 위하여 임시지위를 정하여야 할 필요가 있는 경우에는 직권으로 또는 당사자의 신청에 의하여 임시처분을 결정할 수 있다.

③ 행정심판법 제47조(재결의 범위)

행정심판법 제47조(재결의 범위)
① 위원회는 심판청구의 대상이 되는 처분 또는 부작위 외의 사항에 대하여는 재결하지 못한다.

16. ① 【해설】행정작용법
행정처분에 붙은 부담인 부관이 제소기간의 도과로 확정되어 이미 불가쟁력이 생겼다면 그 하자가 중대하고 명백하여 당연 무효로 보아야 할 경우 외에는 누구나 그 효력을 부인할 수 없을 것이지만, 부담의 이행으로서 하게 된 사법상 매매 등의 법률행위는 부담을 붙인 행정처분과는 어디까지나 별개의 법률행위이므로 그 부담의 불가쟁력의 문제와는 별도로 법률행위가 사회질서 위반이나 강행규정에 위반되는지 여부 등을 따져보아 그 법률행위의 유효 여부를 판단하여야 한다. 대법원 2009. 6. 25. 선고 2006다18174 판결
② 행정행위의 부관은 부담의 경우를 제외하고는 독립하여 행정소송의 대상이 될 수 없는 것인바, 행정청이 한 공유수면매립준공인가 중 매립지 일부에 대하여 한 국가귀속처분은 매립준공인가를 함에 있어서 매립의 면허를 받은 자의 매립지에 대한 소유권취득을 규정한 공유수면매립법 제14조의 효과 일부를 배제하는 부관을 붙인 것이므로 이러한 행정행위의 부관에 대하여는 독립하여 행정소송의 대상으로 삼을 수 없다. 대법원 1991. 12. 13. 선고 90누8503 판결
③ 수익적 행정처분에 있어서는 법령에 특별한 근거규정이 없다고 하더라도 그 부관으로서 부담을 붙일 수 있고, 그와 같은 부담은 행정청이 행정처분을 하면서 일방적으로 부가할 수도 있지만 부담을 부가하기 이전에 상대방과 협의하여 부담의 내용을 협약의 형식으로 미리 정한 다음 행정처분을 하면서 이를 부가할 수도 있다. 대법원 2009. 2. 12. 선고 2005다65500 판결
④ 행정처분에 이미 부담이 부가되어 있는 상태에서 그 의무의 범위 또는 내용 등을 변경하는 부관의 사후변경은, 법률에 명문의 규정이 있거나 그 변경이 미리 유보되어 있는 경우 또는 상대방의 동의가 있는 경우에 한하여 허용되는 것이 원칙이지만, 사정변경으로 인하여 당초에 부담을 부가한 목적을 달성할 수 없게 된 경우에도 그 목적달성에 필요한 범위 내에서 예외적으로 허용된다. 대법원 1997. 5. 30. 선고 97누2627 판결

17. ③ 【해설】실효성 확보수단
구 토지수용법 제63조의 규정에 따라 피수용자 등이 기업자에 대하여 부담하는 수용대상 토지의 인도 또는 그 지장물의 명도의무 등이 비록 공법상의 법률관계라고 하더라도, 그 권리를 피보전권리로 하는 명도단행가처분은 그 권리에 끼칠 현저한 손해를 피하거나 급박한 위험을 방지하기 위하여 또는 그 밖의 필요한 이유가 있을 경우에는 허용될 수 있다. 대법원 2005. 8. 19. 선고 2004다2809 판결
① 관리권자인 보령시장이 행정대집행을 실시하지 아니하는 경우 국가에 대하여 이 사건 토지 사용청구권을 가지는 원고로서는 위 청구권을 보전하기 위하여 국가를 대위하여 피고들을 상대로 민사소송의 방법으로 이 사건 시설물의 철거를 구하는 이외에는 이를 실현할 수 있는 다른 절차와 방법이 없어 그 보전의 필요성이 인정되므로, 원고는 국가를 대위하여 피고들을 상대로 민사소송의 방법으로 이 사건 시설물의 철거를 구할 수 있다. 대법원 2009. 6. 11. 선고 2009다1122 판결
② 건축법상의 이행강제금은 시정명령의 불이행이라는 과거의 위반행위에 대한 제재가 아니라, 의무자에게 시정명령을 받은 의무의 이행을 명하고 그 이행기간 안에 의무를 이행하지 않으면 이행강제금이 부과된다는 사실을 고지함으로써 의무자에게 심리적 압박을 주어 의무의 이행을 간접적으로 강제하는 행정상의 간접강제 수단에 해당한다. 이러한 이행강제금의 본질상 시정명령을 받은 의무자가 이행강제금이 부과되기 전에 그 의무를 이행한 경우에는 비록 시정명령에서 정한 기간을 지나서 이행한 경우라도 이행강제금을 부과할 수 없다. 대법원 2018. 1. 25. 선고 2015두35116 판결
④ 행정기본법 제33조(즉시강제)

행정기본법 제33조(즉시강제)
② 즉시강제를 실시하기 위하여 현장에 파견되는 집행책임자는 그가 집행책임자임을 표시하는 증표를 보여 주어야 하며, 즉시강제의 이유와 내용을 고지하여야 한다.

18. ② 【해설】행정쟁송법
추가 또는 변경된 사유가 당초의 처분시 그 사유를 명기하지 않았을 뿐 처분시에 이미 존재하고 있었고 당사자도 그 사실을 알고 있었다 하여 당초의 처분사유와 동일성이 있는 것이라 할 수 없다. 대법원 2003. 12. 11. 선고 2001두8827 판결
① 행정처분의 취소를 구하는 항고소송에 있어서, 처분청은 당초 처분의 근거로 삼은 사유와 기본적 사실관계가 동일성이 있다고 인정되는 한도 내에서만 다른 사유를 추가하거나 변경할 수 있고, 여기서 기본적 사실관계의 동일성 유무는 처분사유를 법률적으로 평가하기 이전의 구체적인 사실에 착안하여 그 기초인 사회적 사실관계가 기본적인 점에서 동일한지 여부에 따라 결정되며 이와 같이 기본적 사실관계와 동일성이 인정되지 않는 별개의 사실을 들어 처분사유로 주장하는 것이 허용되지 않는다. 대법원 2003. 12. 11. 선고 2001두8827 판결
③ 처분청이 처분 당시에 적시한 구체적 사실을 변경하지 아니하는 범위 내에서 단지 처분의 근거 법령만을 추가·변경하는 것은 새로운 처분사유의 추가라고 볼 수 없으므로 이와 같은 경우에는 처분청이 처분 당시 적시한 구체적 사실에 대하여 처분 후 추가·변경한 법령을 적용하여 처분의 적법 여부를 판단하여도 무방하다. 대법원 2011. 5. 26. 선고 2010두28106 판결
④ 의료보험요양기관 지정취소처분의 당초의 처분사유인 구 의료보험법 제33조 제1항이 정하는 본인부담금 수납대장을 비치하지 아니한 사실과 항고소송에서 새로 주장한 처분사유

인 같은 법 제33조 제2항이 정하는 보건복지부장관의 관계 서류 제출명령에 위반하였다는 사실은 기본적 사실관계의 동일성이 없다. 대법원 2001. 3. 23. 선고 99두6392 판결

19. ④ 【해설】 정보공개법
군사법원법 제309조의3은 군검사가 공소제기된 사건과 관련하여 보관하고 있는 서류 또는 물건의 공개 여부나 공개 범위, 불복절차 등에 관하여 정보공개법과 달리 규정하고 있는 것으로 볼 수 있다. 결국 정보공개법 제4조 제1항에서 정한 '정보의 공개에 관하여 다른 법률에 특별한 규정이 있는 경우'에 해당한다. 따라서 군검사가 공소제기된 사건과 관련하여 보관하고 있는 서류 또는 물건에 관하여는 피고인이나 변호인의 정보공개법에 의한 정보공개청구가 허용되지 아니한다. 대법원 2024. 5. 30. 선고 2022두65559 판결
① 정보공개법 시행령 제2조 제1호가 정보공개의무를 지는 공공기관의 하나로 사립대학교를 들고 있는 것이 모법인 구 공공기관의 정보공개에 관한 법률의 위임 범위를 벗어났다거나 사립대학교가 국비의 지원을 받는 범위 내에서만 공공기관의 성격을 가진다고 볼 수 없다. 대법원 2006. 8. 24. 선고 2004두2783 판결
② 공공기관의 정보공개에 관한 법률 제6조 제1항은 "모든 국민은 정보의 공개를 청구할 권리를 가진다."고 규정하고 있는데, 여기에서 말하는 국민에는 자연인은 물론 법인, 권리능력 없는 사단·재단도 포함되고, 법인, 권리능력 없는 사단·재단 등의 경우에는 설립목적을 불문한다. 대법원 2003. 12. 12. 선고 2003두8050 판결
③ 문제은행 출제방식을 채택하고 있는 치과의사 국가시험의 문제지와 정답지는 비공개대상에 해당한다. 대법원 2007. 6. 15. 선고 2006두15936 판결

20. ③ 【해설】 행정구제법
공유수면 매립면허의 고시가 있다고 하여 반드시 그 사업이 시행되고 그로 인하여 손실이 발생한다고 할 수 없으므로, 매립면허 고시 이후 매립공사가 실행되어 관행어업권자에게 실질적이고 현실적인 피해가 발생한 경우에만 공유수면매립법에서 정하는 손실보상청구권이 발생하였다고 할 것이다. 대법원 2010. 12. 9. 선고 2007두6571 판결
① 헌법 제23조

> **헌법 제23조**
> ③ 공공필요에 의한 재산권의 수용·사용 또는 제한 및 그에 대한 보상은 법률로써 하되, 정당한 보상을 지급하여야 한다.

② 공익사업의 시행자는 해당 공익사업을 위한 공사에 착수하기 이전에 토지소유자와 관계인에게 보상액 전액을 지급하여야 한다. 공익사업의 시행자가 토지소유자와 관계인에게 보상액을 지급하지 않고 승낙도 받지 않은 채 공사에 착수함으로써 토지소유자와 관계인이 손해를 입은 경우, 토지소유자와 관계인에 대하여 불법행위가 성립할 수 있고, 사업시행자는 그로 인한 손해를 배상할 책임을 진다. 대법원 2021. 11. 11. 선고 2018다204022 판결
④ 토지보상법 제88조(처분효력의 부정지)

> **토지보상법 제88조(처분효력의 부정지)**
> 제83조에 따른 이의의 신청이나 제85조에 따른 행정소송의 제기는 사업의 진행 및 토지의 수용 또는 사용을 정지시키지 아니한다.

행 정 학

출제교수: 이명훈 교수님

1. ② 【해설】행정학총론
㉠, ㉡, ㉣은 옳고, ㉢은 옳지 않다. 행정조직 내부 목표와 사회적 목표의 불일치(내부성, 사적목표의 설정 – ㉠), 행정관료의 도덕적 해이(내부성, 사적목표의 설정과 관련 – ㉡), 정부부문의 공공서비스 공급독점(X-비효율성 – ㉣)은 정부실패의 원인이다. 그러나 소득분배의 불평등성(㉢)은 시장실패의 원인이다.

2. ④ 【해설】지방행정론
고유사무와 단체위임사무만을 규정할 수 있는 조례와 달리 규칙은 고유사무와 단체위임사무뿐만 아니라 기관위임사무에 대해서도 규정할 수 있다.
<<핵심체크>> 조례와 규칙

구분	조례	규칙
재정	지방의회	지방자치단체장
사무	자치사무 + 단체위임사무	자치사무 + 단체위임사무 + 기관위임사무
성격	법규의 성질(대외적 구속력 있음)	행정규칙의 성질(대외적 구속력 없음)
범위	법령의 범위 안에서 제정	법령 또는 조례의 범위에서 제정
벌칙	규정 가능	규정 못함

3. ① 【해설】조직론
블라우와 스콧(Blau & Scott)은 조직의 주요 수혜자를 중심으로 조직을 호혜적 조직, 기업조직, 봉사조직, 공익조직으로 분류하였다. 반면, 에치오니(Etzioni)는 권력의 유형에 따라 조직을 강제적 조직, 공리적 조직, 규범적 조직으로 분류하였다.
<<핵심체크>> 블라우와 스콧(Blau & Scott)의 조직의 유형

구분	주요 수혜자	내용	예
호혜조직 (상호조직)	조직 구성원	• 시간이 지날수록 집권화되는 조직(Michels의 과두제의 철칙) • 조직구성원의 참여와 통제를 위한 민주적 절차가 중시되는 조직	정당, 노동조합, 종교단체 등
기업조직	조직 소유자	경쟁상황에서 능률의 극대화를 중시하는 조직	사기업 등
봉사조직	고객 집단	• 고객에 대한 전문적 봉사를 강조하는 조직 • 고객의 요구와 행정적 절차 간 마찰이 심함	병원·학교·사회복지기관 등
공익조직	일반 국민	국민의 참여와 통제를 위한 민주적 절차기 중시되는 조직	행정기관·경찰·군대 등

4. ③ 【해설】정책론
준실험 중 축조에 의한 통제는 회귀불연속설계가 활용되나, 재귀적 통제는 분절적 시계열분석이 활용된다.
<<핵심체크>> 준실험

의의	• 실험집단과 통제집단의 동질성이 확보되지 못한 상태에서의 사회실험 • 진실험이 현실적으로 실현 곤란하기 때문에 가장 일반적으로 활용됨	
변수 통제	축조에 의한 통제	• 실험집단과 비교집단이 구분될 때 : ① 비동질적 통제집단 설계, ② 사후비교집단설계, ③ 회귀불연속설계(유자격자 중 정책혜택을 받는 집단[실험집단]과 정책혜택을 받지 못한 집단[비교집단]을 비교하여 정책효과 추정)
	재귀적 통제	• 실험집단과 비교집단이 구분되지 않을 때 : ① 분절적(단절적) 시계열 분석, ② 분절적 시계열 비교집단설계
와 실험 방법		
장단점	진실험보다 내적 타당성은 낮으나, 자연상태의 실험으로 호손효과가 방지되어 외적 타당성과 실행가능성은 높음	

5. ④ 【해설】인사행정론
최근 법률 개정으로 일반직 노조의 가입범위는 ㉠ 일반직공무원, ㉡ 특정직 공무원 중 외무영사직렬·외교정보기술직렬 외무공무원, 소방공무원 및 교육공무원(다만, 교원은 제외), ㉢ 별정직 공무원, ㉣ ㉠부터 ㉢까지의 어느 하나에 해당하는 공무원이었던 사람으로서 노동조합 규약으로 정하는 사람이다. 즉, 공무원노조 활성화를 위해 과거와 달리 직급 제한을 폐지하고, 소방·교육공무원 및 퇴직공무원의 노동조합 가입을 허용하였다.

6. ④ 【해설】재무행정론
영기준예산(ZBB)은 의사결정단위에서 사업대안과 금액대안을 작성해야 하며, 관리자 중심의 예산으로 단기적 시각으로 예산을 편성한다.

7. ③ 【해설】행정학총론
생태학적 접근방법은 후진국의 행정현상을 설명하는데 크게 기여했으나, 보편적 이론 구축에는 실패하였고 중범위이론 구축에 영향을 주었다.

8. ② 【해설】정책론
㉡, ㉣은 옳고, ㉠, ㉢은 옳지 않다. 다원주의에 의하면 권력은 다양한 세력에게 분산되어 있으나 균등하게 배분되어 있는 것이 아니라 분산된 불평등의 형태를 띠고 있다(㉠). 다원주의에 의하면 사회의 각종 이익집단은 정책과정에 동등한 접근기회를 가지고 있으나 영향력에는 차이가 있다. 이러한 영향력의 차이는 정부의 차별적인 접근 허용에 기인한 것이 아니라 이익집단 내부의 문제(구성원의 수, 재정력, 응집력 등)에 기인한 것이다(㉢). ㉣과 관련하여 달(Dahl)의 다원론은 엘리트의 존재를 인정하며 정책영역별로 영향력을 행사하는 엘리트는 각기 다르다고 본다.

9. ④ 【해설】조직론
블레이크와 모튼(Blake and Mouton)의 관리망(managerial grid)연구에서는 팀형(단합형)이 가장 효과적인 리더십 행태로 나타났다.

10. ① 【해설】행정환류론
행정권의 오용이란 공무원의 비윤리적 일탈행위를 말한다. 행정권의 오용에는 부정행위, 비윤리적 행위뿐만 아니라 무능력과 무소신, 무사안일, 입법의도의 편향된 해석, 실책의 은폐, 법규의 경시 등이 포함된다.
② 제도화된 부패의 경우 조직은 공식적인 행동규범을 대외적으로 표방하나, 실제로는 이러한 공식적 행동규범은 예외로 전락된다.
③ 금융위기가 심각함에도 불구하고 국가적 동요를 막기 위해 관련 공직자가 문제가 없다고 거짓말을 한 경우는 회색부패가 아닌 사회구성원 다수가 어느 정도 용인하는 관례화된 부패인 백색부패에 해당한다.
④ 부패에 대한 체제론적 접근이 아닌 제도론적 접근은 관료부패의 원인을 법규의 비현실성과 불분명성 등으로 파악한다. 반면, 체제론적 접근은 부패가 어느 하나의 변수에 의한 것이 아니라 문화적 특성, 제도상 결함, 구조상 모순, 공무원의 부정적 행태 등 다양한 요인에 기인한다고 보는 시각이다.

11. ② 【해설】인사행정론
㉠, ㉡, ㉣은 옳고 ㉢, ㉤은 옳지 않다. 직업공무원제는 공직을 젊은 인재에게 개방하고 전 생애에 걸쳐서 근무케 하는 인사제도로 강력한 신분보장, 폐쇄적 임용, 일반행정가주의를 지향한다(㉠). 엽관주의는 정당의 충성도에 따른 관직임용으로 통치권자의 리더십을 강화하여 원활한 정책추진에 도움을 준다(㉡). 대표관료제는 사회적 소외 계층에게 임용기회를 부여하려는 복지정책의 일환으로 감축관리와 충돌할 뿐만 아니라 개인의 능력과 자질을 부차적인 기준으로 삼기 때문에 행정의 전문성과 생산성을 저해할 수 있다(㉣).
㉢ 실적주의는 전문행정가주의를 지향하나 공무원의 신분보장과 정치적 중립으로 정치적 변동에 대응하기 곤란한 인사제도이다.
㉤ 실적주의의 한계로 대두된 적극적 인사행정은 과학적 인사관리(실적주의)를 지양하고 엽관주의를 부분적으로 수용하고자 한다.

12. ① 【해설】정책론
자영업자 금융지원은 분배정책의 예이다. 분배정책이란 정부가 공공재원(조세)을 통해 특정 개인·조직·지역사회에 권리나 이익 또는 재화나 서비스 등의 가치를 배분해주는 정책을 의미한다. 반면 재분배정책이란 재산·소득·권력 등을 상대적으로 많이 가진 계층(집단)으로부터 적게 가진 계층(집단)으로 이전시키는 정책을 의미한다. 재분배정책의 예로는 누진소득세, 통합의료보험, 임대주택 건설, 노령연금, 영세민 취로사업, 부(負)의 소득세 제도, 「생활보호법」에 의한 극빈자 보호, 저소득층의 소득안정 정책, 각종 사회보장제도 등이 있다.

13. ① 【해설】행정학총론
㉠, ㉡은 옳고, ㉢, ㉣은 옳지 않다. 전자정부의 기반 기술 패러다임이 인터넷 기술에서 모바일 기술로, 다시 모바일 기술에서 유비쿼터스 컴퓨팅으로 진화되고 있다(㉠). 전자정부의 발전은 정보의 자유로운 유통을 통한 이음매 없는 행정을 구현하여 직무 간 경계와 부서 간 경계를 없애고 통합적 행정을 강화해 나간다(㉡).
㉢ 민주적 전자정부와 관련하여 UN은 전자적 참여가 전자정보화 ⇨ 전자자문 ⇨ 전자결정으로 진화되고 있다고 보았다.
㉣ 전자정부의 발전을 위하여 우리나라는 행정안전부장관이 5년마다 전자정부기본계획을 수립하도록 하고 있다.

14. ④ 【해설】지방행정론
행안부장관은 지방공기업에 대한 경영평가를 하고, 그 결과에 따라 필요한 조치를 해야 하며, 다만, 행안부장관이 필요하다고 인정하는 경우에는 단체장으로 하여금 경영평가를 하게 할 수 있다.

15. ③ 【해설】조직론
조직의 갈등관리 방법으로는 갈등조장전략과 갈등해소전략이 있다. 갈등조장전략으로는 조직의 분화(㉡), 정보전달의 억제(㉢), 리더십 스타일의 변경(㉤) 등이며, 갈등해소전략으로는 공동교육훈련(㉠), 조직의 통폐합 등의 구조적 요인의 개편(㉣) 등이 있다.

16. ③ 【해설】재무행정론
총액배분자율편성예산은 부처별 단위사업이나 세부사업이 아닌 정책사업(프로그램, 항) 중심으로 자율편성권이 보장된다.
《《핵심체크》》 총액배분자율편성예산

의의	기획재정부가 국가재정운용계획에 근거해 연도별 재정규모, 분야별·부문별·중앙관서별 지출 한도를 제시하고 각 중앙관서가 이 지출 상한선 안에서 정책의 우선순위에 입각해 자율적으로 재원을 배분하도록 하는 제도
배경	미시적·상향식 예산제도 방식의 한계를 극복하기 위한 거시적·하향식 예산제도
절차	• 기재부장관은 국무회의의 심의를 거쳐 대통령의 승인을 얻은 다음 연도의 예산안편성지침 및 기금운용계획안을 각 중앙관서의 장에게 통보할 때 중앙관서별 지출한도 및 기금별 지출한도를 포함하여 통보할 수 있다. • 각 중앙관서는 지출한도와 편성기준에 따라 각 중앙관서의 우선순위를 반영하는 예산요구서를 작성하여 기획재정부에게 제출하여야 한다. • 기획재정부는 각 중앙관서의 예산요구가 지출한도와 편성기준을 준수하였는지 여부와 국가재정운용계획의 정책방향과 우선순위에 부합되는지를 확인하여 최종적으로 예산안을 편성하여 확정한다.
특징	• 총량에 대한 재정 규율(집권) : 기획재정부가 지출한도를 설정해 줌으로써 예산총량에 대한 재정규율 강화 - 중앙관서의 과도한 예산요구 관행을 줄임 • 자율편성권의 보장(분권) : 각 중앙관서에게 자율편성권 보장으로 각 중앙관서의 사업별 자원배분 권한과 이에 따른 책임 강화 • 역할 분담 : 기획재정부는 전략기획 및 전략적 자원배분과 중앙통제를, 각 중앙관서는 담당업무의 전문성에 근거하여 자율적으로 사업별 예산 편성 • 성과통제 강화 : 각 중앙관서에 부여된 예산편성 상의 자율성이 도덕적 해이를 야기하지 않도록 성과통제 강화 - 기획재정부의 사업별 예산 통제기능 유지

17. ④ 【해설】정책론
점증주의식 정책결정방법은 보수주의 및 임기응변적 성격이 강하여 환경변화에 대한 적응력이 취약하다.

18. ① 【해설】인사행정론
전략은 환경분석과 역량분석에 입각한 장기적 계획을 의미하며, 전략적 인적자원관리는 장기적 관점에서 현재 및 미래의 환경변화와 이를 기반으로 하는 역량분석에 집중한다.
② 과거의 인사관리는 직무만족 및 조직시민행동에 중점을 두고 개인의 심리적 측면에 분석의 초점을 두었다면, 전략적 인적자원관리는 조직의 전략 및 성과와 인적자원관리활동과의 연계에 초점을 두고 있다.
③ 과거의 인사관리는 조직의 목표달성을 보조하기 위한 통제 메커니즘 구축에 초점을 두었다면, 전략적 인적자원관리는 조직원에게 권한과 자율성을 부여하여 조직원들에게 주체적 역할을 담당하도록 한다.
④ 과거의 인사관리는 개별 인적자원관리 기능의 부분 최적화를 추구한다면 전략적 인적자원관리는 인적자원관리 기능 간의 연계 및 수직적·수평적 통합을 통한 전체 최적화를 추구한다.

19. ③ 【해설】행정학총론
신자유주의인 하이에크(Hayek)는 제퍼슨(Jefferson)-잭슨(Jackson) 패러다임에 입각하여 케인즈(Keynes)이론을 비판하면서 '작은 정부'를 지향하였다.

20. ④ 【해설】지방행정론
주민조례제·개폐청구(「주민조례발안법」), 주민투표(「주민투표법」), 주민소환(「주민소환에 관한 법률」)은 별도의 법률에 구체적인 사항을 정하고 있으나, 주민감사청구·주민소송은 「지방자치법」에 구체적인 사항을 정하고 있다.

2025 공무원 시험대비 【5월분】

박문각 주간 모의고사
— 제4회 —
[정답 및 해설]

제1과목 국어
제2과목 영어
제3과목 한국사
제4과목 행정법총론
제5과목 행정학개론

답안 입력 및 성적 조회는 PC, 모바일에서 모두 가능합니다.

★ PC: pass.pmg.co.kr | ★ 모바일 앱: 박문각 합격관리

주간 모의고사 정오표

합격까지 박문각

국 어

출제교수: 강세진 교수님

1. ④ 【해설】국어문법
㉠ 꽃말: [꼳말 → 꼰말], 음절 끝소리 규칙(교체)/비음화(교체)
㉡ 밥물: [밤물], 비음화(교체)
㉢ 놓고: [노코], 자음 축약(축약, ㅎ+ㄱ=ㅋ)
㉣ 부엌문: [부억문 → 부엉문], 음절 끝소리 규칙(교체)/비음화(교체)

㉠과 ㉣ 모두 음절 끝소리 규칙과 비음화가 일어나므로 교체만 일어난다는 표현이 가장 적절하다.
① ㉠과 ㉡ 모두 비음화를 적용해야 하므로 ㉡과 달리라는 표현을 쓸 수 없다.
② ㉡과 달리 ㉢에 축약이 일어난다.
③ ㉢과 ㉣ 중 ㉣만 음절 끝소리 규칙이 적용되고, 된소리 되기는 모두 나타나지 않는다.

2. ② 【해설】국어문법
'힘든'은 '힘들다'의 활용형으로 품사는 형용사이다.
① 한(관형사):「2」'어떤'의 뜻을 나타내는 말.
③ 다른(관형사): 당장 문제 되거나 해당되는 것 이외의. 늑딴.
④ 무슨(관형사):「2」사물을 특별히 정하여 지목하지 않고 이를 때 쓰는 말.

3. ④ 【해설】국어문법
○ 휘감-기다: 휘-(접사) + 감-(어근) + -기-(접사) → 파생어
○ 미닫-이: 밀-(어근) + 닫-(어근) + -이(접사) → 파생어
① ○ 감-발: 감-(어근) + 발(어근)→ 합성어
  ○ 치-솟다: 치-(접사) + 솟다(어근) → 파생어
② ○ 드높-이다: 드-(접사) + 높-(어근) + -이-(접사) → 파생어
  ○ 버섯-국: 버섯(어근) + 국(어근) → 합성어
③ ○ 들-끓다: 들-(접사) + 끓-(어근) → 파생어
  ○ 검-푸르다: 검-(어근) + 프르-(어근) → 합성어

4. ③ 【해설】국어문법
○ 버려진: (양심을) 버리다(타동사) → (양심이) 버려지다 → '-어지다'가 결합한 피동 표현이므로 ㉠에 해당하지 않는다.
① 보여지는: (어떤 것을) 보다(타동사) → (어떤 것이) 보이다(피동사) + -어지다 → 보여지다(이중 피동)
② 깔려져: (잔디를) 깔다(타동사) → (잔디가) 깔리다(피동사) + -어지다 → 깔려지다(이중 피동)
④ 묻혀지지: (진실을) 묻다(타동사) → (진실이) 묻히다(피동사) + -어지다 → 묻혀지다(이중 피동)

5. ② 【해설】어문규정
제19항은 '어간'에 접사가 결합한 경우이다. '이파리'는 명사 '잎'에 '-아리'가 결합한 경우이다.
① 너무: 넘-(어간) + -우(접사)
③ 주검: 죽-(어간) + -엄(접사)
④ 마개: 막-(어간) + -애(접사)

6. ④ 【해설】어휘
'마음'은 '관심'을 의미한다. 즉, 「4」사람이 어떤 일에 대하여 가지는 관심.'을 의미하며, 이와 동일한 예는 ④이다. '공부에 관심 없다'로 해석할 수 있다.
① 마음:「3」사람의 생각, 감정, 기억 따위가 생기거나 자리 잡는 공간이나 위치.
② 마음:「2」사람이 다른 사람이나 사물에 대하여 감정이나 의지, 생각 따위를 느끼거나 일으키는 작용이나 태도.
③ 마음:「1」사람이 본래부터 지닌 성격이나 품성.

7. ① 【해설】작문
해당 문장은 문법적 오류가 없다.
② '소개시켜'를 '소개해'로 고쳐야 한다.
③ '축구 차러'를 '축구를 하러'로 고쳐야 한다.
④ '먹혀지는'을 '먹히는'으로 고쳐야 한다.

8. ④ 【해설】작문
'고령 노동자'를 단기 계약직, 저비용 인력으로 전환하게 되면, 비정규직 비율이 증가하는 것으로 이어지므로, 고령 노동자 문제 개선 방안으로 보기가 어렵다.
① '기술 습득 한계'가 원인인 것을 보아, '고령 노동자 대상'으로 직무를 재교육하거나 기술 습득 프로그램을 확대하면, 이는 개선 방안이 될 수 있다.
② 고령 노동자의 권리 인식이 부재이고, 법적 보호가 미비하다는 점을 고려해 볼 때, 안전 보장 대책 강화와 함께 노동법을 준수하자는 것은 개선 방안에 해당한다.
③ '기업의 고령층 채용에 대한 부정적 인식'을 개선하기 위해 기업의 고령층 고용 인식 개선을 위한 홍보 및 인센티브 지원은 적절한 개선 방안이라고 할 수 있다.

9. ② 【해설】화법
ㄱ(○): '탄소세가 높아지면 기업들이 해외로 이전해 오히려 국내 산업 경쟁력이 약화될 위험이 있다.'에서 알 수 있는 내용이다.
ㄴ(×): '물론 세금 부담이 기업은 물론 취약 계층에게도 전가될 수 있으나, 그만큼 정부가 재원을 활용해 새로운 녹색 기술을 지원하고 복지 정책을 보강하면 전반적인 환경 개선과 사회적 형평성을 동시에 높일 수 있다.'에서 알 수 있듯이, 경제적 부담을 늘리지만, 그만큼 복지 정책을 보강한다고 하였다. 이는 경제적 부담을 늘리는 쪽으로 이야기 했으므로, 전혀 늘리지 않는다고 주장한 것은 아니다.
ㄷ(○): '무엇보다 대체 에너지를 개발하고, 기업이 탄소 저감 기술을 적극 채택하도록 유인책을 마련하는 게 중요하다.'에서 대체 에너지 개발을 강조하고, 기술 지원 정책의 중요성도 강조하였다.
ㄹ(×): '각국의 기후·에너지 정책을 조율해 국제 공조를 강화하지 않으면, 어떤 단일 국가의 노력만으로는 환경 문제를 근본적으로 해결하기 어렵다.'에서 알 수 있듯이, 병은 국제적 협력의 필요성을 강조하였지만, 을은 그러지 않았다.

10. ① 【해설】신유형
(가) 고기 → 입맛(짜다) <전칭>
(나) 고기∧소화, 소화∧고기 <특칭> <교환법칙>

결론: 소화∧고기∧입맛(짜다) <특칭>
② ×, 입맛 → 고기 <전칭>, (가)의 역은 반드시 참이 아니다.
③ ×, 고기∧~소화 <특칭>
④ ×, 소화 → 입맛(짜다) <전칭>

11. ② 【해설】신유형
(가) 자율주행기술(대중화)∨전기차보급(중단)
(나) 자율주행기술(대중화) → (교통사고(급감)∧차량유지비용(낮아짐))
(다) 전기차보급(중단) → (차량유지비용(낮아짐)∧환경오염(심화))
----
1) (가)에 의해 자율주행기술이 대중화되는 것이 참이든, 전기차 보급이 중단되는 것이 참이든, 반드시 하나가 참이어야 한다.
2) 자율주행기술이 대중화되는 것이 '참'이면, (나)에 따라 '교통사고(급감)∧차량유지비용(낮아짐)'도 '참'이다.
3) 전기차보급이 중단되는 것이 '참'이면, (다)에 따라 '차량유지비용(낮아짐)∧환경오염(심화)'도 '참'이다.
4) 어느 쪽이든 '차량유지비용(낮아짐)'은 결론이 반드시 성립되므로, 정답은 ②이다.

- 1 -

12. ① 【해설】신유형
    (가) A → ~B, B → ~A <대우 관계>
    (나) ~B → C, ~C → B <대우 관계>
    (다) ~C

    결론: ~C → B → ~A,
    "모모는 점심을 먹지 않았다."가 정답이다.
    ② ×, 철수는 간식을 먹는다.
    ③ ×, 모모는 점심을 먹지 않았다.
    ④ ×, 영희는 과자를 먹지 않았다.

13. ① 【해설】독서
    (가): '마지막으로 상영한다'는 말과 동일한 단어는 '종영'이다.
    (나): '재상영하는 경우'는 '재개봉'이라고 말한다.
    정리하자면, ①이 정답이다.

14. ④ 【해설】독서
    1) 먼저, 선지의 구성에서 시작을 (다)와 (라)를 보고 있으므로, 내용 먼저 파악을 해야 한다.
    (다): 과거와 달리 왼손잡이에 관한 인식이 바뀌었다는 점을 지적하였고, 그럼에도 불구하고 여전히 일상생활에서의 불편한 점이 있음을 강조하였다.
    (라): 왼손잡이들을 위한 특별한 날을 아는지를 물음으로써 화제를 제시한 후, 이에 주목하게끔 하였다. 이로 볼 때, (라)가 처음이다. 그리고 선지의 선택에 따라 (다)는 결말로 두어야 한다.
    2) 다음으로 (가), (나)의 구성을 확인해야 한다.
    (가): 최근에 왼손을 사용하면 긍정적인 연구 결과가 있으나, 과거에는 그렇지 않았다는 것을 설명하였다.
    (나): (나)는 '세계 왼손잡이의 날'에 관한 구체적 설명이 제시되어 있는데, 이는 (라)의 시작과 연결되어야 자연스럽게 이어진다.
    3) 정리하자면, '(라)-(나)-(가)-(다)'로 이어진 ④가 정답이다.

15. ② 【해설】독서
    ㉠: 고고학자 존스를 가리킨다.
    ㉣: 고고학자 존스를 의미한다.
    ①, ③ ㉡: 마추픽추를 건설하거나 사용한 사람들을 의미한다.
    ③, ④ ㉢: ㉡과 동일하게 마추픽추를 건설하거나 사용한 사람들을 의미한다.

16. ① 【해설】독서
    '진정한 자유란, 자신의 선택을 통해 더 나은 방향으로 변화하려는 끊임없는 성찰과 함께, 그 행동이 사회에 미치는 영향에 대한 책임을 함께 고려하는 데서 구현된다.'에서 알 수 있듯이, 자유로운 선택은 결과를 예측하고 감수하려는 태도를 포함한다.
    ②, ③ '사람들은 사회 규범과 도덕적 가치 속에서 타인과 관계 맺으며 살아가기 때문에, 각자의 자유로운 행동이 타인에게 미치는 영향 역시 결코 무시할 수 없다.'에서 알 수 있듯이, 자유는 오직 개인적 욕구를 충족하기 위한 도구로만 활용되지 않으며, 주위 사람들과도 연결되어 있다.
    ④ '외부 규범이나 도덕적 가치'도 같이 고려해야 함을 강조한 글이다.

17. ① 【해설】독서
    '그런데 조선에서 개발된 이 기술이 일본에 전해진 후 일본 전역에서 은광 개발 붐이 일어났고, 16세기 말 일본은 동아시아 최대의 은 생산국이 되었다.'에서 알 수 있듯이 연은분리법의 전파로 인해 일본의 은 생산량이 조선의 은 생산량을 앞질렀음을 알 수 있다.
    ② '일본은 조선보다 은광석이 풍부했지만 제련하는 기술이 후진적이어서 생산량은 뒤쳐져 있었다.'에서 알 수 있듯이 일본은 조선보다 은광석이 풍부한 것은 맞지만, 그렇다고 하여 은광석의 납 함유율이 조선보다 높았는지 알 수 없다.
    ③ '이와미은광은 동아시아 교역의 중심에 섰다.'에서 알 수 있듯이 이와미은광에서 나온 은은 중요한 역할을 한 것은 맞으나, '일본을 통일시켰는지의 여부'는 알 수 없다.
    ④ '일례로 포르투갈 상인에게 조총을 구입하기 위해 일본의 지방 영주들은 은을 지출하였고, 은을 보유하게 된 포르투갈 상인들은 다시 중국으로 건너가 도자기와 차·비단을 구입하며 은을 지불했다.'에서 '포르투갈, 중국, 일본' 모두 나오지만, 그렇다고 하여, '조선, 명나라, 일본' 3국의 교역망을 이끈 것은 아니다.

18. ③ 【해설】독서
    '종교현상학적 연구'는 '희생제의의 기원이나 형식'에 관심을 두었고, 인간 사회의 특성과 사회 갈등 형성 및 해소는 '인류학적 연구'와 관련이 깊다.
    ① '사회를 주도하는 주체인 성인 남성들이 스스로 일으킨 문제를 자신들이 해결하지 않고 사회적 역할 차원에서 자신들과 대척점에 있는 타자인 이들을 희생양으로 삼았기 때문인 것으로 설명하였다.'에서 확인할 수 있다.
    ② '희생제의에서 희생제물로서 처녀나 어린아이가 선택되는 경우가 한국뿐 아니라 많은 나라에서도 발견된다.'에서 동양에 국한된 것이 아니라는 점을 지적한다.
    ④ '이때 다수의 사회 구성원은 사회 갈등을 희생양에게 전이시켜 사회 갈등을 해소하고 안정을 되찾고자 하였다는 것이 지라르 논의의 핵심이다.'에서 확인할 수 있다.

19. ③ 【해설】독서
    ㄱ(○): '이들은 토지 공유제를 시행하였거나 토지의 공공성을 인정했음에도 불구하고 자본주의의 경제를 모범적으로 발전시켜 온 사례이다.'를 보면 무조건 필수적 요건으로 이해한 것은 아니다.
    ㄴ(×): '사회주의적 발상이라고 옹호하는 것'이 아니라 '비판하는 입장'이다.
    ㄷ(○): '토지 소유권을 구성하는 세 가지 권리를 민간과 공공이 적당히 나누어 갖는 경우가 많으므로 실제의 토지 제도는 이 분류보다 훨씬 더 다양하다.'를 고려해 볼 때, 해당 설명은 적절하다.

20. ② 【해설】독서
    ㄱ(×): 지배 계층의 권위를 상징하는 매개체란 점에서 대다수의 거주지에서 발견되기 어려웠을 것이다.
    ㄴ(×): '특히 의례용으로 사용된 비파형 동검, 청동 방울, 거울 등은 실용성과는 거리가 먼 화려한 외형을 지닌다.'와 '청동기를 제작하려면 특정 광물을 채굴하고, 제련하며, 주형을 만들어 부어야 한다.'에서 알 수 있듯이, 청동제 농기구가 널리 사용되었는지 알 수 없다.
    ㄷ(○): 청동기는 단순한 도구나 무기가 아니었고, 무엇보다 노동력과 자원에 대한 통제가 전제되어 있어야 하는데, 사회적으로 우위에 있는 지배층일 가능성이 높다. 따라서 청동기 제작 도구나 주형이 특정 지역에서만 출토될 수 있을 것이다.

영 어

출제교수: 김세현 교수님

1. ① 【해설】
devoid of는 '~이 없는, ~이 부족한'의 뜻으로 이와 가장 가까운 유의어는 ① short of이다.
【해석】
연구원들은 한때 생명체가 없는 것으로 여겨졌던 환경에서 살고 있는 다양한 미생물들로 인해 놀랍다고 말했다.
【어휘】
microorganism 미생물 largely 거의, 대체로, 주로 once ①한번 ②한때 short ①짧은 ②부족한 longing 갈망, 열망 affluence ①풍성함, 풍부함 ②부유함 sufficiency 충분함, 충분

2. ① 【해설】
obstacle은 '장애(물), 장벽'의 뜻으로 이와 가장 가까운 유의어는 ① impediment이다.
【해석】
담배에 관한 새 법이 긍정적인 영향을 가져오기를 바라는 보건복지부의 희망에도 불구하고, 산업 전문가들과 관찰자들은 정부가 주된 장애물에 직면하고 있다고 말한다.
【어휘】
despite ~에도 불구하고 Ministry of Health 보건복지부 tobacco 담배 expert 전문가 observer 관찰자 face ~에 직면하다 impediment 장애(물), 장벽(=barrier, obstruction) alternation 번갈아 함, 교대 altruism 이타주의 agony 고통, 괴로움

3. ③ 【해설】
appropriate는 '적당한, 적절한'의 뜻으로 이와 가장 가까운 유의어는 ③ adequate이다.
【해석】
입양과정의 목적은 아이들에게 가장 적절한 부모를 찾아주는 것이고 아이들 또한 어떤 것이 아이들에게 가장 적절한지 선택할 자유를 가져야만 한다.
【어휘】
adoption 입양 process 과정, 절차; 가공하다 appropriate 적당한, 적절한 suitable 적당한, 적절한 subsequent 그 후의, 뒤이어; 연속적인 hospitable 우호적인 adequate 적절한, 적당한 improper 부적절한, 부적합한

4. ③ 【해설】
③ '전치사+명사+명사' 구조는 어법상 적절하지 않기 때문에 명사 imagination은 동명사 imagining으로 고쳐 써야 한다.
① 불가산(셀 수 없는)명사 information을 수식하는 little의 사용은 어법상 적절하다.
② 주어 stories에 대한 복수 동사 were의 사용은 어법상 옳고 또한 'be devoted to 명사' 구문의 사용 역시 어법상 적절하다.
④ of+추상 명사는 형용사의 의미로 be동사의 보어 역할을 할 수 있으므로 어법상 적절하다.
【해석】
우리는 Shakespeare에 대한 정보가 거의 없다. 왜냐하면 그의 시대에서는 역사이야기는 왕의 삶에 대해 전념했기 때문이다. 일반적인 배우가 미래의 사람들에게 흥미의 대상이 될 거라는 것은 상상할 수가 없었다.
【어휘】
devote to ~에 전념(몰두)하다(=dedicate to) beyond ~을 뛰어넘어

5. ④ 【해설】
④ 장소를 나타내는 관계부사 where다음 1형식 동사가 있을 때에는 주어 동사가 도치될 수 있으므로 동사 appear다음 주어 actors의 어순은 어법상 적절하고 또한 주어가 복수명사(actors)이므로 복수동사(appear)역시 어법상 옳다.
① 앞에 선행사가 없고 뒤에 문장구조가 완전하므로 관계대명사 what은 접속사 that으로 고쳐 써야 한다.
② 전치사 during 뒤에 주어(a book)+동사(is)가 이어지므로 during은 접속사 while로 고쳐 써야 한다.
③ 명사절을 유도하는 what 다음 문장구조는 주어 동사 어순이므로 do를 없애야 한다.
【해석】
우리는 영화감독들이 재활용 게임을 하고 있다는 것을 당연시 한다. 소설을 각색하는 것은 가장 훌륭한 영화 프로젝트들 중 하나인 반면, 영화를 소설화했다고 하는 책은 상스럽게 여겨진다. 당신이 마음속에 갖고 있는 것은 영화다. 직사각형 모양의 화면이 배우가 출연하는 앞무대와 유사하게 보이면서, 초기에 영화는 특별히 유력한 일종의 마술 공연장으로 보였다.
【어휘】
take A for granted A를 당연시 여기다 director 감독 adapt 채택하다, 각색하다 respectable 존경할 만 한, 훌륭한 novelization 소설화 barbarous 잔인한, 상스러운 exceptionally 예외적으로 potent ①강한, 힘이 센 ②유력한 illusionist 마술사 rectangle 직사각형 correspond to ~와 상응한, ~와 유사한 proscenium 앞무대

6. ④ 【해설】
빈칸 다음 Jake가 이번이 처음이라고 대답 했으므로 빈칸에 들어갈 말로 가장 적절한 것은 ④ '거기 가본 적 있어'이다.
【해석】
Sophia: 주말에 뭐 할 거야? (2:30 pm)
Jake: 친구들이랑 등산 갈 거야. 너무 기대돼! (2:31 pm)
Sophia: 재밌겠다! 어디로 가? (2:31 pm)
Jake: Green Mountain으로 가. 전망이 끝내준대. (2:33 pm)
Sophia: 거기 가본 적 있어? (2:33 pm)
Jake: 아니, 처음 가는 거야. 날씨가 좋았으면 좋겠어. (2:34 pm)
① 등산 가고 싶어?
② 뭘 가져가야 해?
③ 등산하는 데 얼마나 걸려?
【어휘】
go hiking 등산하러 가다 I can't wait 정말 기대돼 head to ~를 향해 가다 be supposed to ⓥ ① ⓥ하기로 되어 있다 ② ⓥ해야 한다 amazing 놀라운, 굉장한 view 경치, 풍경

7. ④ 【해설】
주어진 지문은 온도가 상승하면 증발되는 물이 많아지게 될 것이고, 빙하와 눈이 평소보다 더 이른 시기에 녹게 되면 결국 물이 필요할 때 사용할 수 없게 될 것이라는 내용이므로 이 글의 주제로 가장 적절한 것은 ④ '온도 상승으로 인한 물 이용 가능성의 변화'이다.
【해석】
식물의 잎을 통해서 이루어지는 물의 증발과 증산의 총합은 온도와 함께 증가할 것이고, 그러므로 더운 환경에서는 온도가 상승하게 되면 빗물이 증발하기 전에 사람들이 사용하고 작물을 재배하기에 빗물이 덜 가용할 것이라고 알려져 있다. 온도가 상승하게 되면 또한 빙하와 높은 산에 있는 눈이 녹는 것을 가속화시킬 것이다. 산 하류에 있는 수억 명의 사람들은 봄에 눈과 빙하가 녹은 어마어마한 물 때문에 어려움을 겪고, 그로인해 기후변화는 아시아와 아메리카의 광범위한 지역들을 크게 위협할 것이다. 수십 년 동안, 이 지역들이 급격한 융빙에 의해 야기된 홍수의 위협을 받게 될 것이지만, 그것이 끝난 후 빙하가 완전히 사라지면 그 위험 요소는 물 부족 현상으로 돌변할 것이다. 해빙은 이른 봄에 일어날 것이고 농작물이 자라나기 위해 물을 필요로 할 때인 건조한 여름철 동안에는 이용할 수 없게 될 것이다.
① 지구 온난화를 막기 위한 방법
② 눈과 빙하를 녹이는 데 있어서 온도 상승
③ 지구 온난화로 인한 환경의 변화
【어휘】

- 1 -

evaporation 증발 available 이용할 수 있는, 구할 수 있는 crop (농)작물, 수확량 evaporate 증발하다, 사라지다 accelerate 가속화하다, 속도를 높이다 melt 녹다, 녹이다 glacier 빙하 threaten 위협하다 downstream (강) 하류의 thereby 그로인해서 threaten 위협하다 tremendous 어마어마한(=vast) snowmelt 눈 녹은 물, 해빙 glacier melt 빙하가 녹은 물, 융빙 switch 바뀌다, 전환되다 abruptly 갑작스럽게 scarcity 부족, 결핍

8. ② 【해설】
on the other hand를 기준으로 앞에 rigid and stiff(단단하고 뻣뻣한)이 있으므로 이와 반대되는 내용인 ② flexible(유연한)이 빈칸에 들어가기에 가장 적절하다.
【해석】
세계에는 30만 종류의 다양한 거미들이 있다. 거미들은 타는 듯한 사막에서 습한 동굴과 매우 높은 산 정상까지 다양한 기후와 환경에서 살고 있다. 무엇이 그런 다양한 환경에서 거미가 생존하도록 할까? 그것은 바로 실크 때문이다. 모든 거미가 실크를 생산할 수 있는 능력을 가지고 태어난다. 이런 경이로운 생존의 도구는 그들의 저녁거리를 잡고 위험으로부터 피하기 위해서 거미들에 의해서 이용 된다. 거미들은 그 거미들이 자신들을 발견할 수 있는(살아가는) 환경에 실크의 이용을 적응 시킨다. 예를 들면, 거미줄에서 곤충을 잡기 위해서 두 종류의 실크로부터 그들은 거미줄을 만든다. 거미줄의 바깥쪽은 나무, 꽃 또는 막대기에 붙어 있는데 단단하거나 튼튼해서 그것은 부서지지 않는다. 반면에, 거미줄의 중간부분은 <u>유연</u>해서 곤충이 그 안으로 날아왔을 때 그것은 오히려 부서지기 보다는 펼쳐진다. 이 중심부의 실크는 그것의 원래길이의 네 배까지 펼쳐질 수 있다. 거미들이 위험에 빠졌을 때, 그 공간(공중)을 통과해서 날아감으로서 임시로 만들어진 실크의 유도 줄의 끝에 있는 그들은 도망갈 수 있다. 그 유도줄은 딱딱한 표면에 끈적거리고 쉽게 붙어버린다.
① 깨질 수 있는
③ 다양한
④ 결함 없는
【어휘】
blazing 타는 듯한 damp 습한, 축축한 diverse 다양한 wondrous 경이로운 adapt 적응하다(시키다) insect 곤충 web 거미줄 outer 외부의, 바깥쪽의 attach ~에 붙다 pole ①극 ②막대기 stiff 뻣뻣한 instantly 즉시, 즉각 dragline 끄는(유도) 줄 sticky 끈적끈적한 solid 단단한, 고체의 flawless 결함 없는, 무결점의

9. ④ 【해설】
주어진 지문은 약물치료로 인해 노인들의 기억력에 문제가 생길 수 있다는 내용의 글이므로 빈칸에 들어가기에 가장 적절한 것은 ④ '기억력'이다.
【해석】
흔히 사용되는 약물 치료가 일부 노인들의 <u>기억력</u> 문제에 있어 범인일 수 있다는 것을 새로 나온 한 보고서가 보여주고 있다. 노인 환자들은 종종 "약물로 인해 유발된 치매나 정신착란"에 더욱 취약하다. 이 보고서는 노인들의 인식상의 건강에 잠재적으로 위험스런 136종의 흔히 처방되는 약물의 목록을 포함하고 있다. "슬프게도, 의사들은 인지상의 손상을 약물의 부작용으로 늘 인정하는 것은 아니어서 많은 환자들은 불필요하게 이와 같이 허약하게 하지만 원상복구가 가능한 조건으로 고통을 겪고 있다"고 <국민 건강 연구 위원회>의 이사인 시드니 울프는 말한다. "콜린 억제제"로 일컬어지는 일단의 약물들은 이 나이 그룹에서 위험스러운 것으로 전해지고 있다. 이 약물들은 여러 가지 이유로(예를 들어, 알레르기 증세를 치료하기 위해서) 사용되지만 뇌 안의 신경세포간의 신호를 전달하게 해 주는 아세틸콜린이라 불리는 화학물질을 방해할 수 있다. 기본적으로 기억을 이끄는 콜린계가 노인들에게는 더욱 나빠지고 있다. 이런 약물은 치매를 지니고 있는 노인을 더욱 혼란스럽게 할 수 있다.
【어휘】
medication 약물치료 culprit 범인 elderly 나이든 susceptible 민감한, 예민한 drug-induced 약물 유발, 약물로 야기된 dementia 치매 delirium 섬망, 망상 prescribe 처방하다 senior 연장자 cognitive 인식의, 정신의 impairment 손상 side effect 부작용 needlessly 쓸데없이, 쓸모없이 suffer from ~로부터 고통 받다 debilitate 쇠약(허약)하게 하다 reversible 돌이킬 수 없는 anticholinergics 콜린 억제제 treat ①다루다, 취급하다 ② 치료하다 interfere with ~을 방해(간섭)하다 symptom 증상 acetylcholine 아세틸콜린(혈압강하제) transmit 전송하다 cholinergic 클린성의(부교감 신경 또는 전신경절교감 신경을 나타내는 말로, 그 신경 말단부에서 아세틸콜린을 유리하는 것) recollection 기억(력) addiction 중독

10. ① 【해설】
주어진 지문은 새로워진 고객 감사 포인트 프로그램의 혜택을 소개하고 있으므로 이 글의 목적으로 가장 적절한 것은 ①이다.

11. ④ 【해설】
문맥상 loyalty는 '충성, 헌신'의 뜻으로 이와 가장 가까운 유의어는 ④ 'commitment'이다.
【해석】
저희의 고객 감사 포인트 프로그램이 훨씬 좋아짐을 알리게 되어 기쁩니다! 다음 달부터 고객님들은 매주 주말 구매 시 포인트 적립을 두 배로 드리겠습니다. 게다가, 특별 홍보기간 동안 단골 고객님들에게 독점적인 할인 행사가 가능합니다. 이 혜택을 이용하려면 웹사이트나 모바일 앱에서 리워드 프로그램에 등록해 주세요.
문의 사항이 있으시면 support@shoprewards.com으로 저희 고객 지원팀에 연락 주세요. 지속적인 지지에 감사드리며 고객님들을 간절히 모시고 싶습니다.
【어휘】
traffic 교통의 announce 알리다 loyalty rewards 고객 감사 포인트, 단골 고객 혜택 *loyalty 충성, 헌신 earn 적립하다, 획득하다 purchase 구매 furthermore 게다가, 더욱이 exclusive 독점적인, 배타적인 available 이용 가능한 take advantage of ~을 이용하다 benefit 혜택 make sure ~을 분명히 하다, 반드시 ~하다 sign up for ~에 등록하다, 가입하다 through ~을 통해 customer support team 고객 지원팀 continued 지속적인, 계속되는 look forward to ~을 간절히 바라다

12. ① 【해설】
both(둘 다)를 통해서 두 개의 국가 간 합의를 의미해야 하므로 빈칸에 가장 적절한 것은 ① bilateral 이다.
【해석】
<u>양자간</u>의 무역 합의에 따라서 두 국가 모두 각각의 상품들을 더 많이 살 것이다.
【어휘】
according to ① ~에 따르면 ②~에 따라서 trade agreement 무역 합의 product 상품 bilateral 양자간의 bilingual 2개 국어의, 2개 국어를 하는 unilateral 일방적인, 단독의 multilateral 다자간의

13. ② 【해설】
두개의 프로그램이 동시에 방영되기 때문에 하나만 볼 수밖에 없다고 했으므로 빈칸에 들어가기에 가장 적절한 것은 ②가 된다.
【해석】
두 개의 멋진 TV프로그램이 오늘 저녁에 예정되어 있지만 나는 둘 중 하나밖에 볼 수 없다. 그 이유는 그 두 개의 프로그램이 <u>동시에</u> 방영되기 때문이다.
【어휘】
scheduled 예정된 spontaneous 자발적인 simultaneous 동시의, 동시에 일어나는 irritated 짜증나는 perilous 위험한

14. ① 【해설】
So + 형용사/부사가 강조를 목적으로 문두에 위치해서 뒤에 주어 동사가 도치된 구조로 2형식 감각동사 look의 형용사 보어가 빈칸에 필요하고 또한 look이 일반동사이므로 도치조동사 do가 있어야 한다. 따라서 빈칸에 들어가기에 가장 적절한 것은 ① serious did이다.
【해석】
미국의 상황은 아주 심각해 보여서 많은 사람들이 걱정을 하고 있다.
【어휘】
serious 심각한 concerned 걱정하는

15. ② 【해설】
판단의 형용사 important가 있음으로 that절에는 should가 필요하다. 단, should는 생략 가능하므로 밑줄 친 부분에 동사원형이 있어야 한다. 따라서 빈칸에 들어가기에 가장 적절한 것은 ② leave이다.
【해석】
나는 그가 나를 찾지 않고 떠나는 게 중요하다고 생각했다.
【어휘】
look for 찾다, 구하다

16. ③ 【해설】
A가 프레젠테이션을 끝내야 해서 저녁 식사에 나가지 못하며, 끝내려면 아직 멀었다는 대화의 내용으로 보아 빈칸에 들어가기에 가장 적절한 것은 ③ '나는 시간을 다투고 있어'이다.
【해석】
A: 나는 이 프레젠테이션을 끝내야 해서 오늘 저녁 식사에 못 나갈 것 같아.
B: 금요일이잖아, 그냥 조금 일찍 퇴근해. 주말에 할 수 있어, 그렇지 않니?
A: 나는 시간을 다투고 있어. 오후 6시까지가 마감인데 끝내려면 멀었어.
B: 정말 안됐구나. 내가 도와줄까?
A: 아니야, 내가 할게, 하지만 더 이상 낭비할 시간이 없어.
B: 알았어, 그럼 행운을 빌어. 다음에 만나자.
① 전적으로 동의해
② 과속 딱지를 떼었어
④ 그건 건초더미에서 바늘을 찾는 거(헛수고)나 마찬가지야
【어휘】
help A out A를 돕다 get together 만나다 you can say that again 전적으로 동의하다 against the clock 시간을 다투어 *run against the clock 시간을 다투다, 시간에 맞추어 끝내려고 열심히 하다 needle 바늘 haystack 건초더미

17. ④ 【해설】
(C)에 it은 주어진 제시문의 내용을 설명하는 내용이고 (A)에 those percentages는 (B)에 있는 12.7%, 13.9% 그리고 12%를 지칭하므로 주어진 글 다음 이어질 글의 순서는 (C) – (B) – (A)가 된다.
【해석】
흥미로운 것은, 국내 총생산의 비율로는 남부 아시아가 교육에 쏟는 재정 지출이 세계에서 가장 높은 지역 중 하나라는 것이다. (C) 그것이 옳기는 하지만, 이러한 사실은 오해를 불러일으키기가 아주 쉽다. 유감스럽게도, 낮은 1인당 국내 총생산을 고려한다면 이러한 지출이 특히 중등학교 수준에서는 입학률을 높이는 것을 보장하기에 충분치 않을 것이다. (B) 예를 들어, 인도와 네팔은 각각 정부 총지출의 12.7 퍼센트와 13.9 퍼센트를 교육에 지출하고 있고, 소득이 많은 나라들도 2000년도에 연간 정부 지출의 12 퍼센트 가량을 교육에 지출했다. (A) 그러한 비율들은 비슷하지만, 소득이 많은 나라들은 인도나 네팔보다 1인당 국내총생산이 거의 50배나 되기 때문에, 그러한 지출 수준은 그 나라들에 있어서의 교육에 대한 1인당 투자가 매우 낮다는 것을 의미할 수 있을 뿐이다.
【어휘】
gross domestic product 국내 총생산(GDP) public expenditure 재정, 지출 per capita 1인당 expenditure 지출, 소비 investment 투자, 출자 respectively 각각, 제각기 income 소득, 수입 misleading 그르치기 쉬운, 오해하기 쉬운 enrollment 등록, 입학 secondary 중등교육의, 중등학교의

18. ③ 【해설】
풍력 발전이 재생 가능 에너지가 전형적으로 보여주는 장점과 단점을 모두 가지고 있다는 요지의 글이다. ③ 앞에는 풍력 발전의 장점이 제시되고, ③ 뒤에는 단점이 제시되었다. 또한 ③ 다음 나열의 시그널 In addition이 제시된 것으로 보아, 앞에도 다른 단점이 제시되었음을 알 수 있다. 따라서 풍력 발전의 첫 번째 단점을 제시하는 주어진 문장이 들어가기에 가장 적절한 곳은 ③이다.
【해석】
풍력 발전은 (2009년 현재) 세계에너지 수요의 1퍼센트 미만을 제공하지만, 현재 가장 빠르게 성장하는 재생 가능 에너지 자원 중의 하나로 세계 풍력 발전 설비 용량이 매년 15퍼센트가 넘는 속도로 증가하고 있다. 많은 측면에서 풍력 발전은 재생 가능 에너지의 이점과 몇몇 단기 결점을 모두 전형적으로 보여준다. 동력 자원으로서 풍력 에너지는 풍부하고, 널리 퍼져있고, 깨끗하며, 온실가스를 방출하지 않기 때문에 매우 매력적이다. 그에 반해, 풍력 발전 단지의 건설은 그것들의 경관 영향으로 인해 모든 곳에서 환영받지는 못한다. 게다가, 그것들을 설치하는 비용이 치솟고 있다. 비용이 내려가고 있기는 하지만, 대략 100메가와트 용량을 가진 풍력 발전 단지를 설치하는데 보통 수억 달러의 비용이 들고, 앞바다에서라면 비용이 더 많이 든다. 풍력 발전 단지가 제공하는 에너지는 또한 간헐적이다. 예를 들어서, 태양광 발전과는 달리 (겨울철)절정 수요의 시기가 일반적으로 절정 공급의 시기와 거의 일치하지 않는다.
【어휘】
construction 건설 wind farm 풍력 발전 단지 visual impact 경관 영향 renewable energy 재생 가능 에너지 installed capacity 설비 용량 annually 매년 typify 전형적으로 보여주다 short-term 단기의 drawback 결점 plentiful 풍부한 widespread 널리 퍼진 emission 배출 install 설치하다 offshore 앞바다에서, 해안에서 떨어진 sporadic 간헐적인 rarely 거의 ~않는 correspond with ~와 일치하다, 부합하다 peak 절정

19. ③ 【해설】
주어진 지문은 술에 대한 미국인들의 양면적 태도에 관한 내용의 글이므로 '많은 사회단체들이 지금 알코올 중독자, 마약 중독자 그리고 가정 폭력의 피해자들을 돕고 있다'는 ③은 전체 글의 흐름과 무관하다.
【해석】
술에 대한 미국인들의 태도는 자기 모순적이다. 우리는 거의 전적으로 금주에 주력하지만, 종종 과도하게 술을 마신다. 매년 20억 달러가 술에 취하게 하는 속성을 광고하고 판촉 하는데 지출된다. 동시에 100억 달러가 자신의 술을 조절 할 수 없는 사람들을 치료하는 데 사용된다. 평균적으로, 우리는 요즘 술을 더 적게 마시기는 하지만, 우리는 더 나쁘게 술을 마신다. (많은 사회단체들이 지금 알코올 중독자, 마약 중독자 그리고 가정 폭력의 피해자들을 돕고 있다.) 개개인의 소비량은 1980년 이래로 20퍼센트 감소해 왔지만, 자신들의 음주의 결과로 사회적, 법률적 또는 가족 문제를 일으키는 알코올 중독자와 알코올 남용자들의 수는 감소하지 않았다.
【어휘】
paradoxical 모순적인 exclusively 배타적으로, 전적으로 abstinence 금욕, 금주 excess 과도(함), 지나침 intoxicate ①취하게 하다 ②흥분시키다 liquor 독한 술, 독주 addict 중독자 consumption 소비

20. ② 【해설】
강좌 정보에서 강좌 1은 'Hold Me Now'를, 강좌 2는 'Time to Dance'를 사용한다고 했으므로, 안내문의 내용과 일치하

지 않는 것은 ④이다.
【해석】
2025 케이 팝 커버 댄스 강좌
한국에서 가장 유명한 댄스 스튜디오 중 하나인 Rhythm Studio가 주최하는 특별 행사인 2025년 케이 팝 커버 댄스 강좌에서 잊지 못할 경험을 위해 저희와 함께하세요! 이것은 여러분이 가장 인기 있는 케이 팝 안무를 저희 최고의 강사진으로부터 직접 배울 수 있는 기회입니다.

강좌 세부 사항
- 날짜: 9월 20일
- 장소: 서울 댄스 스트리트 123, Rhythm Studio
- 등록비나 강습료 없음
- 자리가 한정되어 있습니다!

강좌 정보

JD와 함께하는 강좌 1	SYA와 함께하는 강좌 2
• 등록: 오전 8시 30분~ 오전 9시	• 등록: 오전 10시~ 오전 10시 30분
• 강좌: 오전 9시~ 오전 10시 30분	• 강좌: 오전 10시 30분~ 오후 12시
• 곡: Hannah Kim의 'Hold Me Now'	• 곡: Debby의 'Time to Dance'

등록
- 등록을 위해 여러분의 휴대 전화 카메라를 이용하여 아래 QR코드를 스캔하세요.

강좌 후 활동
- 케이 팝 댄스 배틀
- 사진 촬영 시간(강좌 후 사진 촬영으로 그 순간을 담아 보세요!)

등록하고 여러분이 가장 좋아하는 케이 팝 아이돌처럼 춤추는 법을 배우세요!

【어휘】
cover dance 커버 댄스(가수의 춤을 그대로 따라 하는 것)
instructor 강사   registration 등록   spot 자리, 장소
capture 담아내다, 포착하다   sign up 등록하다

한국사

출제교수: 노범석 교수님

1. ② 【해설】구석기 시대
② 청동기 시대에 들어와 마을 주변에 방어 및 의례의 목적으로 환호를 두르고 목책을 설치하였다.
① 구석기인들은 언어와 불, 도구를 사용하기 시작했으며 무리를 이루어 큰 사냥감을 찾아 이동 생활을 하였다.
③, ④ 구석기 시대에 대한 설명이다.

2. ③ 【해설】고구려의 발전 과정
(가)는 2세기 후반 고국천왕 때 실시된 정책이고, (나)는 4세기 중엽 고국원왕 때의 일이다.
③ 고구려 미천왕이 서안평을 차지하고 낙랑군을 몰아낸 것은 4세기 초반인 313년의 일이다.
① 5세기 433년에 백제 비유왕이 신라 눌지마립간과 동맹을 맺었다.
② 고국원왕의 뒤를 이어서 즉위한 소수림왕이 실시한 정책들이다.
④ 6세기 백제 성왕 때의 일이다.

3. ④ 【해설】신문왕
제시된 자료의 밑줄 친 '왕'은 통일신라 신문왕이다. 신문왕 때 문무 관리들에게 관료전을 지급하고, 녹읍을 폐지하였다.
④ 신문왕 때 각종 제도 개혁을 바탕으로 수도를 달구벌(지금의 대구)로 옮기고자 했으나, 진골 귀족들의 반발로 무산되었다.
①, ② 경덕왕 때의 일이다.
③ 성덕왕 때의 일이다.

4. ① 【해설】벽돌 무덤
① 벽돌무덤은 중국 남조의 영향을 받아 만들어졌다.
② 돌무지 덧널무덤에 대한 설명이다.
③ 장군총은 고구려의 돌무지무덤이고, 황남대총은 신라의 돌무지 덧널무덤이다.
④ 백제 건국 세력과 고구려의 연관성을 알 수 있는 유적으로는 한성 시기의 계단식 돌무지무덤이 있으며, 석촌동에 일부가 남아 있다.

5. ③ 【해설】고려시대의 사회
제시된 자료는 고려시대의 수취제도(상공·별공)에 대해 설명하고 있다.
③ 조선 후기의 향촌 사회 모습에 대한 설명이다. 조선 후기 양반은 지위를 유지하기 위해 동족 마을을 만들고, 문중으로 중심으로 사우를 많이 세웠다.
①, ② 고려시대 사회모습에 대한 설명이다.
④ 고려시대의 혼인 형태에 대한 설명이다.

6. ④ 【해설】고려시대의 건축 양식
고려시대의 건축 양식인 주심포(柱心包) 양식에 대한 설명이다.
④ 석왕사 응진전은 대표적인 다포 양식의 건물이다.
①, ②, ③ 모두 주심포 양식의 건축물들이다.

7. ② 【해설】공민왕
제시된 자료는 '고려사'에 기록된 내용으로, 밑줄 친 왕은 반원 자주 정책을 시행하였던 공민왕이다.
② 충선왕에 대한 설명이다.
①, ④ 공민왕 때 실시한 정책들이다.
③ 쌍성총관부를 무력으로 탈환한 것은 공민왕 때의 일이다.

8. ① 【해설】향교
제시된 자료는 조선의 교육 기관인 향교에 대한 내용이다.
① 향교는 성현에 대한 제사와 유생의 교육, 지방민의 교화를 위해 부·목·군·현에 하나씩 설립되었다.
② 서원, ③ 서당, ④ 성균관에 대한 설명이다.

9. ④ 【해설】조선 후기의 경제 모습
제시된 자료는 조선 후기의 사회 모습을 보여주고 있다.
④ 소는 고려 시대에 등장한 특수 행정 구역으로 조선 전기에 들어와 완전히 소멸되었다.
①, ②, ③ 조선 후기의 경제 상황에 대한 설명이다.

10. ③ 【해설】정조
㉠, ㉡, ㉣ 정조의 업적에 대한 설명들이다.
㉢ 영조, ㉤ 숙종 때의 일이다.

11. ④ 【해설】조선 시대의 통치 체제
㉢ 홍문관은 집현전을 계승하여 설치된 관서로 홍문관의 수장은 정2품 대제학이다.
㉣ 주서(注書)는 승정원의 정7품 관직으로, 왕과 신하 간에 오고 간 문서와 왕의 일과를 매일 기록하였다.
㉠ 의정부가 아니라 승정원에 대한 설명이다.
㉡ 예문관이 담당한 업무에 대한 설명이다.

12. ① 【해설】발해고
① 제시된 자료는 유등공의 「발해고」의 서문으로 발해 역사를 우리의 역사로 본격적으로 다루었다. 고대사 연구의 시야를 만주 지방으로 확대시킴으로써 반도 중심의 협소한 사관을 극복하는 데 힘쓴 것이다.
② 이승휴의 「제왕운기」는 우리나라 역사를 단군에서부터 서술한 역사서로 충렬왕 때 편찬하였다.
③ 홍만종의 「동국역대총목」은 단군 조선을 정통의 시작으로 삼은 단군 정통론을 제시하였다.
④ 안정복의 동사강목은 홍여하로부터 시작한 정통론 논의를 정리하여 우리나라 독자적 정통론을 체계화하였다. 그는 조선의 정통성이 단군-기자-마한으로 이어진다고 보았으며, 삼국 시대를 무통으로 본 대신 통일 신라 이후 왕조를 정통으로 보았다.

13. ② 【해설】흥선 대원군의 통상 수교 거부 정책
㉠ 1866년에 발생한 병인양요에 대한 내용이다.
㉢ 1868년의 오페르트 도굴 사건에 대한 설명이다.
㉡ 1871년의 신미양요에 대한 내용이다.
㉣ 흥선 대원군은 신미양요 이후, 전국 각지에 척화비를 건립하였다.

14. ② 【해설】근대 사회의 전개
강화도조약은 1876년, 임오군란은 1882년, 1차 갑오개혁은 1894년, 대한제국의 선포는 1897년, 정미의병의 체결은 1907년의 일이다.
② 1884년 갑신정변에 대한 설명이다.
① 1894년 1차 갑오개혁 때의 일이다.
③ 영국이 거문도를 점령한 것은 1885~1887년의 일이다.
④ 정부는 일본과 체결한 강화도 조약에 따라 원산을 1880년에, 인천을 1883년에 개항하였다.

15. ③ 【해설】정미의병
제시된 자료는 대한매일신보에 실린 정미의병의 서울 진공 작전에 대한 사료이다.
③ 정미의병에 대한 설명이다.
①, ④ 을사의병, ② 을미의병 때의 일이다.

16. ① 【해설】일제 강점기의 정책
㉡ 화폐정리사업은 1905년에 실시되었다.
㉢ 1912년 일제는 토지조사령을 발표하고 토지조사사업을 본격적으로 시행하였다.
㉣ 회사령이 폐지된 것은 1920년의 일이다.
㉠ 일제는 1938년 국가 총동원법을 시행하였다.

17. ③ 【해설】일제 강점기의 민족 운동
㉡ 물산 장려 운동은 1920년 평양에서 조만식을 중심으로 시작되어 전국으로 확산되었다.
㉣ 민립 대학 설립 운동은 '한민족 1,000만이 한 사람이 1원

씩'이라는 구호 아래 전국적으로 전개되었으며, 국외에서도 펼쳐졌다.
㉠ 신간회는 1927년에 결성된 단체이고, 광주 학생 항일 운동은 1929년에 일어난 사건이기 때문에 시기적으로 적절하지 않다.
㉢ 3·1 운동에 대한 설명이다.

18. ④ 【해설】김구
제시된 자료는 김구가 발표한 '삼천만 동포에게 읍고함'의 내용이다.
④ 김구는 1948년에 열린 남북 협상 회의에 김규식 등과 함께 참석하였다.
① 조소앙에 대한 설명이다.
② 임시정부의 대통령을 역임한 인물은 이승만, 박은식이다.
③ 김규식에 대한 설명이다.

19. ① 【해설】통일 정책
(가)는 1991년에 체결된 남북 기본 합의서이고, (나)는 2000년에 체결된 6·15 남북 공동 선언이다.

20. ④ 【해설】전두환 신군부
제시된 자료는 1980년 5월 25일 광주 시민군이 발표한 '광주시민군 궐기문'으로, 밑줄 친 '정부 당국'은 전두환 신군부 세력을 일컫는다.
④ 전두환 신군부 세력은 1980년 5월 국가 보위 비상 대책 위원회를 설치하여 국가 통치권을 장악하였다.
①, ②, ③ 박정희 군정 시기(1961~1963)에 실시된 정책에 대한 설명이다.

행정법

출제교수: 강성빈 교수님

1. ③ 【해설】 행정쟁송법
거부처분의 처분성을 인정하기 위한 전제요건이 되는 신청권의 존부는 구체적 사건에서 신청인이 누구인가를 고려하지 않고 관계 법규의 해석에 의하여 일반 국민에게 그러한 신청권을 인정하고 있는가를 살펴 추상적으로 결정되는 것이고, 신청인이 그 신청에 따른 단순한 응답을 받을 권리를 넘어서 신청의 인용이라는 만족적 결과를 얻을 권리를 의미하는 것은 아니다. 대법원 2009. 9. 10. 선고 2007두20638 판결
① 감액처분은 감액된 징수금 부분에 관해서만 법적 효과가 미치는 것으로서 당초 징수결정과 별개 독립의 징수금 결정처분이 아니라 그 실질은 처음 징수결정의 변경이므로, 감액처분으로도 아직 취소되지 않고 남아 있는 부분이 위법하다 하여 다투고자 하는 경우, 감액처분을 항고소송의 대상으로 할 수는 없고, 당초 징수결정 중 감액처분에 의하여 취소되지 않고 남은 부분을 항고소송의 대상으로 할 수 있을 뿐이며, 그 결과 제소기간의 준수 여부도 감액처분이 아닌 당초 처분을 기준으로 판단해야 한다. 대법원 2012. 9. 27. 선고 2011두27247 판결
② 검찰총장이 사무검사 및 사건평정을 기초로 대검찰청 자체감사규정 제23조 제3항, 검찰공무원의 범죄 및 비위 처리지침 제4조 제2항 제2호 등에 근거하여 검사에 대하여 하는 '경고조치'는 검사의 권리 의무에 영향을 미치는 행위로서 항고소송의 대상이 되는 처분이라고 보아야 한다. 대법원 2021. 2. 10. 선고 2020두47564 판결
④ 공기업·준정부기관이 입찰을 거쳐 계약을 체결한 상대방에 대해 위 규정들에 따라 계약조건 위반을 이유로 입찰참가자격제한처분을 하기 위해서는 입찰공고와 계약서에 미리 계약조건과 그 계약조건을 위반할 경우 입찰참가자격 제한을 받을 수 있다는 사실을 모두 명시해야 한다. 계약상대방이 입찰공고와 계약서에 기재되어 있는 계약조건을 위반한 경우에도 공기업·준정부기관이 입찰공고와 계약서에 미리 그 계약조건을 위반할 경우 입찰참가자격이 제한될 수 있음을 명시해 두지 않았다면, 위 규정들을 근거로 입찰참가자격제한처분을 할 수 없다. 대법원 2021. 11. 11. 선고 2021두43491 판결

2. ③ 【해설】 행정절차법
행정절차법의 규정과 행정의 공정성·투명성 및 신뢰성 확보라는 행정절차법의 입법 취지 등을 고려해 보면, 행정기관의 처분에 의하여 불이익을 입게 되는 국가를 일반 국민과 달리 취급할 이유가 없다. 따라서 국가에 대해 행정처분을 할 때에도 사전 통지, 의견청취, 이유 제시와 관련한 행정절차법이 그대로 적용된다고 보아야 한다. 대법원 2023. 9. 21. 선고 2023두39724 판결
① 퇴직연금의 환수결정은 당사자에게 의무를 과하는 처분이기는 하나, 관련 법령에 따라 당연히 환수금액이 정하여지는 것이므로, 퇴직연금의 환수결정에 앞서 당사자에게 의견진술의 기회를 주지 아니하여도 행정절차법 제22조 제3항이나 신의칙에 어긋나지 아니한다. 대법원 2000. 11. 28. 선고 99두5443 판결
② 행정절차법 제34조(청문조서)

> **행정절차법 제34조(청문조서)**
> ② 당사자등은 청문조서의 내용을 열람·확인할 수 있으며, 이의가 있을 때에는 그 정정을 요구할 수 있다.

④ 행정청에게 사전통지의무가 있는 경우, 상대방의 귀책 여부는 불문하므로 상대방의 귀책사유로 야기된 처분의 하자를 이유로 수익적 행정행위를 취소하는 경우에도 특별한 규정이 없는 한 그 처분은 사전통지의 대상이 된다.

3. ① 【해설】 실효성 확보수단
지방국세청장 또는 세무서장이 조세범 처벌절차법 제17조 제1항에 따라 통고처분을 거치지 아니하고 즉시 고발하였다면 이로써 조세범칙사건에 대한 조사 및 처분 절차는 종료되고 형사사건 절차로 이행되어 지방국세청장 또는 세무서장으로서는 동일한 조세범칙행위에 대하여 더 이상 통고처분을 할 권한이 없다. 대법원 2016. 9. 28. 선고 2014도10748 판결
② 법인은 기관을 통하여 행위하므로 법인이 대표자를 선임한 이상 그의 행위로 인한 법률효과는 법인에게 귀속되어야 하고, 법인 대표자의 범죄행위에 대하여는 법인이 자신의 행위에 대한 책임을 부담하는 것이다. 법인 대표자의 법규위반행위에 대한 법인의 책임은, 법인 자신의 법규위반행위로 평가될 수 있는 행위에 대한 법인의 직접책임으로서, 대표자의 고의에 의한 위반행위에 대하여는 법인 자신의 고의에 의한 책임을, 대표자의 과실에 의한 위반행위에 대하여는 법인 자신의 과실에 의한 책임을 부담하는 것이다. 따라서 '심판대상조항 중 법인의 대표자 관련 부분'은 대표자의 책임을 요건으로 하여 법인을 처벌하는 것이므로 책임주의원칙에 반하지 아니한다. 헌법재판소 2013. 10. 24. 선고 2013헌가18 전원재판부
③ 양벌규정에 의한 영업주의 처벌은 금지위반행위자인 종업원의 처벌에 종속하는 것이 아니라 독립하여 그 자신의 종업원에 대한 선임감독상의 과실로 인하여 처벌되는 것이므로 종업원의 범죄성립이나 처벌이 영업주 처벌의 전제조건이 될 필요는 없다. 대법원 2006. 2. 24. 선고 2005도7673 판결
④ 과태료는 행정상의 질서유지를 위한 행정질서벌에 해당할 뿐 형벌이라고 할 수 없어 죄형법정주의의 규율대상에 해당하지 아니한다. 헌법재판소 1998. 5. 28. 선고 96헌바83 결정

4. ④ 【해설】 행정작용법
여러 처분사유에 관하여 하나의 제재처분을 하였을 때 그중 일부가 인정되지 않는다고 하더라도 나머지 처분사유들만으로도 처분의 정당성이 인정되는 경우에는 그 처분을 위법하다고 보아 취소하여서는 아니 된다. 행정청이 여러 개의 위반행위에 대하여 하나의 제재처분을 하였으나, 위반행위별로 제재처분의 내용을 구분하는 것이 가능하고 여러 개의 위반행위 중 일부의 위반행위에 대한 제재처분 부분만이 위법하다면, 법원은 제재처분 중 위법성이 인정되는 부분만 취소하여야 하고 제재처분 전부를 취소하여서는 아니 된다. 대법원 2020. 5. 14. 선고 2019두63515 판결
① 구 폐기물처리시설 설치촉진 및 주변지역 지원 등에 관한 법률에 정한 입지선정위원회가 그 구성방법 및 절차에 관한 같은 법 시행령의 규정에 위배하여 군수와 주민대표가 선정·추천한 전문가를 포함시키지 않은 채 임의로 구성되어 의결을 한 경우, 그에 터잡아 이루어진 폐기물처리시설 입지결정처분의 하자는 중대한 것이고 객관적으로도 명백하므로 무효사유에 해당한다. 대법원 2007. 4. 12. 선고 2006두20150 판결
② 행정청이 사전에 교통영향평가를 거치지 아니한 채 '건축허가 전까지 교통영향평가 심의필증을 교부받을 것'을 부관으로 붙여서 한 '실시계획변경 승인 및 공사시행변경 인가 처분'에 중대하고 명백한 흠이 있다고 할 수 없어 이를 무효로 보기 어렵다. 대법원 2010. 2. 25. 선고 2009두102 판결
③ 민원사무를 처리하는 행정기관이 민원 1회방문 처리제를 시행하는 절차의 일환으로 민원사항의 심의·조정 등을 위한 민원조정위원회를 개최하면서 민원인에게 회의일정 등을 사전에 통지하지 아니하였다 하더라도, 이러한 사정만으로 곧바로 민원사항에 대한 행정기관의 장의 거부처분에 취소사유에 이를 정도의 흠이 존재한다고 보기는 어렵다. 대법원 2015. 8. 27. 선고 2013두1560 판결

5. ② 【해설】 행정쟁송법
합의제 행정청의 처분에 대해서는 원칙적으로 합의제 행정청이 피고가 되나, 노동위원회법에 따라 중앙노동위원회의 처분에 대한 소송의 피고는 중앙노동위원회가 아닌 중앙노동위원회 위원장이 된다.
① 국가공무원법 제16조(행정소송과의 관계)

> **국가공무원법 제16조(행정소송과의 관계)**
> ② 제1항에 따른 행정소송을 제기할 때에는 대통령의 처분

- 1 -

또는 부작위의 경우에는 소속 장관을, 중앙선거관리위원회위원장의 처분 또는 부작위의 경우에는 중앙선거관리위원회사무총장을 각각 피고로 한다.
③ 구 지방교육자치에관한법률 제14조 제5항, 제25조에 의하면 시·도의 교육·학예에 관한 사무의 집행기관은 시·도 교육감이고 시·도 교육감에게 지방교육에 관한 조례안의 공포권이 있다고 규정되어 있으므로, 교육에 관한 조례의 무효확인소송을 제기함에 있어서는 그 집행기관인 시·도 교육감을 피고로 하여야 한다. 대법원 1996. 9. 20. 선고 95누8003 판결
④ 행정처분의 취소 또는 무효확인을 구하는 행정소송은 다른 법률에 특별한 규정이 없는 한 그 처분을 행한 행정청을 피고로 하여야 하며, 행정처분을 행할 적법한 권한 있는 상급행정청으로부터 내부위임을 받은 데 불과한 하급행정청이 권한 없이 행정처분을 한 경우에도 실제로 그 처분을 행한 하급행정청을 피고로 하여야 할 것이지 그 처분을 행할 적법한 권한 있는 상급행정청을 피고로 할 것은 아니다. 대법원 1994. 8. 12. 선고 94누2763 판결

6. ② 【해설】행정법통론
산업재해보상보험법상 장해급여 지급을 위한 장해등급 결정 역시 장해급여 지급청구권을 취득할 당시, 즉 그 지급사유 발생 당시의 법령에 따르는 것이 원칙이다. 대법원 2007. 2. 22. 선고 2004두12957 판결
① 법령이 변경된 경우 신 법령이 피적용자에게 유리하여 이를 적용하도록 하는 경과규정을 두는 등의 특별한 규정이 없는 한 헌법 제13조 등의 규정에 비추어 볼 때 그 변경 전에 발생한 사항에 대하여는 변경 후의 신 법령이 아니라 변경 전의 구 법령이 적용되어야 한다. 대법원 2002. 12. 10. 선고 2001두3228 판결
③ 개정 법령이 기존의 사실 또는 법률관계를 적용대상으로 하면서 국민의 재산권과 관련하여 종전보다 불리한 법률효과를 규정하고 있는 경우에도 그러한 사실 또는 법률관계가 개정법령이 시행되기 이전에 이미 완성 또는 종결된 것이 아니라면 이를 헌법상 금지되는 소급입법에 의한 재산권 침해라고 할 수는 없으며, 그러한 개정 법령의 적용과 관련하여서는 개정 전 법령의 존속에 대한 국민의 신뢰가 개정 법령의 적용에 관한 공익상의 요구보다 더 보호가치가 있다고 인정되는 경우에 그러한 국민의 신뢰를 보호하기 위하여 그 적용이 제한될 수 있는 여지가 있을 따름이다. 대법원 2009. 9. 10. 선고 2008두9324 판결
④ 행정기본법 제14조(법 적용의 기준)

행정기본법 제14조(법 적용의 기준)
③ 법령등을 위반한 행위의 성립과 이에 대한 제재처분은 법령등에 특별한 규정이 있는 경우를 제외하고는 법령등을 위반한 행위 당시의 법령등에 따른다. 다만, 법령등을 위반한 행위 후 법령등의 변경에 의하여 그 행위가 법령등을 위반한 행위에 해당하지 아니하거나 제재처분 기준이 가벼워진 경우로서 해당 법령등에 특별한 규정이 없는 경우에는 변경된 법령등을 적용한다.

7. ① 【해설】행정작용법
자동차 운전면허 취소처분을 받은 사람이 자동차를 운전하였으나 운전면허 취소처분의 원인이 된 교통사고 또는 법규 위반에 대하여 범죄사실의 증명이 없는 때에 해당한다는 이유로 무죄판결이 확정된 경우에는 그 취소처분이 취소되지 않았더라도 도로교통법에 규정된 무면허운전의 죄로 처벌할 수는 없다고 보아야 한다. 대법원 2021. 9. 16. 선고 2019도11826 판결
② 상대방 있는 행정처분은 특별한 규정이 없는 한 의사표시에 관한 일반법리에 따라 상대방에게 고지되어야 효력이 발생하고, 상대방 있는 행정처분이 상대방에게 고지되지 아니한 경우에는 상대방이 인터넷 홈페이지 접속 등 다른 경로를 통해 행정처분의 내용을 알게 되었다고 하더라도 행정처분의 효력이 발생한다고 볼 수 없다. 대법원 2019. 8. 9. 선고 2019두38656 판결

③ 행정기본법 제37조(처분의 재심사)

행정기본법 제37조(처분의 재심사)
① 당사자는 처분(제재처분 및 행정상 강제는 제외한다. 이하 이 조에서 같다)이 행정심판, 행정소송 및 그 밖의 쟁송을 통하여 다툴 수 없게 된 경우(법원의 확정판결이 있는 경우는 제외한다)라도 다음 각 호의 어느 하나에 해당하는 경우에는 해당 처분을 한 행정청에 처분을 취소·철회하거나 변경하여 줄 것을 신청할 수 있다.
1. 처분의 근거가 된 사실관계 또는 법률관계가 추후에 당사자에게 유리하게 바뀐 경우

④ 행정절차법 제15조(송달의 효력 발생)

행정절차법 제15조(송달의 효력 발생)
③ 제14조 제4항의 경우에는 다른 법령등에 특별한 규정이 있는 경우를 제외하고는 공고일부터 14일이 지난 때에 그 효력이 발생한다. 다만, 긴급히 시행하여야 할 특별한 사유가 있어 효력 발생 시기를 달리 정하여 공고한 경우에는 그에 따른다.

8. ④ 【해설】행정작용법
국가를 당사자로 하는 계약이나 공공기관의 운영에 관한 법률의 적용 대상인 공기업이 일방 당사자가 되는 계약 이른바 '공공계약'은 국가 또는 공기업이 사경제의 주체로서 상대방과 대등한 지위에서 체결하는 사법상의 계약으로서 본질적인 내용은 사인 간의 계약과 다를 바 없으므로, 법령에 특별한 정함이 있는 경우를 제외하고는 서로 대등한 입장에서 당사자의 합의에 따라 계약을 체결하여야 하고 당사자는 계약의 내용을 신의성실의 원칙에 따라 이행하여야 하는 등 사적 자치와 계약자유의 원칙을 비롯한 사법의 원리가 원칙적으로 적용된다. 대법원 2017. 12. 21. 선고 2012다74076 전원합의체 판결
① 계약직공무원에 관한 현행 법령의 규정에 비추어 볼 때, 계약직공무원 채용계약해지의 의사표시는 일반공무원에 대한 징계처분과는 달라서 항고소송의 대상이 되는 처분 등의 성격을 가진 것으로 인정되지 아니하고, 일정한 사유가 있을 때에 국가 또는 지방자치단체가 채용계약 관계의 한쪽 당사자로서 대등한 지위에서 행하는 의사표시로 취급되는 것으로 이해되므로, 이를 징계해고 등에서와 같이 그 징계사유에 한하여 효력 유무를 판단하여야 하거나, 행정처분과 같이 행정절차법에 의하여 근거와 이유를 제시하여야 하는 것은 아니다. 대법원 2002. 11. 26. 선고 2002두5948 판결
② 근로기준법 등의 입법 취지, 지방공무원법 및 지방공무원징계및소청규정의 제 규정내용에 의하면, 지방계약직공무원에 대해서도 채용계약상 특별한 약정이 없는 한, 지방공무원법 및 지방공무원징계및소청규정에 정한 징계절차에 의하지 아니하고는 보수를 삭감할 수 없다고 봄이 상당하다. 대법원 2008. 6. 12. 선고 2006두16328 판결
③ (중소기업기술정보진흥원장이 갑 주식회사와 중소기업 정보화지원사업 지원대상인 사업의 지원에 관한 협약을 체결하였는데, 협약이 갑 회사에 책임이 있는 사업실패로 해지되었다는 이유로 협약에서 정한 대로 지급받은 정부지원금을 반환할 것을 통보한 사안에서) 협약의 해지 및 그에 따른 환수통보는 행정청이 우월한 지위에서 행하는 공권력의 행사로서 행정처분에 해당한다고 볼 수 없다(주: 중소기업 정보화지원사업에 따른 지원금 출연을 위하여 중소기업청장이 체결하는 협약을 공법상 계약으로 보아 당사자소송의 대상이 된다고 본 사례). 대법원 2015. 8. 27. 선고 2015두41449 판결

9. ③ 【해설】행정법통론
서울특별시지하철공사의 임원과 직원의 근무관계의 성질은 사법관계에 속하므로, 위 지하철공사의 사장이 그 이사회의 결의를 거쳐 제정된 인사규정에 의거하여 소속직원에 대한 징계처분을 한 경우 이에 대한 불복절차는 민사소송에 의할 것이지 행정소송에 의할 수는 없다. 대법원 1989. 9. 12. 선고 89누2103 판결
① 중학교 의무교육의 위탁관계는 초·중등교육법 제12조 제3항, 제4항 등 관련 법령에 의하여 정해지는 공법적 관계

이다. 대법원 2015. 1. 29. 선고 2012두7387 판결
② 법무사가 사무원 채용에 관하여 법무사법이나 법무사규칙을 위반하는 경우에는 소관 지방법원장으로부터 징계를 받을 수 있으므로, 법무사에 대하여 지방법무사회로부터 채용승인을 얻어 사무원을 채용할 의무는 법무사법에 의하여 강제되는 공법적 의무이다. 대법원 2020. 4. 9. 선고 2015다34444 판결
④ 국유림의 경영 및 관리에 관한 법률에 따른 임산물매각계약은 사법상 계약이다. 대법원 2020. 5. 14. 선고 2018다298409 판결

10. ② 【해설】 행정쟁송법
행정소송법 제39조는, "당사자소송은 국가·공공단체 그 밖의 권리주체를 피고로 한다."라고 규정하고 있다. 이것은 당사자소송의 경우 항고소송과 달리 '행정청'이 아닌 '권리주체'에게 피고적격이 있음을 규정하는 것일 뿐, 피고적격이 인정되는 권리주체를 행정주체로 한정한다는 취지가 아니므로, 이 규정을 들어 사인을 피고로 하는 당사자소송을 제기할 수 없다고 볼 것은 아니다. 대법원 2019. 9. 9. 선고 2016다262550 판결
① 구 군인연금법령상 급여를 받으려고 하는 사람은 우선 관계 법령에 따라 국방부장관 등에게 급여지급을 청구하여 국방부장관 등이 이를 거부하거나 일부 금액만 인정하는 급여지급결정을 하는 경우 그 결정을 대상으로 항고소송을 제기하는 등으로 구체적 권리를 인정받은 다음 비로소 당사자소송으로 그 급여의 지급을 구해야 한다. 이러한 구체적인 권리가 발생하지 않은 상태에서 곧바로 국가를 상대로 한 당사자소송으로 급여의 지급을 소구하는 것은 허용되지 않는다. 대법원 2021. 12. 16. 선고 2019두45944 판결
③ 사회보장수급권의 경우 구체적인 권리가 발생하지 않은 상태에서 곧바로 행정청이 속한 국가나 지방자치단체 등을 상대로 한 당사자소송이나 민사소송으로 급부의 지급을 소구하는 것은 허용되지 않는다. 대법원 2021. 3. 18. 선고 2018두47264 전원합의체 판결
④ 국가 등 과세주체가 당해 확정된 조세채권의 소멸시효 중단을 위하여 납세의무자를 상대로 제기한 조세채권존재확인의 소는 공법상 당사자소송에 해당한다. 대법원 2020. 3. 2. 선고 2017두41771 판결

11. ④ 【해설】 행정법통론
취득세와 같은 신고납부방식의 조세의 경우에는 원칙적으로 납세의무자가 스스로 과세표준과 세액을 정하여 신고하는 행위에 의하여 납세의무가 구체적으로 확정되고, 납부행위는 신고에 의하여 확정된 구체적 납세의무의 이행으로 하는 것이며, 지방자치단체는 그와 같이 확정된 조세채권에 기하여 납부된 세액을 보유한다. 따라서 납세의무자의 신고행위가 중대하고 명백한 하자로 인하여 당연무효로 되지 아니하는 한 그것이 바로 부당이득에 해당한다고 할 수 없다. 대법원 2014. 4. 10. 선고 2011다15476 판결
① 행정절차법 제40조(신고)

> 행정절차법 제40조(신고)
> ② 제1항에 따른 신고가 다음 각 호의 요건을 갖춘 경우에는 신고서가 접수기관에 도달된 때에 신고 의무가 이행된 것으로 본다.
> 　1. 신고서의 기재사항에 흠이 없을 것
> 　2. 필요한 구비서류가 첨부되어 있을 것
> 　3. 그 밖에 법령등에 규정된 형식상의 요건에 적합할 것

② 건축허가권자는 건축신고가 건축법, 국토의 계획 및 이용에 관한 법률 등 관계 법령에서 정하는 명시적인 제한에 배치되지 않는 경우에도 건축을 허용하지 않아야 할 중대한 공익상 필요가 있는 경우에는 건축신고의 수리를 거부할 수 있다. 대법원 2019. 10. 31. 선고 2017두74320 판결
③ 장기요양기관의 폐업신고와 노인의료복지시설의 폐지신고는, 행정청이 관계 법령이 규정한 요건에 맞는지를 심사한 후 수리하는 이른바 '수리를 필요로 하는 신고'에 해당한다. 그러나 행정청이 그 신고를 수리하였다고 하더라도, 신고서 위조 등의 사유가 있어 신고행위 자체가 효력이 없다면, 그 수리행위는 유효한 대상이 없는 것으로서, 수리행위 자체에 중대·명백한 하자가 있는지를 따질 것도 없이 당연히 무효이다. 대법원 2018. 6. 12. 선고 2018두33593 판결

12. ① 【해설】 행정작용법
금전급부처분이 소급적으로 취소된 경우 잘못 지급된 급여액에 대해 별도의 징수처분이 행해지는 경우가 있는데, 이 경우 지급결정을 변경 또는 취소하는 처분이 적법하다고 하여 그에 터잡은 징수처분도 반드시 적법하다고 판단해야 하는 것은 아니고, 관련이익을 비교·교량하여 징수할 금액을 결정하여야 한다. 대법원 2014. 7. 24. 선고 2013두27159 판결
② 행정행위의 취소사유는 행정행위의 성립 당시에 존재하였던 하자를 말하고, 철회사유는 행정행위가 성립된 이후에 새로이 발생한 것으로서 행정행위의 효력을 존속시킬 수 없는 사유를 말한다. 대법원 2003. 5. 30. 선고 2003다6422 판결
③ 원래 행정처분을 한 처분청은 그 처분에 하자가 있는 경우에는 원칙적으로 별도의 법적 근거가 없더라도 스스로 이를 직권으로 취소할 수 있지만, 그와 같이 직권취소를 할 수 있다는 사정만으로 이해관계인에게 처분청에 대하여 그 취소를 요구할 신청권이 부여된 것으로 볼 수는 없다. 대법원 2006. 6. 30. 선고 2004두701 판결
④ 행정기본법 제19조(적법한 처분의 철회)

> 행정기본법 제19조(적법한 처분의 철회)
> ② 행정청은 제1항에 따라 처분을 철회하려는 경우에는 철회로 인하여 당사자가 입게 될 불이익을 철회로 달성되는 공익과 비교·형량하여야 한다.

13. ① 【해설】 행정작용법
인허가 의제대상이 되는 처분의 공시방법에 관한 하자가 있더라도, 그로써 해당 인허가 등 의제의 효과가 발생하지 않을 여지가 있게 될 뿐이고, 그러한 사정이 주택건설사업계획 승인처분 자체의 위법사유가 될 수는 없다. 대법원 2017. 9. 12. 선고 2017두45131 판결
② 행정기본법 제25조(인허가의제의 효과)

> 행정기본법 제25조(인허가의제의 효과)
> ① 제24조제3항·제4항에 따라 협의가 된 사항에 대해서는 주된 인허가를 받았을 때 관련 인허가를 받은 것으로 본다.

③ 건축불허가처분을 하면서 그 처분사유로 건축불허가 사유뿐만 아니라 형질변경불허가 사유나 농지전용불허가 사유를 들고 있다고 하여 그 건축불허가처분 외에 별개로 형질변경불허가처분이나 농지전용불허가처분이 존재하는 것이 아니므로, 그 건축불허가처분을 받은 사람은 그 건축불허가처분에 관한 쟁송에서 건축법상의 건축불허가 사유뿐만 아니라 같은 도시계획법상의 형질변경불허가 사유나 농지법상의 농지전용불허가 사유에 관하여도 다툴 수 있는 것이지, 그 건축불허가처분에 관한 쟁송과는 별개로 형질변경불허가처분이나 농지전용불허가처분에 관한 쟁송을 제기하여 이를 다투어야 하는 것은 아니며, 그러한 쟁송을 제기하지 아니하였어도 형질변경불허가 사유나 농지전용불허가 사유에 관하여 불가쟁력이 생기지 아니한다. 대법원 2001. 1. 16. 선고 99두10988 판결
④ 행정기본법 제24조(인허가의제의 기준)

> 행정기본법 제24조(인허가의제의 기준)
> ① 이 절에서 "인허가의제"란 하나의 인허가를 받으면 법률로 정하는 바에 따라 그와 관련된 여러 인허가를 받은 것으로 보는 것을 말한다(주: 인·허가의제는 행정기관의 권한에 변경을 가져오므로 법률에 명시적인 근거가 있어야 함).

14. ③ 【해설】 행정구제법
사업시행자의 이주대책 수립·실시의무를 정하고 있는 구 공익사업법 제78조 제1항은 물론 이주대책의 내용에 관하여 규정하고 있는 같은 조 제4항 본문 역시 당사자의 합의 또는 사업시행자의 재량에 의하여 적용을 배제할 수 없는 강행법규이다. 대법원 2011. 6. 23. 선고 2007다63089 판결

① 토지보상법 제65조(일괄보상)

토지보상법 제65조(일괄보상)
사업시행자는 동일한 사업지역에 보상시기를 달리하는 동일인 소유의 토지등이 여러 개 있는 경우 토지소유자나 관계인이 요구할 때에는 한꺼번에 보상금을 지급하도록 하여야 한다.

② 토지보상법 제64조(개인별 보상)

토지보상법 제64조(개인별 보상)
손실보상은 토지소유자나 관계인에게 개인별로 하여야 한다. 다만, 개인별로 보상액을 산정할 수 없을 때에는 그러하지 아니하다.

④ 이주대책의 실시 여부는 입법자의 입법정책적 재량의 영역에 속하므로 공익사업을 위한 토지 등의 취득 및 보상에 관한 법률 시행령 제40조 제3항 제3호가 이주대책의 대상자에서 세입자를 제외하고 있는 것이 세입자의 재산권을 침해하는 것이라 볼 수 없다. 헌법재판소 2006. 2. 23. 선고 2004헌마19 결정

15. ② 【해설】 실효성 확보수단
한국자산공사의 공매통지는 공매의 요건이 아니라 공매사실 자체를 체납자에게 알려주는 데 불과한 것으로서, 통지의 상대방의 법적 지위나 권리·의무에 직접 영향을 주는 것이 아니라고 할 것이므로 이것 역시 행정처분에 해당한다고 할 수 없다. 대법원 2007. 7. 27. 선고 2006두8464 판결
① 도로교통법 제118조에서 규정하는 경찰서장의 통고처분은 행정소송의 대상이되는 행정처분이 아니므로 그 처분의 취소를 구하는 소송은 부적법하고, 도로교통법상의 통고처분을 받은 자가 그 처분에 대하여 이의가 있는 경우에는 통고처분에 따른 범칙금의 납부를 이행하지 아니함으로써 경찰서장의 즉결심판청구에 의하여 법원의 심판을 받을 수 있게 될 뿐이다. 대법원 1995. 6. 29. 선고 95누4674 판결
③ 질서위반행위규제법 제12조(다수인의 질서위반행위 가담)

질서위반행위규제법 제12조(다수인의 질서위반행위 가담)
③ 신분에 의하여 과태료를 감경 또는 가중하거나 과태료를 부과하지 아니하는 때에는 그 신분의 효과는 신분이 없는 자에게는 미치지 아니한다.

④ 행정소송에서 행정처분의 위법 여부는 행정처분이 행하여졌을 때의 법령과 사실상태를 기준으로 판단함이 원칙이고, 이는 공정거래법에 따른 공정거래위원회의 과징금 납부명령 등에 대한 판단에서도 마찬가지이다. 따라서 공정거래위원회의 과징금 납부명령 등이 재량권 일탈·남용으로 위법한지 여부는 다른 특별한 사정이 없는 한 과징금 납부명령 등이 행하여진 '의결일' 당시의 사실상태를 기준으로 판단하여야 한다. 대법원 2019. 1. 31. 선고 2017두68110 판결

16. ④ 【해설】 정보공개법
사법시험 제2차 시험의 답안지 열람은 시험문항에 대한 채점위원별 채점 결과의 열람(주: 비공개대상에 해당)과 달리 사법시험업무의 수행에 현저한 지장을 초래한다고 볼 수 없다. 대법원 2003. 3. 14. 선고 2000두6114 판결
① 국민의 '알권리', 즉 정보에의 접근·수집·처리의 자유는 자유권적 성질과 청구권적 성질을 공유하는 것으로서 헌법 제21조에 의하여 직접 보장되는 권리이다. 대법원 2009. 12. 10. 선고 2009두12785 판결
② 알 권리에서 파생되는 정부의 공개의무는 특별한 사정이 없는 한 국민의 적극적인 정보수집행위, 특히 특정의 정보에 대한 공개청구가 있는 경우에야 비로소 존재하므로, 정보공개청구가 없었던 경우 대한민국과 중화인민공화국이 2000. 7. 31. 체결한 양국간 마늘교역에 관한 합의서 및 그 부속서 중 '2003. 1. 1.부터 한국의 민간기업이 자유롭게 마늘을 수입할 수 있다'는 부분을 사전에 마늘재배농가들에게 공개할 정부의 의무는 인정되지 아니한다. 헌법재판소 2004. 12. 16. 선고 2002헌마579 전원재판부
③ 정보공개법 제9조 제1항 제7호 소정의 '법인 등의 경영·영업상 비밀'은 부정경쟁방지법 제2조 제2호 소정의 '영업비밀'에 한하지 않고, '타인에게 알려지지 아니함이 유리한 사업활동에 관한 일체의 정보' 또는 '사업활동에 관한 일체의 비밀사항'으로 해석함이 상당하다. 대법원 2008. 10. 23. 선고 2007두1798 판결

17. ② 【해설】 행정구제법
행위가 실질적으로 공무집행행위가 아니라는 사정을 피해자가 알았다 하더라도 그것을 "직무를 행함에 당하여"라고 단정하는데 아무런 영향을 미치는 것이 아니다. 대법원 1966. 6. 28. 선고 66다781 판결
① 국가배상법 제2조 소정의 '공무원'이라 함은 국가공무원법이나 지방공무원법에 의하여 공무원으로서의 신분을 가진 자에 국한하지 않고, 널리 공무를 위탁받아 실질적으로 공무에 종사하고 있는 일체의 자를 가리키는 것으로서, 공무의 위탁이 일시적이고 한정적인 사항에 관한 활동을 위한 것이어도 달리 볼 것은 아니다. 대법원 2001. 1. 5. 선고 98다39060 판결
③ 국가배상법이 정한 배상청구의 요건인 '공무원의 직무'에는 권력적 작용만이 아니라 행정지도와 같은 비권력적 작용도 포함되며 단지 행정주체가 사경제주체로서 하는 활동만 제외된다. 대법원 1998. 7. 10. 선고 96다38971 판결
④ 국가배상법 제2조 제1항의 '직무를 집행함에 당하여'라 함은 직접 공무원의 직무집행행위이거나 그와 밀접한 관련이 있는 행위를 포함하고, 이를 판단함에 있어서는 행위 자체의 외관을 객관적으로 관찰하여 공무원의 직무행위로 보여질 때에는 비록 그것이 실질적으로 직무행위가 아니거나 또는 행위자로서는 주관적으로 공무집행의 의사가 없었다고 하더라도 그 행위는 공무원이 '직무를 집행함에 당하여' 한 것으로 보아야 한다. 대법원 2005. 1. 14. 선고 2004다26805 판결

18. ③ 【해설】 실효성 확보수단
건물의 점유자가 철거의무자일 때에는 건물철거의무에 퇴거의무도 포함되어 있는 것이어서 별도로 퇴거를 명하는 집행권원이 필요하지 않으므로, 행정청이 행정대집행의 방법으로 건물철거의무의 이행을 실현할 수 있는 경우에는 건물철거 대집행 과정에서 부수적으로 건물의 점유자들에 대한 퇴거 조치를 할 수 있다.
① 관계 법령상 행정대집행의 절차가 인정되어 행정청이 행정대집행의 방법으로 건물의 철거 등 대체적 작위의무의 이행을 실현할 수 있는 경우에는 따로 민사소송의 방법으로 그 의무의 이행을 구할 수 없다. 대법원 2017. 4. 28. 선고 2016다213916 판결
② 계고서라는 명칭의 1장의 문서로서 일정기간 내에 위법건축물의 자진철거를 명함과 동시에 그 소정기한 내에 자진철거를 하지 아니할 때에는 대집행할 뜻을 미리 계고한 경우라도 건축법에 의한 철거명령과 행정대집행법에 의한 계고처분은 독립하여 있는 것으로서 각 그 요건이 충족되었다고 볼 것이고, 이 경우 철거명령에서 주어진 일정기간이 자진철거에 필요한 상당한 기간이라면 그 기간 속에는 계고시에 필요한 '상당한 이행기간'도 포함되어 있다고 보아야 할 것이다. 대법원 1992. 6. 12. 선고 91누13564 판결
④ 행정기본법 제32조(직접강제)

행정기본법 제32조(직접강제)
① 직접강제는 행정대집행이나 이행강제금 부과의 방법으로는 행정상 의무 이행을 확보할 수 없거나 그 실현이 불가능한 경우에 실시하여야 한다.

19. ① 【해설】 행정쟁송법
행정소송법 제23조에 의한 효력정지결정의 효력은 결정주문에서 정한 시기까지 존속하고 그 시기의 도래와 동시에 효력이 당연히 소멸하므로, 보조금 교부결정의 일부를 취소한 행정청의 처분에 대하여 법원이 효력정지결정을 하면서 주문에서 그 법원에 계속 중인 본안소송의 판결 선고 시까지 처분의 효력을 정지한다고 선언하였을 경우, 본안소송의 판결 선고에 의하여 정지결정의 효력은 소멸하고 이와 동시에 당초의 보조금 교부결정 취소처분의 효력이 당연히 되살아난다. 대법원 2017. 7. 11. 선고 2013두25498 판결
② 행정처분의 집행정지는 행정처분집행 부정지의 원칙에 대

한 예외로서 인정되는 일시적인 응급처분이라 할 것이므로 집행정지결정을 하려면 이에 대한 본안소송이 법원에 제기되어 계속 중임을 요건으로 하는 것이므로 집행정지결정을 한 후에라도 본안소송이 취하되어 소송이 계속하지 아니한 것으로 되면 집행정지결정은 당연히 그 효력이 소멸되는 것이고 별도의 취소조치를 필요로 하는 것이 아니다. 대법원 1975. 11. 11. 선고 75누97 결정
③ 행정청에 대한 거부처분의 효력을 정지하더라도 거부처분이 없었던 것과 같은 상태, 즉 거부처분이 있기 전의 신청시의 상태로 되돌아가는 데에 불과하고 행정청에게 신청에 따른 처분을 하여야 할 의무가 생기는 것이 아니므로, 거부처분의 효력정지는 그 거부처분으로 인하여 신청인에게 생길 손해를 방지하는 데 아무런 보탬이 되지 아니하여 그 효력정지를 구할 이익이 없다. 대법원 1995. 6. 21.자 95두26 판결
④ 집행정지의 요건을 결여하였다는 이유로 효력정지 신청을 기각한 결정에 대하여 행정처분 자체의 적법 여부를 가지고 불복사유로 삼을 수 없다. 대법원 2011. 4. 21.자 2010무111 전원합의체 결정

20. ④ 【해설】행정작용법
법령의 위임이 없음에도 법령에 규정된 처분 요건에 해당하는 사항을 부령에서 변경하여 규정한 경우에는 그 부령의 규정은 행정청 내부의 사무처리 기준 등을 정한 것으로서 행정조직 내에서 적용되는 행정명령의 성격을 지닐 뿐 국민에 대한 대외적 구속력은 없다고 보아야 한다. (중략) 이 경우 처분의 적법 여부는 그러한 규칙 등에서 정한 요건에 합치하는지 여부가 아니라 일반 국민에 대하여 구속력을 가지는 법률 등 법규성이 있는 관계 법령의 규정을 기준으로 판단하여야 한다. 대법원 2013. 9. 12. 선고 2011두10584 판결
① 구체적인 위임의 범위는 규제하고자 하는 대상의 종류와 성격에 따라 달라지는 것이어서 일률적 기준을 정할 수는 없지만, 적어도 위임명령에 규정될 내용 및 범위의 기본사항이 구체적으로 규정되어 있어서 누구라도 당해 법률이나 상위법령으로부터 위임명령에 규정될 내용의 대강을 예측할 수 있어야 하나, 이 경우 그 예측가능성의 유무는 당해 위임조항 하나만을 가지고 판단할 것이 아니라 그 위임조항이 속한 법률의 전반적인 체계와 취지 및 목적, 당해 위임조항의 규정형식과 내용 및 관련 법규를 유기적·체계적으로 종합하여 판단하여야 하며, 나아가 각 규제 대상의 성질에 따라 구체적·개별적으로 검토함을 요한다. 대법원 2015. 1. 15. 선고 2013두14238 판결
② 법률에서 위임받은 사항을 전혀 규정하지 않고 재위임하는 것은 복위임금지 원칙에 반할 뿐 아니라 위임명령의 제정형식에 관한 수권법의 내용을 변경하는 것이 되므로 허용되지 않으나, 위임받은 사항에 관하여 대강을 정하고 그 중의 특정사항을 범위를 정하여 하위법령에 다시 위임하는 경우에는 재위임이 허용된다. 대법원 2015. 1. 15. 선고 2013두14238 판결
③ 어떠한 고시가 일반적·추상적 성격을 가질 때에는 법규명령 또는 행정규칙에 해당할 것이지만, 다른 집행행위의 매개 없이 그 자체로서 직접 국민의 구체적인 권리의무나 법률관계를 규율하는 성격을 가질 때에는 행정처분에 해당한다. 대법원 2006. 9. 22. 선고 2005두2506 판결

행 정 학

출제교수: 이명훈 교수님

1. ③ 【해설】 지방행정론
지방자치단체는 법률로 정하는 바에 따라 지방세를 부과, 징수할 수 있다.

2. ③ 【해설】 정책론
㉠은 옳고, ㉡, ㉢은 옳지 않다. 크렌슨(Crenson)의 '대기오염의 비정치화이론'은 이익은 분산되고 비용은 집중되는 전체적인 문제의 경우 비용부담자들의 강력한 저항으로 정부의 제화가 곤란하다고 보았다(㉡). 관련 집단들에 의해 예민하게 쟁점화된 사회문제는 정부의제화가 용이하나, 문제 자체가 매우 복잡하여 해결책을 선택하기 곤란한 사회문제는 정부의제화가 곤란하다(㉢).

3. ③ 【해설】 조직론
포터와 롤러(Porter & Lawler)의 기대이론은 높은 수준의 근무성적(업적)에 대한 보상이 공평할 경우 높은 만족감을 가져다 줄 수 있다고 보아 업적이 만족에 선행된다고 보았다.

4. ④ 【해설】 행정학총론
공공선택론적 접근방법은 정부를 공공재의 생산자, 시민을 공공재의 소비자라고 규정하고 서비스의 공급과 생산은 공공부문의 시장경제화를 통해 가능하다고 보기 때문에 경제학적 가정에 기반한 방법론적 개체주의 입장을 취한다.

5. ① 【해설】 재무행정론
세입예산과목은 관·항·목으로 구분되며, 관·항은 입법과목, 목은 행정과목이다.

6. ① 【해설】 행정환류론
㉠은 고객정치상황, ㉡은 대중정치상황, ㉢은 이익집단정치상황, ㉣은 기업가정치상황을 의미한다. 고객정치상황(㉠)에서는 조직화된 소수의 강력한 정치적 활동으로 인하여 규제 형성 및 집행이 용이하다.
<<핵심체크>> 윌슨(J. Q. Wilson)의 규제정치 상황

구 분		감지된 편익	
		넓게 분산	좁게 집중
감지된 비용	넓게 분산	대중적 정치 (Ⅰ)	고객 정치(Ⅱ)
	좁게 집중	기업가적 정치 (Ⅲ)	이익집단 정치 (Ⅳ)

7. ① 【해설】 인사행정론
분류법은 등급별로 책임도, 곤란성, 필요한 지식과 기술 등에 관한 기준을 고려하여 직위의 등급 수와 분류 기준을 작성한 등급기준표에 따라 직무의 책임도와 곤란도를 평가하는 절대평가방법이다.
② 점수법은 직무요소를 평가대상으로 하며, 체계적이고 과학적인 방법에 의해 작성된 직무평가기준표를 사용하는 절대평가방법이다.
③ 서열법은 직무와 직무를 직접 비교하는 비계량적인 방법으로 비용은 적게 들지만, 주관성 배제가 곤란하다.
④ 요소비교법은 기준직위와 평가할 직위를 비교해 가면서 점수를 부여하여 보수액을 산정하는 양적 평가방법으로 가장 최근에 개발된 기법이다. 민간부문에서 가장 많이 활용되는 방법은 점수법이며, 정부부문에서 가장 많이 활용되는 방법은 분류법(등급법)이다.

8. ④ 【해설】 정책론
하향적 접근방법은 결정된대로 집행되기 위한 방법을 찾는 연구방법으로 정책결정자가 집행과정에서 발생하는 모든 것에 결정적인 영향력을 행사할 수 있고 그렇게 해야만 한다고 본다.

9. ② 【해설】 지방행정론
「지방자치법」상 농산물·임산물·축산물·수산물의 생산 및 유통지원업무는 원칙적으로 자치사무에 해당한다. 반면, 농산물·임산물·축산물·수산물 및 양곡의 수급조절과 수출입 등 전국적 규모의 사무는 국가사무에 해당한다.

10. ② 【해설】 행정학총론
㉠, ㉢, ㉤은 옳고, ㉡, ㉣은 옳지 않다. 전통적 정부모형(관료제)은 대의정치에 의존하며, 정치와 행정의 구분(정치행정이원론)을 통한 정책결정의 합리화를 추구한다(㉠). 참여모형은 전통적 정부모형의 계층제를 비판하고 상위계층과 하위계층 간의 계층이 없는 평면조직을 선호하며, TQM, MBO 등의 민주적 관리방식을 도입하고자 한다(㉢). 시장모형은 관료제의 독점성을 비판하고, 내부시장화 및 시장적 유인을 통해 경제적 효율성(저비용)을 증진하고자 한다(㉤).
㉡ 유연정부모형은 관료제의 영속성을 비판하고 가상조직 및 임시직 공무원의 활용을 통해 경제적 효율성을 증진하고자 한다. 다만, 가상조직 및 임시직 공무원의 활용은 불안정성으로 인해 구성원들의 조직과 업무에 대한 몰입도(충성도)를 낮춘다.
㉣ 탈규제모형은 내부규제를 철폐하고 기업가적 정부를 구축하여 행정의 창의성과 능동성을 증진하고자 한다. 다만, 탈규제모형은 조직구조에 대한 대안을 제시하지 못한다. 준자치적 조직을 선호하는 모형은 시장모형이다.

11. ① 【해설】 재무행정론
불법재정지출에 대한 국민감시제(①)는 재정투명성을 위한 제도적 장치이다.
<<핵심체크>> 「국가재정법」의 주요내용

목적	이 법은 국가의 예산·기금·결산·성과관리 및 국가채무 등 재정에 관한 사항을 정함으로써 효율적이고 성과 지향적이며 투명한 재정운용과 건전재정의 기틀을 확립하고 재정운용의 공공성을 증진하는 것을 목적으로 함(2020년 공공성 증진 추가)
재정효율성	① 회계 및 기금 간 자유로운 전·출입 허용, ② 예·결산 순기(예산 국회제출-회계연도 개시 120일 전, 결산 국회제출-5월 31일), ③ 성과계획서 및 보고서 작성 및 국회제출
재정투명성	① 재정정보의 공표제도, ② 불법재정지출에 대한 국민감시제, ③ 예산성과금제도
재정건전성	① 법률안 재정 소요 추계제도, ② 국세감면의 제한, ③ 추가경정예산 편성사유 제한, ④ 세계잉여금 처리용도 제한, ⑤ 국가채무관리계획 수립 및 국회제출, ⑥ 국고채무부담행위나 보증채무부담행위시 국회의 사전 동의, ⑦ 총사업비관리제도와 예비타당성조사, ⑧ 국가재정운용계획의 국회 제출

12. ④ 【해설】 인사행정론
공무원에 대하여 근무성적이 극히 나쁘다는 사유와 형사 사건으로 기소되었다는 사유가 경합(競合)할 때에는 형사사건으로 기소되었다는 사유로 직위해제 처분을 하여야 한다.

13. ① 【해설】 정책론
정책집행이 완료된 후에 정책수단과 정책의 효과 간에 인과관계를 추정하는 평가를 총괄평가라 한다(정책수단과 효과 간의 인과관계 추정). 과정평가는 정책의 효과가 발생한 경우 어떠한 경로를 통해서 발생했는지 정책 효과발생의 인과관계를 밝히거나 정책효과가 발생하지 않는 경우 어떤 경로에 문제가 있었는지를 밝히는 평가(인과관계의 경로평가)를 말한다.

14. ① 【해설】 조직론
설문은 셀즈닉(Selznick)의 적응적 흡수에 대한 것이다. 적응적 흡수란 조직에 위협을 줄 수 있는 외부 세력을 조직의 의사결정기구에 참여시키는 것을 말한다. 적응적 흡수는 목표의 변동의 원인이 될 수도 있고 무의사결정의 수단이 될 수도 있다.

15. ④ 【해설】행정학총론
사회적 자본은 타집단에 대한 대외적 폐쇄성과 배타성으로 집단 간의 갈등과 균열을 야기할 수 있다.

16. ③ 【해설】재무행정론
ㄴ, ㄹ은 옳고, ㄱ, ㄷ, ㅁ은 옳지 않다. 국고채무부담행위는 법률에 의한 것과 세출예산금액 또는 계속비의 총액의 범위 안의 것 외에 국가가 채무를 부담하는 행위를 말한다(ㄱ). 계속비의 연한은 원칙적으로 그 회계연도부터 5년 이내로 하지만 기획재정부장관이 필요하다고 인정하는 때에는 국회의 의결을 얻어 지출연한을 연장할 수 있다(ㄷ). 사고이월(事故移越)은 연도 내의 지출을 필할 것으로 예상되었으나 부득이한 사유에 의하여 지출을 필하지 못한 경비나, 연도 내에 지출원인행위를 하지 못한 부대경비를 다음 회계연도에 사용하는 것으로 재이월이 불가능하다(ㅁ).

17. ④ 【해설】인사행정론
행태관찰척도법은 한편에는 행태에 관한 구체적인 사건을 제시하고(평정항목) 다른 한편에는 사건의 빈도수를 표시하는 척도를 구성하여 평정하는 방식으로 평정자의 주관을 줄일 수 있으나 여전히 등급 간의 비교기준이 모호하며, 연쇄효과를 야기할 우려가 있다.

18. ② 【해설】정책론
분배정책은 저항과 갈등이 적어 정책의 자율성이 강하지만, 재분배정책은 저항과 갈등이 커 정책의 타율성이 강하다.
<<핵심체크>> 분배정책과 재분배정책

구분	분배정책	재분배정책
개념	정부가 공공재원을 통해 특정 개인·조직·지역사회에 권리나 이익 또는 재화나 서비스 등의 가치를 배분하는 정책	재산·소득·권력 등을 상대적으로 많이 가진 계층으로부터 적게 가진 계층으로 이전시키는 정책(사회·경제적 배분의 기본관계를 재구성해 나가는 정책)
비용부담자와 수혜자	• 비용부담자 : 불특정 다수(일반국민) • 수혜자 : 불특정 다수(일반국민) • 비용부담자와 수혜자 미분리	• 비용부담자 : 고소득층 • 수혜자 : 저소득층 • 비용부담자와 수혜자 분리
게임의 상황	비영합게임(Non Zero-Sum game)	영합게임(Zero-Sum game)
참여자 행태	상호불간섭이나 상호수용	이데올로기상의 갈등
의사결정	돼지구유통정치(Pork Barrel)와 통나무굴리기식 의사결정(Log-rolling)	계급 대립적 갈등
상호작용	이해관계에 따른 경쟁 또는 협력	이데올로기에 따른 갈등과 경쟁
주요행위자	관료 또는 하위정부(다원주의적 성격)	대통령(엘리트주의적 성격)
사상	자유주의(1차적 배분)	이전주의, 계급주의(2차적 배분)
추구이념	능률성, 효과성, 효율성	형평성
저항(순응도)	낮음(높음)	높음(낮음)
표준운영절차	루틴화 확립 용이	루틴화 확립 곤란
정책자율성	높음	낮음
갈등	낮음	높음

19. ④ 【해설】조직론
중앙책임운영기관과 소속책임운영기관 소속 공무원의 임용시험은 책임운영기관의 장이 실시함을 원칙으로 한다.
<<핵심체크>> 중앙책임운영기관과 소속책임운영기관

유형	중앙책임운영기관	소속책임운영기관
기관장의 신분	• 「정부조직법」에서 정하는 신분(현재 특허청장은 정무직 공무원) • 임기 2년, 1차에 한하여 연임 가능	• 공개모집절차에 따라 기관장을 선발하여 임기제 공무원으로 임용(경력직 공무원 응모 불가) • 근무기간은 5년의 범위에서 소속중앙행정기관의 장이 정하되, 최소한 2년 이상으로 함
정원관리	• 총정원의 한도는 대통령령으로 정하고, 종류별·계급별 정원 및 고위공무원단에 속하는 공무원의 정원은 총리령 또는 부령으로 정함 • 직급별 정원은 기관장이 제정하는 기본운영규정으로 정함	
소속 공무원 임용권	• 기관장은 고위공무원단에 속하는 공무원을 제외한 소속 공무원에 대한 일체의 임용권을 가짐 • 중앙책임운영기관 소속 공무원의 임용시험은 기관장이 실시함	• 중앙행정기관의 장은 책임운영기관 소속 공무원에 대한 일체의 임용권을 가짐(임용권의 일부를 대통령령에 따라 기관장에게 위임할 수 있음) • 소속책임운영기관 소속 공무원의 임용시험은 기관장이 실시함
예산 및 회계	• 자체수입확보가 용이한 기관(책임운영기관특별회계기관)은 특별회계로, 그 외의 기관은 일반회계로 운영 • 특별회계는 계정별로 중앙행정기관의 장이 운용하고 기재부장관이 통합관리함 • 책임운영기관특별회계기관의 사업은 정부기업으로 보고, 「정부기업예산법」을 적용함 • 기관장은 특별회계 또는 일반회계의 초과수입금을 직·간접비로 사용할 수 있음	
성과관리	중앙책임운영기관장은 국무총리와 성과계약을 체결함	소속책임운영기관장은 소속중앙행정기관의 장과 성과계약을 체결함
평가	기관장 소속으로 중앙책임운영기관운영심의회를, 행정안전부장관 소속으로 책임운영기관운영위원회를 둠(운영위원회의 평가를 우선함)	중앙행정기관의 장의 소속으로 소속책임운영기관운영심의회를, 행정안전부장관 소속으로 책임운영기관운영위원회를 둠(운영위원회의 평가를 우선함)

20. ④ 【해설】지방행정론
지방재정자립도는 자주재원(지방세 수입 + 세외수입)/일반회계세입 총액(단, 지방채 제외) × 100으로 계산된다. 따라서 지방채 수입을 자주재원에 산입하지 않고 평가한다.
<<핵심체크>> 지방재정자립도의 한계와 제고방안

한계	• 특별회계와 기금이 고려되지 않아 지방정부의 총 재정규모 파악 곤란 • 세입중심으로 산정되어 자치단체의 세출구조 파악 불가능 • 의존재원의 재정지원 성격 파악 곤란 • 자치단체 간 상대적 재정규모 파악 곤란 • 지방재정력과 충돌 가능성
제고방안	• 조세체제 개편을 통한 국세와 지방세의 합리적 조정 • 각종 부담금의 지방세화 등 새로운 지방세원의 개발 • 수익자부담주의를 활용하여 사용료·수수료 등 세외수입 확충 • 경영수익사업의 개발을 통한 세외수입 확충

2025 공무원 시험대비 【5월분】

박문각 주간 모의고사
— 제5회 —
[정답 및 해설]

제1과목 국어
제2과목 영어
제3과목 한국사
제4과목 행정법총론
제5과목 행정학개론

답안 입력 및 성적 조회는 PC, 모바일에서 모두 가능합니다.
★ PC: pass.pmg.co.kr | ★ 모바일 앱: 박문각 합격관리

주간 모의고사 정오표

합격까지 박문각

국 어

출제교수: 강세진 교수님

1. ④ 【해설】국어문법
   ㉠ 꽃-잎: [꼳입 → 꼳닙 → 꼰닙], 음절 끝소리 규칙(교체)/ㄴ 첨가(첨가)/비음화(교체)
   ㉡ 같-이: [가치], 구개음화(교체)
   ㉢ 밭-이: [바치], 구개음화(교체)
   ㉣ 막-히다: [마키다], 자음 축약(축약, ㄱ+ㅎ=ㅋ)

   ㉠은 ㉣과 달리 'ㄴ 첨가'뿐만 아니라 '음절 끝소리 규칙, 비음화'와 같은 교체도 일어난다. 따라서 ④가 정답이다.
   ① ㉠과 ㉡ 모두 된소리되기 현상은 나타나지 않는다.
   ② ㉡과 ㉢ 모두 자음축약 현상은 나타나지 않는다.
   ③ ㉢과 ㉣ 모두 음절 끝소리 규칙이 적용되지 않는다.

2. ② 【해설】국어문법
   '되다/안 되다'의 문제가 아니므로 '안되다'와 같이 붙여 써야 한다.
   ① '한 번, 두 번'과 같이 셀 수 있는 단위가 아니다. '시도'의 의미가 있으므로 '한번'과 같이 붙여 써야 한다.
   ※ 한번: 「1」((주로 '-어 보다' 구성과 함께 쓰여)) 어떤 일을 시험 삼아 시도함을 나타내는 말.
   ③ '집이 크다'라는 의미이므로 '큰 집'과 같이 띄어 써야 한다.
   ※ 큰집: 「2」 분가하여 나간 집에서 종가를 이르는 말.
   ④ '집의 안과 밖'을 의미하는 것이 아니므로 '집안'과 같이 붙여 써야 한다.
   ※ 집안: 가족을 구성원으로 하여 살림을 꾸려 나가는 공동체. 또는 가까운 일가.≒가내.

3. ③ 【해설】국어문법
   ○ 닭/똥 같/은 눈/물/을 닦/았/다.
   (1) 형식 형태소: -은, 을, -았-, -다(4개)
   (2) 실질 형태소: 닭, 똥, 같-, 눈, 물, 닦-(6개)
   (3) 의존 형태소: 같-, -은, 을, 닦-, -았-, -다(6개)
   (4) 자립 형태소: 닭, 똥, 눈, 물(4개)
   (5) [닥똥가튼눈무를닥깓따]: 음절 수는 10개이다.

4. ④ 【해설】국어문법
   '두다'는 '무엇을 어디에 두다'라는 맥락이므로, 세 자리 서술어에 해당한다.
   ※ 두다(동사): ■【…을 …에】「1」 일정한 곳에 놓다.
   ① '되다'는 주어, 보어를 필요로 하는 두 자리 서술어이다.
   ② '먹다'는 주어, 목적어를 필요로 하는 두 자리 서술어이다.
   ③ '만나다'는 주어, 목적어를 필요로 하는 두 자리 서술어이다.

5. ② 【해설】어문규정
   '종결 어미'는 [요]로 발음이 되어든 무조건 '-오'로 적어야 한다. 따라서 해당 내용은 적절하지 않다.
   ① 한글 맞춤법 총칙과 관련된 내용이다.
   ③ '오빠'와 같이 뚜렷한 까닭 없이 나는 된소리를 첫음절에서 된소리로 적는다.
   ④ '똑똑하다'와 같이 같은 음절이 겹쳐 나는 경우 같은 글자로 적는다.

6. ① 【해설】어휘
   '공중에 있거나 위쪽으로 솟아 오르다'의 의미를 공유하는 대상은 해뿐만 아니라 '몸'도 가능하므로, ①이 정답이다.
   ※ 뜨다(동사): ■【…에】【…으로】 물속이나 지면 따위에서 가라앉거나 내려앉지 않고 물 위나 공중에 있거나 위쪽으로 솟아오르다.
   ② 뜨다(동사): ② 「6」(속되게) 인기를 얻게 되고 유명해지다.
   ③ 뜨다(동사): ■【…을】「1」 실 따위로 코를 얽거나 무엇을 만들다.
   ④ 뜨다(동사): 【…을】「1」 감았던 눈을 벌리다.

7. ④ 【해설】작문
   ○ 강세진 선생님을 보고 싶어 하는 학생이 많다.: '보고 싶어 하는'의 주체가 '강세진 선생님'일 수도 있고, '학생'일 수도 있어야 하지만, 해당 문장은 정확하게 '강세진 선생님을 보고 싶어 하므로' 중의문이 아니다.
   ① 만수는 어제 고향에서 온 친구를 만났다.: '어제'가 수식하는 용언이 '온'인지, '만났다'인지 알 수 없으므로 중의문이다.
   ② 그의 외숙모는 그보다 영화를 더 좋아한다.: '그의 외숙모와 그'를 비교하는지, '그와 영화'를 비교하는지 알 수 없으므로 중의문이다.
   ③ 미희는 민정이와 영숙이를 찾으러 돌아다녔다.: '미희가 민정이와 함께' 영희를 찾으러 갔는지, '미희 혼자' 민정이와 영숙이를 찾으러 갔는지 알 수 없으므로 중의문이다.

8. ② 【해설】화법
   ㄱ(○): 채식을 실천할 때, 축산업에서 발생하는 온실가스를 줄이므로 환경에 이롭고, 심혈관계 질환 같은 건강 문제도 예방할 수 있다고 하였다.
   ㄴ(×): 을은 채식 위주의 식단만이 늘 좋은 것은 아니라고 지적한다.
   ㄷ(○): 부분 채식이 현실적이라고 강조한다.
   ㄹ(×): 을의 입장을 고려해 볼 때, 채식의 단점을 위주로 지적함을 알 수 있다.

9. ① 【해설】신유형
   A: 지수가 친구를 초대함.
   B: 도형이는 외출을 함.
   C: 민영이는 독서를 함.
   (가) A → ~B, B → ~A <대우 관계>
   (나) ~B → C, ~C → B <대우 관계>
   (다) ~C

   결론: ~C → B → ~A,
   "지수는 친구를 초대하지 않는다." 가 정답이다.
   ② ×, 도형이는 외출을 한다.
   ③ ×, 민영이는 독서를 하지 않는다.
   ④ ×, '도형이가 외출하지 않으면, 민영이는 독서를 한다.'의 '이' 관계이다. 그러나 반드시 참은 아니다.

10. ② 【해설】신유형
    갑: 금요일∨토요일
    을: (   )
    병: 토요일 → 응답률이 떨어짐.
    정: '금요일'에 진행하는 편이 낫다고 봄.

    토요일에 진행하면, 응답률이 떨어진다고 하였고, 이를 들은 정은 '금요일에 진행하자'는 쪽으로 정하였다. 따라서 을의 말은 '토요일에 진행하기 어렵다.'라고 표현해야 하며, 이와 동일한 의도에서 쓴 ②만이 정답이다.
    ① ×, 병의 말과 위배되므로, 정의 결론을 이끌 수가 없다.
    ③ ×, 정의 말과 위배된다.
    ④ ×, 병의 말과 위배되므로, 정의 결론을 이끌 수가 없다.

11. ① 【해설】신유형
    (가) 사자 → 포식자 <전칭> <대우 관계>
    (나) (?), 빠르게 달림 → 초원 <특칭> <대우 관계>
    (다) 초원 → 사자 <전칭>

    결론: 빠르게 달림 → 초원 → 사자 → 포식자

    '빠르게 달리는 것'과 '초원'이란 조건만 있으면 되지만, ①의 선지는 해당 명제의 대우로 제시되어 있으므로, 조건문을 구별하여 명백히 파악해야 한다.
    ② 사자 → 빠르게 달림
    ③ ~포식자 → ~초원
    ④ 빠르게 달림 → ~포식자

- 1 -

12. ③ 【해설】 독서
1) (가)와 (라) 중에 무엇을 먼저 배치해야 하는지 내용을 읽어야 한다.
(가): '학습을 개념화하는 것'과 '어떤 측면을 강조하고 있는지'의 여부의 중요성을 언급하며, '행동, 지식, 정의적' 측면 등을 제시하였다.
(라): 인간의 변화는 성숙의 산물만 있지 않다면서, 이와 더불어 후천적 학습의 영향을 설명하였다.
2) 이렇게 (가)와 (라)의 내용을 분석할 때, (라)가 먼저 제시되어야 후천적 학습과 연결하여 (가)를 설명할 수 있다.
3) 다음으로 (나)와 (다)의 배치를 확인해야 한다.
(나): '좀 더 넓은 뜻의 학습'을 정의한다.
(다): '경험한 것을 모두 다 지칭하지 않는다'며 범주를 설명한다.
4) 문맥을 고려해 볼 때, 경험 측면에서 설명한 (라)-(다)의 연결이 자연스러움을 알 수 있다. 이를 바탕으로 (가)-(나)의 연결이 이어지므로 ③이 정답이다.

13. ④ 【해설】 독서
'이때 연구팀은 fMRI를 이용해 대상자의 뇌 활동을 관찰했고, 신체적인 통증을 느낄 때 활성화되는 두정엽 일부 영역과 전두엽의 특정 부위가 활성화됨을 확인했다.'에서 알 수 있듯이, 신체적 통증을 느낄 때의 부위가 활성화됨을 알 수 있다. 이는 사회적 배제로 인해 느끼는 고통이 물리적 고통과 유사함을 시사한다는 결론에 다다를 수 있다.
① 오랜 시간 배제를 경험했을 때 성격의 변화를 설명한 것이 아니다.
② 사회적 배제와 물리적 통증 사이에 관련성이 있음을 알려준 글이다.
③ 대화가 단절된 상황은 맞지만, 그렇다고 하여 뇌 활동의 감소 여부를 파악하고자 한 실험이 아니다.

14. ③ 【해설】 독서
(1) 능숙자 집단(P) > 초보자 집단(Q): 학습 초기에 다양한 전략을 시도하는 횟수
(2) 능숙자 집단(P) > 초보자 집단(Q): 최종 기술 숙련도 평가 점수
(3) 초보자 집단(Q) > 능숙자 집단(P): 전략 변경 횟수
능숙자는 초기 탐색 횟수가 더 많지만, 효과적 전략을 찾은 후 전략 변경 횟수가 더 적다는 ③이 정답이다.

15. ② 【해설】 독서
㉠: '그'는 고고학자 스미스를 의미한다.
㉣: '스미스의 지지자들'이 '그'를 추앙한 것으로 보이므로, 여기서 말한 ㉠과 ㉣은 같은 대상이다.
①, ③ ㉡: '그들'은 피라미드를 건설한 사람들을 의미하므로 고고학자 스미스와 무관하다.
③, ④ ㉢: '전담 기술자'를 의미한다.

16. ③ 【해설】 독서
'의료 현장에서는 환자에게 꼭 필요한 만큼의 항생제를 처방하고, 개인 차원에서는 손 씻기와 같은 기본적 위생 수칙을 철저히 지켜야 한다.'에서 알 수 있듯이, 올바른 처방도 필요하고 위생 관리도 병행하여 항생제 내성을 막기 위해 노력해야 한다.
① '의료 현장에서는 환자에게 꼭 필요한 만큼의 항생제를 처방하고, 개인 차원에서는 손 씻기와 같은 기본적 위생 수칙을 철저히 지켜야 한다.'에서 알 수 있듯이, 항생제를 전혀 사용하지 않는 것만이 유일한 방법이라고 하지 않았다.
② '항생제 내성의 확대를 막기 위해서는 개인과 사회가 함께 책임감을 가지고 실천적 노력을 기울여야 한다.'에서 사회적 책임도 고려하라고 하였다.
④ '이는 자연적 변이 과정에서 일부 세균이 항생제에 강한 내성을 지니게 되고, 이들이 증식하면서 내성균이 퍼지게 되는 것이다.'에서 알 수 있듯이, 자연적 변이 과정에서 지니게 되므로, 인위적으로만 만들어진다는 말은 적절하지 않다.

17. ① 【해설】 독서
'약 138억 년 전 모든 물질과 에너지가 극소의 한 점에서 시작해 급격히 팽창하였다고 설명한다. 이 이론은 은하의 후퇴속도, 우주 배경 복사 및 우주 초기 원소 분포와 같은 관측 증거를 토대로 한다.'에서 확인할 수 있는 내용이다.
② '약 138억 년 전 모든 물질과 에너지가 극소의 한 점에서 시작해 급격히 팽창하였다고 설명한다.'는 설명은 한때 수축하다가 최근에야 팽창하였다고 보기가 어렵다.
③, ④ '일부 연구자들은 대폭발 이론이 우주의 초기 상태나 다크 에너지, 다크 매터와 관련된 문제들을 완전히 해명하지 못한다는 점을 들어 보완된 이론의 필요성을 주장한다.'에서 알 수 있듯이, 완벽히 설명하지 못하였다.

18. ② 【해설】 독서
'1945년 재일조선인은 전시노동동원자를 포함하여 230만 명에 달했는데, 이들은 모두 협화회의 회원으로 편성되어 행동과 사상 일체에 대해 감시를 받았다.'에서 확인할 수 있듯이, '전시노동동원자'에 대한 감시를 자행한 것을 알 수 있다.
① '조선에 거주하는 조선인이 군이나 면과 같은 조선총독부하의 일반행정기관의 통제를 받았다면 재일조선인은 협화회의 관리를 받았다.'에서 알 수 있듯이 긴밀한 협조체계를 유지한 것은 아니다.
③ '협화회는 재일조선인에 대한 감시와 사상 관리뿐 아니라 신사참배, 일본옷 강요, 조선어 금지, 강제예금, 창씨개명, 지원병 강제, 징병, 노동동원 등을 조선 본토보다 더 강압적으로 추진했다.'를 확인하면, 황민화교육에 힘쓴 것으로 보인다.
④ '이것이 협화회를 조직하는 데 경찰이 주도적인 역할을 한 이유였다.'에서 알 수 있듯이, 군인으로 구성되어 있지 않다.

19. ② 【해설】 독서
ㄱ(×): '알코어 재단은 시신 조직의 미시적 구조가 손상되는 것을 줄이기 위해 최근부터 유리화를 이용한 냉동 방법을 활용하고 있다.'에서 알 수 있듯이 뉴런들의 커넥톰 보존을 염두에 둔 기술이 아니다.
ㄴ(×): '이 기술에서 느린 냉각은 삼투압을 이용해 세포 바깥의 물을 얼음 상태로 만들고 세포 내부의 물은 냉동되지 않도록 하는 방식이다. 그러나 이 또한 치명적이지는 않더라도 여전히 세포들을 손상시킨다.'를 참고해 보면, 여전히 세포는 손상됨을 알 수 있다.
ㄷ(○): '냉동 보존된 인간을 다시 살려냈을 때, 그 사람이 냉동 이전의 사람과 동일한 사람이라고 할 수 있기 위해서는 뉴런들의 커넥톰이 그대로 보존되어 있어야 한다.'를 고려해 보면, 뉴런들의 커넥톰이 그대로 보존되지 않을 때, 냉동 이전의 정상 상태에 있지 않음을 유추할 수 있다.

20. ② 【해설】 독서
ㄱ(○): 실제로는 언어에 따라 다르게 나타난 점을 고려해 볼 때, 보라색과 남색의 구분 어휘가 없는 언어권 화자들은 두 색을 같은 색으로 분류하는 경향을 보일 것이다.
ㄴ(○): 언어에 따라 색을 구분한다는 점을 고려해 볼 때, 만약 다국어를 사용하는 화자들은 사용하는 언어에 따라 색채 구분의 정확도가 달라질 수 있을 것이다.
ㄷ(×): 시각적 훈련 정도에 따라 색채 구분 능력이 결정된다면, 이는 언어에 따라 색채를 달리 본다는 의견과 충돌되므로, ㉠을 약화한다.

영 어

출제교수: 김세현 교수님

1. ②
【해설】
gratified는 '만족한'의 뜻으로 이와 가장 가까운 유의어는 ② satisfied이다.
【해석】
안타깝게도, 2012 올림픽에서 불운의 1초 때문에 패배함으로써 온 국민의 눈물을 적신 신아람 선수는 8강에 오르는 데 만족해야 했다.
【어휘】
sadly 슬프게도, 안타깝게도 move ①움직이다 ②감동시키다 second ①두 번째 ②초 gratify 만족시키다 gratified 만족한 *gratify 만족시키다 reach ~에 이르다, 다다르다, 도착하다 quarterfinal 8강 *semifinal 준결승전 *final 결승전 hasty 서두르는, 성급한 besieged 포위된 empathetic 공감하는

2. ③
【해설】
bewilder는 '당황하게하다, 혼동시키다'의 뜻으로 이와 가장 가까운 유의어는 ③ perplex이다.
【해석】
나보다 언니였던 이모의 딸 Rani는 당황한 채 이모의 무릎위에서 한때 자신이 엄마라고 알고 있던 자신감에 가득 찬 여성에게 무슨 일이 일어났는지도 모른 채 앉아있었다.
【어휘】
confident 확신에 찬, 자신감 있는 endow 주다, 부여하다 attractive 매력적인 perplex 당황하게하다, 혼동시키다 counterfeit ①위조하다 ②가짜의, 위조의

3. ④
【해설】
awesome은 '멋진, 대단한'의 뜻으로 이와 가장 비슷한 유의어는 ④ terrific이다.
【해석】
냉소적인 사진작가인 데일 브라운은 옐로우스톤 국립공원에 방문할 때마다 이 멋진 사진을 찍었다.
【어휘】
photographer 사진작가 terrible 끔찍한, 무시무시한, 공포스러운 blunt ①직설적인 ②무딘 naive 순진한 terrific 훌륭한, 멋진

4. ②
【해설】
② ~thing으로 끝나는 부정대명사는 형용사가 뒤에서 수식사는 후치수식구조로 unnamed something은 something unnamed로 고쳐 써야 한다.
① There가 문두에 위치해 주어동사가 도치된 구조로 주어가 단수명사(story)이므로 is의 사용은 어법상 옳다.
③ 접속사 as 다음 something(단수 주어)이 주어이므로 단수동사 occupies의 사용은 어법상 적절하다.
④ 부사 eventually는 forcing을 수식하고 있고 forcing 뒤에 목적어가 있으므로 능동의 형태는 어법상 적절하다.
【해석】
Julio Cortazar의 <장악된 집>이라는 이야기가 있는데, 거기에서 오누이는 이름 모를 무언가가 조금씩 그들의 집 전체를 차지하자 강제로 방에서 방으로 이동하다, 결국 그것은 오누이를 거리로 내쫓는다.
【어휘】
occupy 차지하다 inch by inch 조금씩 entire ①전체의 ②완전한 eventually 궁극적으로, 결국

5. ②
【해설】
② 자릿값에 의해 준동사 자리이고 뒤에 목적어(cookies)가 있으므로 수동의 형태 devoured는 능동의 형태 devouring으로 고쳐 써야 한다.
① much 다음에는 단수명사(appeal)가 와야 하고 또한 동사도 단수동사(has)여야 하므로 어법상 적절하다.
③ those 다음 복수명사 cookies의 사용은 어법상 적절하고 선행사 자리에 all이 있으므로 관계대명사 that이 사용도 어법상 옳다.
④ 접속사 while 다음 주어+be동사(they were)가 생략된 구조로 while 다음 형용사 soft의 사용은 어법상 적절하다.
【해석】
분명히 그 매력의 상당 부분은 뒤 계단에 앉아서 오른에서 엄마가 바로 가져다 준 아직 부드러운, 입에서 살살 녹는 쿠키를 게걸스럽게 먹던 어린 시절의 기억과 관련이 있다.
【어휘】
apparently 분명히, 명백하게 appeal 매력, 호소 childhood 어린 시절의 devour 게걸스럽게 먹다

6. ②
【해설】
빈칸 앞에 Ryan이 호텔이 시끄러워 잠을 못 잤다고 했고 빈칸 뒤에 짜증났다는 대답이 있으므로 빈칸에 들어갈 말로 가장 적절한 것은 ② '정말 힘들었겠다'이다.
【해석】
Olivia: 휴가는 어땠어? (4:30 pm)
Ryan: 정말 좋았어! 날씨도 완벽했고, 해변도 아름다웠어. (4:31 pm)
Olivia: 완전 멋지다! (4:31 pm)
Ryan: 맞아, 근데 문제도 하나 있었어. (4:33 pm)
Olivia: 무슨 일이야? (4:33 pm)
Ryan: 호텔이 밤에 너무 시끄러워서 잠을 잘 못 잤어. (4:34 pm)
Olivia: 정말 힘들었겠다. (4:34 pm)
Ryan: 완전 맞아. 진짜 짜증났어. (4:35 pm)
① 어느 호텔에 묵었어?
③ 거기 음식은 마음에 들었어?
④ 나도 휴가 가고 싶다.
【어휘】
vacation 휴가 irritate 짜증나게 하다 tough 힘든

7. ③
【해설】
첫 번째 나열의 바로 앞 문장이 주제문이다. 즉, one example 바로 앞 문장이 주제문이므로 이 글의 주제로 가장 적절한 것은 ③ '노인들의 필요를 향한 사업 전략'이다.
【해석】
많은 나라들에서 인구의 평균 연령이 높아지고 있다. 이는 해당 나라들에서의 각종 업무들이 나이가 많은 사람들을 대상으로 이루어진다는 것을 의미한다. 실제로 많은 회사들이 노인을 위한 다양한 상품과 서비스를 개발하고 있다. 의학 산업이 이에 대한 한 예가 된다. 새로운 약물과 치료 기술은 연령이 높은 사람들에게서 자주 나타나는 건강 문제에 초점을 맞추어 개발되는 것이 많다. 관광 산업 또한 나이든 사람들에게 제공되는 서비스들의 또 다른 예가 될 수 있다. 많은 여행사들은 노인들을 대상으로 하는 특별한 여행상품들을 개발한다. 마지막으로, 노인들을 위해서 만들어지는 다양한 종류의 많은 상품들도 있다. 이것들은 신발, 샴푸, 잡지, 가구 등 모든 것들을 포함한다.
① 노인 고객들을 위한 회사들
② 노인들을 위한 새로운 의약과 여행사들
④ 건강 문제와 노인들을 위한 의료 서비스
【어휘】
adjust to ~에 맞추다, 적응시키다 tourist 관광 the elderly 노인들 strategy 전략

8. ②
【해설】
주어진 지문은 동일한 내용이라 하더라도 말하는 사람이 듣는 사람과 비슷할 때에 그 말에 대한 설득력이 더 크다는 내용의 글이므로, 이 글의 요지로 가장 적절한 것은 ② '우리는 우리와 비슷한 사람들을 믿는다.'이다.
【해석】
대법원에서 학교 인종 차별 폐지에 대한 결정을 내리기 직전인 1954년 봄에 한 실험이 실행되었다. 대법원에서 인종차별을 헌법에 위배되는 것으로 규정한다고 해도 흑인 문화, 역

사, 그리고 전통을 보존하기 위해서 일부 사립 흑인 대학을 흑인들만 다니는 대학으로 유지하는 것이 여전히 바람직할 것이라고 게스트가 주장하는 라디오 방송을 청취하라고 흑인 대학 신입생들에게 요청했다. 실험 대상자들 중 대다수가 그러한 생각에 반대한다는 것으로 알려졌다. 하지만 말하는 사람이 그들과 비슷한 사람으로 제시되었을 때에는 그 의사 전달이 상당히 설득력이 있다는 것을 발견했다. 즉, 그는 한 선도하는 흑인 대학교의 학생회 회장으로 묘사되었다. 하지만, 흑인 학생들은 말하는 사람이 백인 성인으로 묘사되었을 때에 설득되는 정도가 훨씬 덜했다.
① 정반대의 사람들이 서로를 끌어당긴다.
③ 우리는 우리가 믿고 싶은 것을 믿는다.
④ 의사소통에서 듣는 것이 중요하다.
【어휘】
experiment 실험 conduct 수행하다, 실행하다 Supreme Court 대법원 broadcast 방송 unconstitutional 헌법에 위배되는 desirable 바람직한 maintain 유지하다 preserve 보존하다 majority 다수 subject 피험자 oppose 반대하다 *opposite 반대의 persuasive 설득력 있는 *persuade 설득하다 present 제시하다 describe 묘사하다 student council 학생회 leading 주도적인, 선도하는 attract 매혹하다

9. ③ 【해설】
③ 본문 3번째 문장에서 Florida 도착 후 16년이 지나 1885년에 Florida 서쪽으로 이주 했다고 했으므로 본문의 내용과 일치한다.
① 본문 첫 번째 문장에서 Tampa, Florida가 Vicente Martinez Ybor에게 빚을 지고 있다고 했으므로 본문의 내용과 일치하지 않는다.
② 본문 2번째 문장에서 1869년에 조국 Cuba를 도망쳤고 Florida로 이주했다고 했으므로 본문의 내용과 일치하지 않는다.
④ 본문 마지막 문장에서 공장 근로자들에 대한 수요로 기업이 번성했다고 했으므로 본문의 내용과 일치하지 않는다.
【해석】
Florida 주 Tampa시는 Vicente Martinez Ybor라 불리는 쿠바 담배제조업자에게 도시의 성장과 발전에 많은 신세를 지고 있다. 1869년 쿠바 혁명이 일어나자 그는 그의 나라를 떠나 Florida 남부로 그의 기업을 이주해야만 했다. 16년 후 정확히 1885년에 심각한 문제로 인해 그는 Florida주 서부 해안에 더 나은 장소를 찾기 위해 그곳을 떠나야 했다. Tampa 인근에 원래 그가 구입한 16블록의 땅은 100에이커 이상으로 커지게 되었다. 개발되어진 이곳은 그에게 경의를 표하기 위해 Ybor City라 불려졌다. Ybor 기업의 공장 노동자들에 대한 수요로 주변지역이 확장되고 번성하게 되었다.
① Vicente Martines Ybor는 Florida의 Tempa에 많은 빚을 지고 있다.
② Ybor는 1869년에 강제로 Florida를 떠났다.
③ 1885년에 Ybor는 Florida 서부로 이주했다.
④ Ybor의 명망 덕분에 그의 사업은 확장되고 번성하게 되었다.
【어휘】
owe A to B B에게 A를 빚지다 break out 발생(발발)하다 flee 도망치다 along ~을 따라서 purchase 구매(하다) expand 확장하다 honor 영예, 영광 surrounding 주위의, 인근의 thrive 번성(번창)하다 debt 빚, 부채 *be in debt to ~에게 빚지다 prestige 명성, 위신

10. ② 【해설】
주어진 지문은 도서관의 리모델링 공사로 인해 임시 휴관을 알리고 있으므로 이 글의 목적으로 가장 적절한 것은 ②이다.

11. ③ 【해설】
문맥상 accessible은 '접근 가능한, 이용 가능한'의 뜻으로 이와 가장 가까운 유의어는 ③ 'available'이다.
【해석】
저희는 5월 1일부터 6월 30일까지 중앙 커뮤니티 도서관이 리모델링 공사로 인해 임시 휴관함을 알리게 되어 유감입니다. 이 기간 동안 도서 대출 및 스터디룸 예약을 포함해서 모든 도서관 서비스는 제공되지 않습니다. 다만, 저희 디지털 도서관 서비스는 계속 이용 가능하며, 전자책 대출 및 온라인 자료 열람이 가능합니다. 이로 인해 불편을 끼쳐 드린 점 사과드리며, 양해해 주셔서 감사합니다. 반납 기한이 지난 도서는 4월 30일까지 반납해 주세요. 추가 공지는 www.centralibrary.com에서 확인할 수 있습니다.
【어휘】
residents 거주자, 주민 regret to ⓥ ⓥ하게 되어 유감이다 inform 알리다 temporarily 일시적으로 renovations 개보수 공사, 리노베이션 during this period 이 기간 동안 book borrowing 도서 대출 *borrow 대출하다, 빌리다 reservation 예약 unavailable 이용할 수 없는 remain 유지되다 accessible 접근 가능한, 이용 가능한 *access 접근하다, 이용하다 e-book 전자책 online resources 온라인 자료 apologize 사과하다 inconvenience 불편 appreciate 감사하다, 고마워하다 overdue 기한이 지난, 연체된 late fee 연체료 sincerely 진심으로

12. ③ 【해설】
즉흥연기와 즉흥연주를 보면서 새로운 무언가를 깨달았다는 내용의 글이므로 빈칸에 가장 적절한 것은 off hand이다.
【해석】
1990년대 배우들의 즉흥 연기와 즉흥 대사, 그리고 재즈 연주자들의 즉흥 연주를 보면서 그는 새로운 깨달음을 얻었다.
【어휘】
impromptu 즉흥적으로(즉석에서)한 improvised 즉흥적인 line ①줄, 열 ②(연극)대사 ill at ease 불편한, 불편해하는 hands-on 직접 해보는, 실제 체험하는 off hand) 즉흥적인 in a nutshell 간단히 말해서, 한마디로

13. ③ 【해설】
5형식 동사 leave 다음 빈칸에는 목적격 보어가 필요한데 빈칸 다음 목적어가 없으므로 밑줄 친 부분에 들어가기에 가장 적절한 것은 ③ unfinished이다.
【해석】
오스트리아 작곡가인 슈베르트는 그의 마지막 교향곡을 미완성인체로 남겨두었다.
【어휘】
composer 작곡가

14. ① 【해설】
상대가 보고서 출력에 대한 어려움을 겪고 있고 그래서 A에게 도움을 요청하는 대화의 흐름으로 보아 빈칸에 들어가기에 가장 적절한 것은 ① '그렇게 해'이다.
【해석】
A: 뭐 문제 있니? 너 화가 나 보인다!
B: 오늘 선생님한테 보고서 제출을 하지 못할 것 같아.
A: 너 어제 그 보고서 끝냈다며.
B: 그랬지. USB에 저장해서, 컴퓨터 랩실에 가져갔고, 인쇄 버튼을 눌렀어. 그런데, 작동이 되지 않아. 화면에 에러메세지가 떴어.
A: 그 메시지에 뭐라고 나와 있었어?
B: 워드 프로세서 프로그램이 F드라이브에 있는 파일을 읽을 수가 없다고 적혀 있었어.
A: F드라이브에 에러가 몇 개 있는 것 같아. 너는 USB 메모리뿐만 아니라 랩실에 있는 컴퓨터 드라이브도 확인해야 할 거 같아.
B: 충고 고마워! 그런데, 너의 컴퓨터와 프린터를 사용해도 될까?
A: 그렇게 해.
② 이제 그만해!
③ 이런 우연의 일치가 있나!
④ 네가 두각을 나타냈어.
【어휘】
store 저장하다 press 누르다 by the way 그런데 be my guest (상대방의 부탁을 들어주며 하는 말로) 그러세요, 그

렇게 해 coincidence 우연의 일치 cut a fine figure 두각을 나타내다

15. ① 【해설】
Two개념을 이용해야 한다. 과거의 <The instruction Approach>와는 달리 <The Immersion Program>은 학생들과 교수진 사이에서 직접적인 공동 작업을 강조하는 교수법이고 빈칸의 내용은 이 교수법에 관한 설명이 있어야 하므로 빈칸에 가장 적절한 것은 ① '상호작용 하는'이다.
【해석】
Stratford 대학에 새롭게 임명된 총장에 따르면, 학교는 <몰입 프로그램>으로 알려진 새로운 언어 교과 과정에 관한 정보를 공개할 예정이다. 이 프로그램은 학생과 교수진 간의 직접적인 공동 작업을 강조하는 6개의 3개월짜리 세션으로 나뉜다. 이것은 강의 기반 학습에 더 많은 초점을 맞췄던 대학의 이전 프로그램인 <교수 접근법>과 대조를 이룬다. 과거의 프로그램에서는 A와 B레벨의 수업에서 학생들은 기본 인사, 어휘와 문법 구조를 배우게 된다. 중급인 C및 D레벨 수업의 구체적인 목표는 말하기 실력을 개선하는 것이며, 이 중 후자는 긴 말하기 시험과 함께 종료된다. 하지만, 교직원들은 학생들을 위해 상호작용 하는 프로그램을 오랫동안 요구해 왔으며 이 새로운 교과 과정의 변화에 찬성한다.
② 강의에 기반한
③ 구두로 하는 의사소통
④ 긴 말하기 시험
【어휘】
appoint 임명하다 be set to ⓥ ⓥ할 예정이다 release ①내보내다 ②발표하다 immersion 몰입 divide 나누다 emphasize 강조하다 collaboration 공동작업 faculty 교수진 contrast ①대조를 이루다 ②대조 previous 이전의 approach 접근 greeting 인사 verbal 구두의, 말로 하는 objective 목표 intermediate 중간의, 중급의 lengthy 긴 instructor 강사 called for 요구(요청)하다, 필요로 하다 oral 구두의, 말의 prolonged 장기적인

16. ② 【해설】
글의 순서를 정하는 문제는 우선 제시문을 다 읽고 (A), (B), (C)는 도입부의 내용만 먼저 살핌으로써 순서를 정하는 것이 포인트이다. 또한 단락의 전개 방식을 알 수 있는 Signal(신호단어)이나 지시어의 쓰임에 집중해야 한다. 제시문의 마지막 문장에 대한 대답으로는 (B)가 가장 적절하며 (A)의 these는 (C)에 마지막 문장의 세 가지를 대신하므로 글의 순서는 ② (B) - (C) - (A)가 된다.
【해석】
모든 동물은 잠자는 동안 인간과 같은 종류의 두뇌 활동을 가진다. 그들이 꿈을 꾸는지 아닌지는 또 다른 문제이며 이것은 동물들이 의식이 있는가라는 다른 질문을 던지는 것을 통해서만 대답될 수 있다. (B) 많은 과학자들이 오늘날 동물들이 아마도 제한된 형태의 의식을 가지고 있으며, 이것이 언어와 명제적 혹은 상징적 사고에 대한 능력이 결여되어 있기 때문에 우리 인간의 의식과는 상당히 다르다고 느낀다. (C) 비록 동물들이 꿈을 꾼다 할지라도 꿈에 대해 말할 수 없다는 것은 확실하다. 그러나 어떤 애완동물 주인이 자신이 좋아하는 동물 친구가 지각, 기억, 그리고 감정을 가진다는 사실을 의심할 것인가? (A) 이것들은 3가지 핵심적 요소이며 이것들은 동물들이 우리와 같은 음성 언어를 가졌든 아니든 경험될 수 있다. 동물의 뇌가 잠자는 동안 활성화될 때, 동물이 어떤 형태의 지각, 감정, 기억의 경험을 가진다고 추정하지 않을 이유는 무엇이겠는가?
【어휘】
activation 활동 pose (질문, 의문을) 제기하다 consciousness 의식, 지각, 자각 aspect 측면, 요소 verbal 구두의, 말로 하는 assume 생각하다, 추정하다 perceptual 인지(지각)하는 *perception 인지, 지각 capacity 수용력, 능력 propositional 명제의, 명제적인 symbolic 상징적인 certainly 분명(확실)하게 doubt 의심(하다)

17. ④ 【해설】
Instead앞에는 부정문이 있어야 하므로 주어진 제시문은 ④에 들어가는 것이 가장 적절하다.
【해석】
직업만족도와 직업생산성 사이에는 분명한 연관성이 있다. 그러나 직업만족도는 또한 어떤 조직의 서비스 문화에도 달려있다. 이러한 문화는 그 조직을 뚜렷이 구별되게 해주고, 그 조직에서 일하는 사람들에게 그곳에서 일하는 것을 자랑스러워하게 해주는 것들을 포함한다. <Fortune> 잡지가 가장 일하고 싶은 "10대 회사에서 일하는" 직원들에게 왜 그 회사에서 일하기를 좋아하느냐고 물었을 때, 그들이 급여나, 보상체계 그리고 더 나은 직위로 승진하는 것을 언급하지 않았다는 사실은 주목할 만하다. 대신에 이 직원들은 그들의 직장문화가 가정과 연장선상에 있는 것처럼 느꼈고, 그들의 동료들은 지원을 아끼지 않았다고 직장 내에서 관계의 진실성을 처음으로 언급했다.
【어휘】
personnel 직원들 sincerity 진실성 extension 확장, 연장 colleague 동료 distinctive (뚜렷이) 구별되는, 다른 notable 주목할 만한 reward ① 보상 ② 보수, 급여 scheme 계획 senior ① 고위의, 고급의 ② 연장자

18. ④ 【해설】
주어진 지문은 자유주의가 개인의 자유나 권리가 고려되는 정치 철학에 기인한다는 내용의 글이므로 ④ '캐나다의 자유당이 가장 오래된 정당이다'는 전체 글의 흐름상 무관하다.
【해석】
자유주의란 개인의 자유가 가장 중요한 정치적 목표이고 개인의 권리나 기회의 균등 또한 가장 중요한 정치적 목표라고 여기는 광범위한 정치적 철학을 포함한다. 비록 대부분의 자유주의자들이 정부가 (개인의) 권리를 보호하는데 필요하다고 주장하지만 다른 형태의 자유주의는 매우 다른 정책들을 제시하기도 한다. 하지만, 그들(다른 자유주의 정책들)도 일반적으로 광범위한 사상과 언론의 자유 그리고 정부 권력의 제한, 법과 시장 경제의 규칙 그리고 투명하고 민주적인 정부 시스템을 포함해서 자유주의 형태를 뒷받침 해주는 것과 결합되어 있다. 자유의지론과 비슷한 개념인 자유주의는 개인의 생명과 자유 그리고 재산을 보호받을 변할 수 없고 침범할 수 없는 특정한 인간의 권리에 부합되게 사회가 구성되어야 한다고 믿는다. (그럼에도 불구하고, 구어체로 <Grits>로 알려진 캐나다의 자유당은 캐나다에서 가장 오래된 연방 정당이다.) 자유주의는 또한 전통이라는 것은 어떤 고유한 가치를 지니는 것이 아니라 사회적 관행이 지속적으로 인류의 큰 혜택에 적용되어야 한다고 주장한다.
【어휘】
liberalism 자유주의 a broad spectrum 광범위한 political 정치적인 philosophy 철학 emphasize 강조하다 claim 주장하다 unite 결합(통합)시키다 principle 원리, 원칙 extensive 광범위한 limitation 제한 application 적용, 응용 transparent 투명한 democratic 민주적인 libertarianism 자유의지론 organize 조직하다, 구성하다 in accordance with ~에 부합되게, ~에 따라 inviolable 침범할 수 없는, 불가침의 property 재산 nonetheless 그럼에도 불구하고 colloquially 구어(회화)체로 inherent 고유의, 내재하는, 내재된 adjust 적응(적용)하다(시키다) humanity 인류, 인간

19. ④ 【해설】
주어진 안내문은 교통 체증 걱정 없이 시드니의 아름다운 경치를 자전거를 타고 즐기라는 내용의 글이므로 이 안내문의 제목으로 가장 적절한 것은 ④ '시드니 자전거 투어: 쉽고 경치 좋은 사이클링'이다.
① 시드니 교통 리포트: 혼잡 시간 피하기
② 버스로 만나는 시드니: 편안하게 타세요
③ 시드니를 걸으세요: 관광객을 위한 가이드 도시 도보여행

20. ④ 【해설】
투어는 우천 시에도 운영된다(The tour operates even in wet weather)고 했으므로, 안내문의 내용과 일치하는 것은 ④이다.

【해석】
여러분은 한가할 때 교통 체증 걱정 없이 시드니의 아름다운 경치를 즐기고 싶으신가요? 그렇다면 경치 좋고 스트레스 없는 체험을 위해 Sydney 자전거 투어에 함께하세요! 친절한 지역 가이드와 함께 항구를 따라 자전거를 타고, 상징적인 명소들을 탐구하며, 숨겨진 보석들도 발견해보세요. 숙련된 자전거 여행자든, 여유로운 모험을 원하는 분이든, 이 투어는 시드니와 교감할 수 있는 완벽한 방법을 제공합니다.

일반 정보
- 자전거와 헬멧을 포함한 모든 안전 장비 제공
- 즐거운 경치 (감상) 경험을 위한 사이클링 전문가의 안내
- 점심 제공(샌드위치 및 음료)

가격 및 기타 세부 사항
- 성인(18세 초과): 66달러
  어린이 및 학생(18세 이하): 44달러
- 소요 시간: 약 5시간
- 출발 및 복귀 장소: 시드니, The Rocks
- 투어는 우천 시에도 운영하며 비옷이 제공됩니다.

이 체험에는 최소 5명의 참여자가 필요합니다. 최소 인원이 충족되지 않아 투어가 취소되는 경우에는 전액 환불해 드립니다. 더 자세한 내용을 원하시면 (855) 123-5071로 전화 주세요.

【어휘】
harbor 항구 explore 탐험하다, 탐구하다 iconic 상징적인 gem 보석 seasoned 숙련된, 경험 많은 connect with ~와 교감하다, 연결되다 at your leisure 한가할 때 equipment 장비 duration 소요 시간 approximately 약, 대략 minimum 최소(의) refund 환불

한국사

출제교수: 노범석 교수님

1. ① 【해설】 부여와 옥저
   (가)는 부여이다. (나)는 옥저로, 옥저의 가족공동묘에 대한 사료이다.
   ② 고구려, ③ 동예, ④ 삼한이다.

2. ③ 【해설】 지증왕
   제시된 자료는 502년 순장을 금지한 내용으로 밑줄 친 왕은 지증왕이다.
   ① 신라 눌지왕 때이다.
   ② 법흥왕이다.
   ④ 진흥왕이다.

3. ④ 【해설】 대외관계
   ㉣ 정종은 광군 30만 명을 조직하여 거란의 침입에 대비하였다.
   ㉡ 거란은 고려 성종 때 침입하였으나 서희가 외교 담판으로 강동 6주를 획득하였다.(1차 침입)
   ㉢ 거란은 고려 현종 때 강조의 정변을 구실로 고려를 재차 침입하였다.(1차 침입)
   ㉠ 예종 때 윤관은 별무반을 이끌고 여진족을 공격하여 승리를 거두었다. 그리하여 동북 9성을 쌓았다.(1107)

4. ① 【해설】 연분 9등법과 전분 6등법(공법)
   제시된 자료는 세종실록에 실린 공법에 대한 사료이다.
   ① 조선 후기 영조 때 균역법 실시와 관련된 내용이다.
   ② 풍흉의 정도는 각 지역별로 9등급으로 나누어 정하도록 했다.
   ③ 전분 6등법은 토지의 비옥도에 따라 전국의 논밭을 여섯 등급으로 나눈 것이다. 1등전의 1결과 6등전의 1결의 생산량은 같았는데 토지를 측량할 때 토지의 등급에 따라 길이가 다른 자를 사용하여 기본 수세 단위인 결의 실제 면적을 토지 등급마다 다르게 하였기 때문이다(수등이척법).
   ④ 세종은 조정 신하와 지방의 촌민에 이르기까지 18만 명의 찬반을 묻고 10년간 시범기간을 거친 뒤 공법을 전국적으로 시행하였다.

5. ③ 【해설】 충렬왕
   도병마사가 도평의사사로 개칭된 것은 충렬왕 때의 일이다.
   ③ 충렬왕 때 원의 강요로 두 차례에 걸쳐 일본원정에 동원되었다.
   ① 만권당은 충선왕이 충숙왕에게 양위한 후 연경에 설치한 것이다.
   ② 충선왕에 대한 설명이다.
   ④ 대몽항쟁 이후 원종은 관료들에 대한 녹봉 보충을 위해 경기 8현에 녹과전을 지정하여 지급하였다.

6. ③ 【해설】 신라 중대
   ㉠ 문무왕이 왕위에 오른 것은 661년의 일이다.
   ㉢ 660년 김유신이 지휘한 신라군은 탄현을 넘어 황산벌에서 계백이 이끈 백제의 결사대를 격파한 후에 사비성으로 진출하였다.
   ㉣ 당나라가 신라에 계림도독부를 설치한 것은 663년의 일이다.
   ㉡ 신라가 기벌포에서 당의 수군을 섬멸한 것은 676년의 일이다.

7. ② 【해설】 고대 제도사
   ② 통일 신라에 대한 설명이다.
   ① 백제 성왕 때의 중앙 관청 정비에 대한 설명이다.
   ③ 삼국의 관등제와 관직 체계의 운영은 신분제에 의해 제약을 받았다. 특히 신라는 관등제를 골품 제도와 결합하여 운영하였다.
   ④ 고구려의 정치 제도에 대한 설명이다.

8. ③ 【해설】 유교와 불교
   제시된 자료는 최승로의 시무 28조의 일부로, (가)는 불교, (나)는 유교이다.
   ③ 초제는 도교행사이다.
   ① 고려시대 승려인 의천은 불교의 교단을 통합하려고 교관겸수, 내외겸전 등을 주장하였다.
   ② 무신집권기의 승려인 혜심은 유불일치설을 주장하였다.
   ④ 고려 성종 때 최승로는 유교를 치국의 근본으로 삼는 유교 정치의 실현을 주장하였다.

9. ② 【해설】 고려 태종
   ② 고려 태조는 각 지역의 유력 호족의 딸들과 결혼하는 혼인 정책과 왕씨 성을 하사하는 사성 정책을 통해 호족 세력의 통합 및 정치 안정을 도모하였다.
   ① 고려 태조 때 기인 제도·사심관 제도를 실시한 것은 맞지만, 과거제가 실시된 것은 고려 광종 때의 일이다.
   ③ 전시과를 처음 실시한 국왕은 고려 경종이다.
   ④ 고려 광종의 업적이다.

10. ④ 【해설】 중인과 서얼
    (가)는 서얼, (나)는 중인이다.
    ④ 1851년 조선 후기 철종 때 신해허통으로 청요직으로의 허통이 이루어졌다.
    ① 향리, ② ③ 중인이 아니라 서얼에 대한 설명이다.

11. ③ 【해설】 평양
    밑줄 친 '이 지역'은 평양(서경)이다.
    ③ 서경 유수 조위총은 정중부 정권 타도를 주장하며 지방군과 농민을 이끌고 반란을 일으켰으나 진압되었다.
    ① 직지심체요절은 청주 흥덕사에서 간행되었다.
    ② 지눌은 전라도 순천을 중심으로 수선사 결사 운동을 전개하였다.
    ④ 조선 형평사가 결성된 곳은 경상남도 진주이다.

12. ② 【해설】 서인과 남인
    제시된 자료는 예송논쟁을 설명한 것으로 (가)는 서인, (나)는 남인이다.
    ② 남인이 아니라 북인(북인 중에서도 대북)이다.
    ① 1623년 서인은 광해군의 북인 정권을 몰아내는 인조반정을 주도하였다.
    ③ 1680년 경신환국 이후 남인에 대한 입장차이를 놓고 서인은 노론(강경파)과 소론(온건파)으로 나뉘었다.
    ④ 예송논쟁 당시 서인은 신권강화의 입장에서, 남인은 왕권강화의 입장에서 논지를 전개하였다.

13. ③ 【해설】 삼국사기
    제시된 자료는 고려 인종 때 편찬된 「삼국사기」와 관련된 내용이다.
    ③ 「삼국사기」는 김부식을 중심으로 편찬된 현존하는 우리나라 최고(最古)의 역사서이다. 유교적 합리주의 사관에 기초하여 서술되었다.
    ① 세가,지,열전 등으로 구성된 것은 기전체 사서로, 대표적으로 「고려사」 등이 있다.
    ② 「고려사절요」는 조선 문종 때 김종서 등이 편찬한 편년체 사서이다.
    ④ 「삼국유사」는 불교사를 중심으로 고대의 민간 설화나 전래 기록을 수록하였다.

14. ③ 【해설】 국채 보상운동
    제시된 자료는 1907년에 전개된 국채 보상 운동과 관련된 내용이다.
    ③ 국채 보상 운동은 대구에서 시작되어 전국으로 확대되었다.
    ① 보안회는 1904년에 조직된 단체로, 일제의 황무지 개간권 요구를 철회하는 운동을 벌였다.
    ② 국채 보상 운동은 통감부의 탄압과 방해로 실패하였다.
    ④ 1920년대에 전개된 물산 장려 운동에 대한 설명이다.

- 1 -

15. ② 【해설】미국
밑줄 친 이 나라는 미국을 일컫는다.
② 러시아에 대한 설명이다.
①, ③, ④ 미국에 대한 설명이다. 미국은 운산 광산 채굴권, 전등 및 전차 부설권, 경인선 철도 부설권을 차지했다. 이 중에서 경인선 철도 부설권은 일본에게 양도하였다.

16. ③ 【해설】1930년대의 사실들
사료의 사이토 마코토의 후임, 재임 중에 농촌 진흥 운동(1932~1940)을 전개했다는 내용을 통해 1930년대라는 것을 짐작할 수 있다. 사료의 '나'는 1931년~1936년까지 조선 총독으로 있던 우가키 가즈시게이다.
③ 지청천의 한국 독립군은 중국 호로군과 연합하여 쌍성보에서 쌍성보 전투에서 일본군을 격파하였다.(1932년 쌍성보 전투).
① 1910년대에 일제는 갑오개혁 때 비인간적 처벌로 폐지되었던 태형을 부활(조선태형령)시켜 조선인에 한해 적용하였다.
② 1926년 6월의 일이다.
④ 1912년에 대한 독립 의군부가 조직되었다.

17. ① 【해설】신간회
제시된 사료는 1931년 4월 17일자의 <조선일보>에 실린 '신간회의 해소론과 오류'에 대한 기사 중 일부 내용을 발췌한 것이다. 신간회는 광주 학생 항일 운동 당시 민중 대회를 개최하려 했으나 일제의 탄압으로 좌절되었다. 민중 대회 사건 이후, 신간회의 투쟁 방법을 둘러싸고 내부에서 민족주의 세력과 사회주의 세력 사이에 대립이 생겨 점차 갈등이 커졌으며 결국 1931년 신간회는 해소되었다.

18. ④ 【해설】1894년의 사실들
ⓔ 1894년 6월 11일, ⓒ 1894년 6월 23일, ⓛ 1894년 10월, ㉠ 1894년 12월이다.

19. ④ 【해설】6월 민주항쟁
1987년 6.10 국민대회 선언문인 '6월 항쟁 선언문'중 일부 내용을 발췌한 것이다.
④ 5.18 광주 민주화 운동의 발생 배경에 대한 설명이다.
①, ②, ③ 6월 민주화 항쟁의 배경에 대한 설명이다.
① 박종철 고문 치사 사건은 국민의 분노를 야기시켜 거국적인 민주 항쟁의 도화선이 되었다.
② 야당 정치인과 재야 세력이 주도한 직선제 개헌 운동이 전국적으로 확산되었다.
③ 전두환 정부의 4.13 호헌 조치에 대한 내용이다.

20. ③ 【해설】국권피탈과정
(다)는 1904년 2월에 체결한 한일의정서이다.
(가)는 1905년 11월에 체결한 을사늑약이다.
(나)는 1907년 7월에 체결한 정미7조약이다.
(라)는 1909년 7월에 체결한 기유각서이다.
③ 정미 조약의 부수 각서에 의거해 일제는 재정 곤란 등의 이유를 들어 대한 제국의 군대를 해산하였다.

행 정 법

출제교수: 강성빈 교수님

1. ① 【해설】행정작용법
행정행위를 기속행위와 재량행위로 구분하는 경우 양자에 대한 사법심사는, 기속행위의 경우 그 법규에 대한 원칙적인 기속성으로 인하여 법원이 사실인정과 관련 법규의 해석·적용을 통하여 일정한 결론을 도출한 후 그 결론에 비추어 행정청이 한 판단의 적법 여부를 독자의 입장에서 판정하는 방식에 의하게 되나, 재량행위의 경우 행정청의 재량에 기한 공익판단의 여지를 감안하여 법원은 독자의 결론을 도출함이 없이 당해 행위에 재량권의 일탈·남용이 있는지 여부만을 심사하게 되고, 이러한 재량권의 일탈·남용 여부에 대한 심사는 사실오인, 비례·평등의 원칙 위배 등을 그 판단 대상으로 한다. 대법원 2005. 7. 14. 선고 2004두6181 판결
② 행정행위가 그 재량성의 유무 및 범위와 관련하여 이른바 기속행위 내지 기속재량행위와 재량행위 내지 자유재량행위로 구분된다고 할 때, 그 구분은 당해 행위의 근거가 된 법규의 체재·형식과 그 문언, 당해 행위가 속하는 행정 분야의 주된 목적과 특성, 당해 행위 자체의 개별적 성질과 유형 등을 모두 고려하여 판단하여야 한다. 대법원 2001. 2. 9. 선고 98두17593 판결
③ 행정기본법 제17조(부관)

> **행정기본법 제17조(부관)**
> ② 행정청은 처분에 재량이 없는 경우에는 법률에 근거가 있는 경우에 부관을 붙일 수 있다.

④ 국방부장관 또는 관할부대장 등의 전문적·군사적 판단은 그 판단의 기초가 된 사실인정에 중대한 오류가 있거나 그 판단이 객관적으로 불합리하거나 부당하다는 등의 특별한 사정이 없는 한 존중되어야 하고, 국방부장관 또는 관할부대장 등의 판단을 기초로 이루어진 행정처분에 재량권을 일탈·남용한 특별한 사정이 있다는 점은 처분의 효력을 다투는 자가 증명하여야 한다. 대법원 2020. 7. 9. 선고 2017두39785 판결

2. ① 【해설】정보공개법
구 정보공개법과 「개인정보 보호법」의 각 입법목적과 규정 내용, 구 정보공개법 제9조 제1항 제6호의 문언과 취지 등에 비추어 보면, 구 정보공개법 제9조 제1항 제6호는 공공기관이 보유·관리하고 있는 개인정보의 공개 과정에서의 개인정보를 보호하기 위한 규정으로서 「개인정보 보호법」 제6조에서 말하는 '개인정보 보호에 관하여 다른 법률에 특별한 규정이 있는 경우'에 해당한다. 따라서 공공기관이 보유·관리하고 있는 개인정보의 공개에 관하여는 구 정보공개법 제9조 제1항 제6호가 「개인정보 보호법」에 우선하여 적용된다. 대법원 2021. 11. 11. 선고 2015두53770 판결
② '진행 중인 재판에 관련된 정보'에 해당한다는 사유로 정보공개를 거부하기 위하여는 반드시 그 정보가 진행 중인 재판의 소송기록 자체에 포함된 내용일 필요는 없다. 그러나 재판에 관련된 일체의 정보가 그에 해당하는 것은 아니고 진행 중인 재판의 심리 또는 재판결과에 구체적으로 영향을 미칠 위험이 있는 정보에 한정된다고 보는 것이 타당하다. 대법원 2011. 11. 24. 선고 2009두19021 판결
③ 정보공개법 제10조(정보공개의 청구방법)

> **정보공개법 제10조(정보공개의 청구방법)**
> ① 정보의 공개를 청구하는 자(이하 "청구인"이라 한다)는 해당 정보를 보유하거나 관리하고 있는 공공기관에 다음 각 호의 사항을 적은 정보공개 청구서를 제출하거나 말로써 정보의 공개를 청구할 수 있다.

④ 정보공개법 제11조의2(반복 청구 등의 처리)

> **정보공개법 제11조의2(반복 청구 등의 처리)**
> ① 공공기관은 정보공개를 청구하여 정보공개 여부에 대한 결정의 통지를 받은 자가 정당한 사유 없이 해당 정보의 공개를 다시 청구하는 경우 또는 정보공개 청구가 민원 처리법에 따른 민원으로 처리되었으나 다시 같은 청구를 하는 경우에는 관련 사정을 종합적으로 고려하여 해당 청구를 종결 처리할 수 있다.

3. ③ 【해설】개인정보 보호법
관련 법령의 문언, 규정 체계 및 '행정사무를 처리하는 기관'으로서의 법원과 '재판사무를 처리하는 기관'으로서의 법원의 구별 등을 종합하여 보면, 개개의 사건에 대하여 재판사무를 담당하는 법원(수소법원)은 '개인정보처리자'에서 제외된다고 보는 것이 타당하다. 재판사무를 담당하는 법원(수소법원)이 그 재판권에 기하여 법에서 정해진 방식에 따라 행하는 공권적 통지행위로서 여러 소송서류 등을 송달하는 경우에는 '개인정보처리자'로서 개인정보를 제공한 것으로 볼 수 없다. 대법원 2024. 12. 12. 선고 2021도12868 판결
① 개인정보 보호법 제7조(개인정보 보호위원회)

> **개인정보 보호법 제7조(개인정보 보호위원회)**
> ① 개인정보 보호에 관한 사무를 독립적으로 수행하기 위하여 국무총리 소속으로 개인정보 보호위원회를 둔다.

② 개인정보자기결정권의 보호대상이 되는 개인정보는 개인의 신체, 신념, 사회적 지위, 신분 등과 같이 인격주체성을 특징짓는 사항으로서 개인의 동일성을 식별할 수 있게 하는 일체의 정보를 의미하며, 반드시 개인의 내밀한 영역에 속하는 정보에 국한되지 않고 공적 생활에서 형성되었거나 이미 공개된 개인정보까지도 포함한다. 대법원 2016. 3. 10. 선고 2012다105482 판결
④ 구 개인정보 보호법은 제2조 제5호, 제6호에서 공공기관 중 법인격이 없는 '중앙행정기관 및 그 소속 기관' 등을 개인정보처리자 중 하나로 규정하고 있으면서도, 양벌규정에 의하여 처벌되는 개인정보처리자로는 같은 법 제74조 제2항에서 '법인 또는 개인'만을 규정하고 있을 뿐이고, 법인격 없는 공공기관에 대하여도 위 양벌규정을 적용할 것인지 여부에 대하여는 명문의 규정을 두고 있지 않으므로, 죄형법정주의의 원칙상 '법인격 없는 공공기관'을 위 양벌규정에 의하여 처벌할 수 없고, 그 경우 행위자 역시 위 양벌규정으로 처벌할 수 없다고 봄이 타당하다. 대법원 2021. 10. 28. 선고 2020도1942 판결

4. ② 【해설】행정법통론
원고가 (행정서사업)허가를 받은 때로부터 20년이 다되어 피고가 그 허가를 취소한 것이기는 하나 피고가 취소사유를 알고서도 그렇게 장기간 취소권을 행사하지 않은 것이 아니고 1985. 9. 중순에 비로소 위에서 본 취소사유를 알고 그에 관한 법적 처리방안에 관하여 다각도로 연구검토가 행해졌고 그러한 사정은 원고도 알고 있었음이 기록상 명백하여 이로써 본다면 상대방인 원고에게 취소권을 행사하지 않을 것이란 신뢰를 심어준 것으로 여겨지지 않으니 피고의 처분이 실권의 법리에 저촉된 것이라고 볼 수 있는 것도 아니다. 대법원 1988. 4. 27. 선고 87누915 판결
① 지방법무사회는 법무사 감독 사무를 수행하기 위하여 법률에 의하여 설립과 법무사의 회원 가입이 강제된 공법인으로서 법무사 사무원 채용승인에 관한 한 공권력 행사의 주체라고 보아야 한다. 대법원 2020. 4. 9 선고 2015다34444 판결
③ 지방자치단체의 관할구역 내에 있는 각급 학교에서 학교회계직원으로 근무하는 것을 내용으로 하는 근로계약은 사법상 계약이다. 대법원 2018. 5. 11. 선고 2015다237748 판결
④ 구 건축법 및 기타 관계 법령에 국민이 행정청에 대하여 제3자에 대한 건축허가의 취소나 준공검사의 취소 또는 제3자 소유의 건축물에 대한 철거 등의 조치를 요구할 수 있다는 취지의 규정이 없고, 같은 법 제69조 제1항 및 제70조 제1항은 각 조항 소정의 사유가 있는 경우에 시장·군수·구청장에게 건축허가 등을 취소하거나 건축물의 철거 등 필요한 조치를 명할 수 있는 권한 내지 권능을 부여한 것에 불과할 뿐, 시장·군수·구청장에게 그러한 의무가 있음을 규정한 것은 아니므로 위 조항들도 그 근거 규정이 될 수 없으며, 그 밖에 조리상 이러한 권리가 인정된다고 볼 수도 없다. 대법원 1999. 12. 7. 선고 97누17568 판결

5. ④ 【해설】 행정쟁송법
부당노동행위구제신청에 관한 중앙노동위원회의 명령 또는 결정의 취소를 구하는 소송에 있어서 그 명령 또는 결정의 적부는 그것이 이루어진 시점을 기준으로 판단하여야 할 것이지만 노동위원회에서 이미 주장된 사유만에 한정된다고 볼 근거는 없으므로, 중앙노동위원회의 명령 또는 결정 후에 생긴 사유가 아닌 이상 노동위원회에서 주장하지 아니한 사유도 행정소송에서 주장할 수 있다고 보아야 할 것이다. 대법원 1990. 8. 10. 선고 89누8217 판결
① 행정처분의 근거 법률에 의하여 보호되는 직접적이고 구체적인 이익이 있는 경우에는 행정소송법 제35조에 규정된 '무효확인을 구할 법률상 이익'이 있다고 보아야 하고, 이와 별도로 무효확인소송의 보충성이 요구되는 것은 아니므로 행정처분의 무효를 전제로 한 이행소송 등과 같은 직접적인 구제수단이 있는지 여부를 따질 필요가 없다고 해석함이 상당하다. 대법원 2008. 3. 20. 선고 2007두6342 전합 판결
② 부작위위법확인의 소는 부작위상태가 계속되는 한 그 위법의 확인을 구할 이익이 있다고 보아야 하므로 원칙적으로 제소기간의 제한을 받지 않는다. 그러나 행정소송법 제38조 제2항이 제소기간을 규정한 같은 법 제20조를 부작위위법확인소송에 준용하고 있는 점에 비추어 보면, 행정심판 등 전심절차를 거친 경우에는 행정소송법 제20조가 정한 제소기간 내에 부작위위법확인의 소를 제기하여야 한다. 대법원 2009. 7. 23. 선고 2008두10560 판결
③ 집행정지 절차에 의해 효력이나 집행을 정지시킬 처분이 존재하지 아니하므로, 취소소송의 집행정지에 관한 규정은 부작위위법확인소송에는 준용되지 않는다.

6. ② 【해설】 행정작용법
만일 하위 행정입법의 제정 없이 상위 법령의 규정만으로도 집행이 이루어질 수 있는 경우라면 하위 행정입법을 하여야 할 헌법적 작위의무는 인정되지 아니한다. 헌법재판소 2005. 12. 22. 선고 2004헌마66 결정
① 법원이 구체적 규범통제를 통해 위헌·위법으로 선언할 심판대상은, 해당 규정의 전부가 불가분적으로 결합되어 있어 일부를 무효로 하는 경우 나머지 부분이 유지될 수 없는 결과를 가져오는 특별한 사정이 없는 한, 원칙적으로 해당 규정 중 재판의 전제성이 인정되는 조항에 한정된다. 대법원 2019. 6. 13. 선고 2017두33985 판결
③ 제재적 행정처분의 기준이 부령 형식으로 규정되어 있더라도 그것은 행정청 내부의 사무처리준칙을 규정한 것에 지나지 않아 대외적으로 국민이나 법원을 기속하는 효력이 없다. 대법원 2019. 9. 26. 선고 2017두48406 판결
④ 행정규칙은 법규명령과 같은 엄격한 제정 및 개정절차를 요하지 아니하므로, 재산권 등과 같은 기본권을 제한하는 작용을 하는 법률이 입법위임을 할 때에는 대통령령, 총리령, 부령 등 법규명령에 위임함이 바람직하고, 고시와 같은 형식으로 입법위임을 할 때에는 적어도 행정규제기본법 제4조 제2항 단서에서 정한 바와 같이 법령이 전문적·기술적 사항이나 경미한 사항으로서 업무의 성질상 위임이 불가피한 사항에 한정된다 할 것이고, 그러한 사항이라 하더라도 포괄위임금지의 원칙상 법률의 위임은 반드시 구체적·개별적으로 한정된 사항에 대하여 행하여져야 한다. 헌법재판소 2016. 2. 25. 선고 2015헌바191 결정

7. ① 【해설】 실효성 확보수단
건물의 점유자가 철거의무자일 때에는 건물철거의무에 퇴거의무도 포함되어 있는 것이어서 별도로 퇴거를 명하는 집행권원이 필요하지 않으므로, 행정청이 행정대집행의 방법으로 건물철거의무의 이행을 실현할 수 있는 경우에는 건물철거 대집행 과정에서 부수적으로 건물의 점유자들에 대한 퇴거 조치를 할 수 있다(주: 따라서 별도의 민사소송으로 점유자들의 퇴거를 구하는 소송은 소의 이익이 없어 부적법함). 대법원 2017. 4. 28. 선고 2016다213916 판결
② 관계 법령에 위반하여 장례식장 영업을 하고 있는 자의 장례식장 사용중지의무는 비대체적 부작위 의무이므로 행정대집행법 제2조의 규정에 의한 대집행의 대상이 아니다. 대법원 2005. 9. 28. 선고 2005두7464 판결
③ 무허가증축부분으로 인하여 건물의 미관이 나아지고 위 증축부분을 철거하는 데 비용이 많이 소요된다고 하더라도 위 무허가증축부분을 그대로 방치한다면 이를 단속하는 당국의 권능이 무력화되어 건축행정의 원활한 수행이 위태롭게 되며 건축법 소정의 제한규정을 회피하는 것을 사전예방하고 또한 도시계획구역 안에서 토지의 경제적이고 효율적인 이용을 도모한다는 더 큰 공익을 심히 해할 우려가 있다고 보이므로 건물철거대집행계고처분을 할 요건에 해당된다. 대법원 1992. 3. 10. 선고 91누4140 판결
④ 행정대집행법 제6조(비용징수) ② 대집행에 요한 비용에 대하여서는 행정청은 사무비의 소속에 따라 국세에 다음가는 순위의 선취득권을 가진다.

8. ① 【해설】 실효성 확보수단
질서위반행위규제법 제44조 및 제45조

질서위반행위규제법 제44조(약식재판)
법원은 상당하다고 인정하는 때에는 제31조제1항에 따른 심문 없이 과태료 재판을 할 수 있다.

질서위반행위규제법 제45조(이의신청)
① 당사자와 검사는 제44조에 따른 약식재판의 고지를 받은 날부터 7일 이내에 이의신청을 할 수 있다.

② 질서위반행위규제법 제20조

질서위반행위규제법 제20조(이의제기)
① 행정청의 과태료 부과에 불복하는 당사자는 제17조 제1항에 따른 과태료 부과 통지를 받은 날부터 60일 이내에 해당 행정청에 서면으로 이의제기를 할 수 있다.
② 제1항에 따른 이의제기가 있는 경우에는 행정청의 과태료 부과처분은 그 효력을 상실한다.

③ 질서위반행위규제법 제38조(항고)

질서위반행위규제법 제38조(항고)
① 당사자와 검사는 과태료 재판에 대하여 즉시항고를 할 수 있다. 이 경우 항고는 집행정지의 효력이 있다.

④ 질서위반행위규제법 제25조(관할 법원)

질서위반행위규제법 제25조(관할 법원)
과태료 사건은 다른 법령에 특별한 규정이 있는 경우를 제외하고는 당사자의 주소지의 지방법원 또는 그 지원의 관할로 한다.

9. ② 【해설】 행정작용법
징계처분이 중대하고 명백한 흠 때문에 당연무효의 것이라면 징계처분을 받은 자가 이를 용인하였다 하여 그 흠이 치료되는 것은 아니다. 대법원 1989. 12. 12. 선고 88누8869 판결
① 하자의 치유는 행정행위의 성질이나 법치주의의 관점에서 볼 때 원칙적으로 허용될 수 없는 것이고, 예외적으로 행정행위의 무용한 반복을 피하고 당사자의 법적 안정성을 위해서 허용될 수 있다. 대법원 2002. 7. 9. 선고 2001두10684 판결
③ 납세고지서에 세액산출근거 등의 기재사항이 누락되었거나 과세표준과 세액의 계산명세서가 첨부되지 않았다면 적법한 납세의 고지라고 볼 수 없으며, 위와 같은 납세고지의 하자는 납세의무자가 그 나름대로 산출근거를 알고 있다거나 사실상 이를 알고서 쟁송에 이르렀다 하더라도 치유되지 않는다. 대법원 2002. 11. 13. 선고 2001두1543 판결
④ (주택재개발정비사업조합 설립추진위원회가 주택재개발정비사업조합 설립인가처분의 취소소송에 대한 1심 판결 이후 정비구역 내 토지 등 소유자의 4분의 3을 초과하는 조합 설립동의서를 새로 받은 사안에서) 하자의 치유를 인정하였을 때 원고들을 비롯한 토지 등 소유자들에게 아무런 손해가 발생하지 않는다고 단정할 수 없으므로 위 설립인가처분의 하자가 치유된다고 볼 수 없다. 대법원 2010. 8. 26. 선고 2010두2579 판결

10. ④ 【해설】실효성 확보수단
행정조사기본법 제5조(행정조사의 근거)

행정조사기본법 제5조(행정조사의 근거)
행정기관은 법령등에서 행정조사를 규정하고 있는 경우에 한하여 행정조사를 실시할 수 있다. 다만, 조사대상자의 자발적인 협조를 얻어 실시하는 행정조사의 경우에는 그러하지 아니하다.

① 행정조사기본법 제15조(중복조사의 제한)

행정조사기본법 제15조(중복조사의 제한)
① 제7조에 따라 정기조사 또는 수시조사를 실시한 행정기관의 장은 동일한 사안에 대하여 동일한 조사대상자를 재조사 하여서는 아니 된다. 다만, 당해 행정기관이 이미 조사를 받은 조사대상자에 대하여 위법행위가 의심되는 새로운 증거를 확보한 경우에는 그러하지 아니하다.

② 행정조사기본법 제20조(자발적인 협조에 따라 실시하는 행정조사)

행정조사기본법 제20조(자발적인 협조에 따라 실시하는 행정조사)
① 제1항에 따른 행정조사에 대하여 조사대상자가 조사에 응할 것인지에 대한 응답을 하지 아니하는 경우에는 법령등에 특별한 규정이 없는 한 그 조사를 거부한 것으로 본다.

③ 행정조사기본법 제22조

행정조사기본법 제22조(조사원 교체신청)
① 조사대상자는 조사원에게 공정한 행정조사를 기대하기 어려운 사정이 있다고 판단되는 경우에는 행정기관의 장에게 당해 조사원의 교체를 신청할 수 있다.
② 제1항에 따른 교체신청은 그 이유를 명시한 서면으로 행정기관의 장에게 하여야 한다.

11. ③ 【해설】행정절차법
구 유통산업발전법에 따른 영업시간 제한 등 처분의 법적 성격, 구 유통산업발전법상 대규모점포 개설자에게 점포 일체를 유지·관리할 일반적인 권한을 부여한 취지 등에 비추어 보면, 영업시간 제한 등 처분의 대상인 대규모점포 중 개설자의 직영매장 이외에 개설자에게서 임차하여 운영하는 임대매장이 병존하는 경우에도, 전체 매장에 대하여 법령상 대규모점포 등의 유지·관리 책임을 지는 개설자만이 처분상대방이 되고, 임대매장의 임차인이 별도로 처분상대방이 되는 것은 아니다. 대법원 2015. 11. 19. 선고 2015두295 전원합의체 판결
① 공무원 인사관계 법령에 의한 처분에 관한 사항이라 하더라도 전부에 대하여 행정절차법의 적용이 배제되는 것이 아니라, 성질상 행정절차를 거치기 곤란하거나 불필요하다고 인정되는 처분이나 행정절차에 준하는 절차를 거치도록 하고 있는 처분의 경우에만 행정절차법의 적용이 배제되는 것으로 보아야 하고, 이러한 법리는 '공무원 인사관계 법령에 의한 처분'에 해당하는 별정직 공무원에 대한 직권면직 처분의 경우에도 마찬가지로 적용된다(주: 별정직 공무원에 대한 직권면직처분에 대해서는 행정절차법이 적용된다는 의미). 대법원 2013. 1. 16. 선고 2011두30687 판결
② 교육부장관이 어떤 후보자를 총장 임용에 부적격하다고 판단하여 배제하고 다른 후보자를 임용제청하는 경우라면 배제한 후보자에게 연구윤리 위반, 선거부정, 그 밖의 비위행위 등과 같은 부적격사유가 있다는 점을 구체적으로 제시할 의무가 있다. 대법원 2018. 6. 15. 선고 2016두57564 판결
④ 신청에 따른 처분이 이루어지지 아니한 경우에는 아직 당사자에게 권익이 부과되지 아니하였으므로 특별한 사정이 없는 한 신청에 대한 거부처분이라고 하더라도 직접 당사자의 권익을 제한하는 것은 아니어서 신청에 대한 거부처분을 여기에서 말하는 '당사자의 권익을 제한하는 처분'에 해당한다고 할 수 없는 것이어서 처분의 사전통지대상이 된다고 할 수 없다. 대법원 2003. 11. 28. 선고 2003두674 판결

12. ③ 【해설】행정구제법
구 토지수용법 제51조가 규정하고 있는 '영업상의 손실'이란 수용의 대상이 된 토지·건물 등을 이용하여 영업을 하다가 그 토지·건물 등이 수용됨으로 인하여 영업을 할 수 없거나 제한을 받게 됨으로 인하여 생기는 직접적인 손실을 말하는 것이므로 위 규정은 영업을 하기 위하여 투자한 비용이나 그 영업을 통하여 얻을 것으로 기대되는 이익에 대한 손실보상의 근거규정이 될 수 없고, (중략) 이러한 손실은 그 보상의 대상이 된다고 할 수 없다. 대법원 2006. 1. 27. 선고 2003두13106 판결
① 토지보상법 제72조(사용하는 토지의 매수청구 등)

토지보상법 제72조(사용하는 토지의 매수청구 등)
사업인정고시가 된 후 다음 각 호의 어느 하나에 해당할 때에는 해당 토지소유자는 사업시행자에게 해당 토지의 매수를 청구하거나 관할 토지수용위원회에 그 토지의 수용을 청구할 수 있다. 이 경우 관계인은 사업시행자나 관할 토지수용위원회에 그 권리의 존속을 청구할 수 있다.
   2. 토지의 사용으로 인하여 토지의 형질이 변경되는 경우

② 수용 대상 토지의 보상액을 산정함에 있어 해당 공익사업의 시행을 직접 목적으로 하는 계획의 승인, 고시로 인한 가격변동은 이를 고려함이 없이 재결 당시의 가격을 기준으로 하여 적정가격을 정하여야 하나, 해당 공익사업과는 관계없는 다른 사업의 시행으로 인한 개발이익은 이를 포함한 가격으로 평가하여야 하고, 개발이익이 해당 공익사업의 사업인정고시일 후에 발생한 경우에도 마찬가지이다. 대법원 2014. 2. 27. 선고 2013두21182 판결
④ 생활대책대상자 선정기준에 해당하는 자는 사업시행자에게 생활대책대상자 선정 여부의 확인·결정을 신청할 수 있는 권리를 가지는 것이어서, 만일 사업시행자가 그러한 자를 생활대책대상자에서 제외하거나 선정을 거부하면, 이러한 생활대책대상자 선정기준에 해당하는 자는 사업시행자를 상대로 항고소송을 제기할 수 있다고 보는 것이 타당하다. 대법원 2011. 10. 13. 선고 2008두17905 판결

13. ④ 【해설】행정법통론
입법예고를 통해 법령안의 내용을 국민에게 예고한 적이 있다고 하더라도 그것이 법령으로 확정되지 아니한 이상 국가가 이해관계자들에게 위 법령안에 관련된 사항을 약속하였다고 볼 수 없으며, 이러한 사정만으로 어떠한 신뢰를 부여하였다고 볼 수도 없다. 대법원 2018. 6. 15. 선고 2017다249769 판결
① 헌법재판소의 위헌결정은 행정청이 개인에 대하여 신뢰의 대상이 되는 공적인 견해를 표명한 것이라고 할 수 없으므로 그 결정에 관련한 개인의 행위에 대하여는 신뢰보호의 원칙이 적용되지 아니한다. 대법원 2003. 6. 27. 선고 2002두6965 판결
② 법률에 따른 개인의 행위가 단지 법률이 반사적으로 부여하는 기회의 활용을 넘어서 국가에 의하여 일정 방향으로 유인된 것이라면 특별히 보호가치가 있는 신뢰이익이 인정될 수 있고, 원칙적으로 개인의 신뢰보호가 국가의 법률개정이익에 우선된다고 볼 여지가 있다(즉 단지 법률이 부여하는 기회를 활용한 것에 불과할 경우 신뢰보호의 이익이 인정될 수 없음). 헌법재판소 2002. 11. 28. 선고 2002헌바45 결정
③ 폐기물처리업에 대하여 사전에 관할 관청으로부터 적정통보를 받고 막대한 비용을 들여 허가요건을 갖춘 다음 허가신청을 하였음에도 다수 청소업자의 난립으로 안정적이고 효율적인 청소업무의 수행에 지장이 있다는 이유로 한 불허가처분은 신뢰보호의 원칙 및 비례의 원칙에 반하는 것으로서 재량권을 남용한 위법한 처분이다. 대법원 1998. 5. 8. 선고 98두4061 판결

14. ④ 【해설】행정작용법
다른 법률에 특별한 규정이 있는 경우이거나 또는 지방계약법의 개별 규정의 규율내용이 매매, 도급 등과 같은 특정한 유형·내용의 계약을 규율대상으로 하고 있는 경우가 아닌 한, 지방자치단체를 당사자로 하는 계약에 관하여는 그 계약의 성질이 공법상 계약인지 사법상 계약인지와 상관없이 원

칙적으로 지방계약법의 규율이 적용된다고 보아야 한다. 대법원 2020. 12. 10. 선고 2019다234617 판결
① 공익사업을 위한 토지 등의 취득 및 보상에 관한 법령에 의한 협의취득은 사법상의 법률행위이므로 당사자 사이의 자유로운 의사에 따라 채무불이행책임이나 매매대금 과부족금에 대한 지급의무를 약정할 수 있다. 대법원 2012. 2. 23. 선고 2010다91206 판결
② 주택재건축정비사업조합이 관리처분계획의 수립 혹은 변경을 통한 집단적인 의사결정 방식 외에 전체 조합원의 일부인 개별 조합원과 사적으로 그와 관련한 약정을 체결한 경우에도, 구속적 행정계획으로서 재건축조합이 행하는 독립된 행정처분에 해당하는 관리처분계획의 본질 및 전체 조합원 공동의 이익을 목적으로 하는 재건축조합의 행정주체로서 갖는 공법상 재량권에 비추어 재건축조합이 개별 조합원 사이의 사법상 약정에 직접적으로 구속된다고 보기는 어렵다. 대법원 2022. 7. 14. 선고 2022다206391 판결
③ 계약직공무원에 관한 현행 법령의 규정에 비추어 볼 때, 계약직공무원 채용계약해지의 의사표시는 일반공무원에 대한 징계처분과는 달라서 항고소송의 대상이 되는 처분 등의 성격을 가진 것으로 인정되지 아니하고, 일정한 사유가 있을 때에 국가 또는 지방자치단체가 채용계약 관계의 한쪽 당사자로서 대등한 지위에서 행하는 의사표시로 취급되는 것으로 이해되므로, 이를 징계해고 등에서와 같이 그 징계사유에 한하여 효력 유무를 판단하여야 하거나, 행정처분과 같이 행정절차법에 의하여 근거와 이유를 제시하여야 하는 것은 아니다. 대법원 2002. 11. 26. 선고 2002두5948 판결

15. ① 【해설】 혼합
조합설립결의는 조합설립인가처분이라는 행정처분을 하는 데 필요한 요건 중 하나에 불과한 것이어서, 조합설립결의에 하자가 있다면 그 하자를 이유로 직접 항고소송의 방법으로 조합설립인가처분의 취소 또는 무효확인을 구하여야 하고, 이와는 별도로 조합설립결의 부분만을 따로 떼어내어 그 효력 유무를 다투는 확인의 소를 제기하는 것은 원고의 권리 또는 법률상의 지위에 현존하는 불안·위험을 제거하는 데 가장 유효·적절한 수단이라 할 수 없어 특별한 사정이 없는 한 확인의 이익은 인정되지 아니한다. 대법원 2009. 9. 24. 선고 2008다60568 판결
② 행정청이 도시 및 주거환경정비법 등 관련 법령에 근거하여 행하는 조합설립인가처분은 단순히 사인들의 조합설립행위에 대한 보충행위로서의 성질을 갖는 것에 그치는 것이 아니라 법령상 요건을 갖출 경우 도시 및 주거환경정비법상 주택재건축사업을 시행할 수 있는 권한을 갖는 행정주체(공법인)로서의 지위를 부여하는 일종의 설권적 처분의 성격을 갖는다고 보아야 한다. 대법원 2009. 9. 24. 선고 2008다60568 판결
③ 구 도시 및 주거환경정비법 제8조 제3항, 제28조 제1항에 의하면, 토지 등 소유자들이 그 사업을 위한 조합을 따로 설립하지 아니하고 직접 도시환경정비사업을 시행하고자 하는 경우에는 사업시행계획서에 정관 등과 그 밖에 국토해양부령이 정하는 서류를 첨부하여 시장·군수에게 제출하고 사업시행인가를 받아야 하고, 이러한 절차를 거쳐 사업시행인가를 받은 토지 등 소유자들은 관할 행정청의 감독 아래 정비구역 안에서 구 도시정비법상의 도시환경정비사업을 시행하는 목적 범위 내에서 법령이 정하는 바에 따라 일정한 행정작용을 행하는 행정주체로서의 지위를 가진다. 그렇다면 토지 등 소유자들이 직접 시행하는 도시환경정비사업에서 토지 등 소유자에 대한 사업시행인가처분은 단순히 사업시행계획에 대한 보충행위로서의 성질을 가지는 것이 아니라 구 도시정비법상 정비사업을 시행할 수 있는 권한을 가지는 행정주체로서의 지위를 부여하는 일종의 설권적 처분의 성격을 가진다. 대법원 2013. 6. 13. 선고 2011두19994 판결
④ 구 도시 및 주거환경정비법에 기초하여 도시환경정비사업조합이 수립한 사업시행계획은 그것이 인가·고시를 통해 확정되면 이해관계인에 대한 구속적 행정계획으로서 독립된 행정처분에 해당하므로, 사업시행계획을 인가하는 행정청의 행위는 도시환경정비사업조합의 사업시행계획에 대한 법률상의 효력을 완성시키는 보충행위에 해당한다. 대법원 2010. 12. 9. 선고 2010두1248 판결

16. ② 【해설】 행정작용법
공정거래위원회가 부당한 공동행위를 행한 사업자로서 구 독점규제 및 공정거래에 관한 법률 제22조의2에서 정한 자진신고자나 조사협조자에 대하여 과징금 부과처분(선행처분)을 한 뒤, 동법 시행령 제35조 제3항에 따라 다시 자진신고자 등에 대한 사건을 분리하여 자진신고 등을 이유로 한 과징금 감면처분(후행처분)을 하였다면, 후행처분은 자진신고 감면까지 포함하여 처분 상대방이 실제로 납부하여야 할 최종적인 과징금액을 결정하는 종국적 처분이고, 선행처분은 이러한 종국적 처분을 예정하고 있는 일종의 잠정적 처분으로서 후행처분이 있을 경우 선행처분은 후행처분에 흡수되어 소멸한다. 따라서 위와 같은 경우에 선행처분의 취소를 구하는 소는 이미 효력을 잃은 처분의 취소를 구하는 것으로 부적법하다. 대법원 2015. 2. 12. 선고 2013두987 판결
① 어업권면허에 선행하는 우선순위결정은 행정청이 우선권자로 결정된 자의 신청이 있으면 어업권면허처분을 하겠다는 것을 약속하는 행위로서 강학상 확약에 불과하고 행정처분은 아니므로, 우선순위결정에 공정력이나 불가쟁력과 같은 효력은 인정되지 않는다. 대법원 1995. 1. 20. 선고 94누6529 판결
③ 도시계획구역 내 토지 등을 소유하고 있는 주민으로서는 입안권자에게 도시계획입안을 요구할 수 있는 법규상 또는 조리상의 신청권이 있다고 할 것이고, 이러한 신청에 대한 거부행위는 항고소송의 대상이 되는 행정처분에 해당한다. 대법원 2004. 4. 28. 선고 2003두1806 판결
④ 행정절차법 제40조의2(확약)

행정절차법 제40조의2(확약)
④ 행정청은 다음 각 호의 어느 하나에 해당하는 경우에는 확약에 기속되지 아니한다.   2. 확약이 위법한 경우

17. ③ 【해설】 행정쟁송법
행정처분을 취소한다는 확정판결이 있으면 그 취소판결의 형성력에 의하여 당해 행정처분의 취소나 취소통지 등의 별도의 절차를 요하지 아니하고 당연히 취소의 효과가 발생한다. 대법원 1991. 10. 11. 선고 90누5443 판결
① 조세의 부과처분을 취소하는 행정소송판결이 확정된 경우 그 조세부과처분의 효력은 처분시에 소급하여 효력을 잃게 되고 따라서 그 부과처분을 받은 사람은 그 처분에 따른 납부의무가 없다고 할 것이므로 위 확정된 행정판결은 조세포탈에 대한 무죄 내지 원판결이 인정한 죄보다 경한 죄를 인정할 명백한 증거라 할 것이다. 대법원 1985. 10. 22. 선고 83도2933 판결
② 과세처분을 취소하는 판결이 확정되면 그 과세처분은 처분시에 소급하여 소멸하므로 그 뒤에 과세관청에서 그 과세처분을 경정하는 경정처분을 하였다면 이는 존재하지 않는 과세처분을 경정한 것으로서 그 하자가 중대하고 명백한 당연무효의 처분이다. 대법원 1989. 5. 9. 선고 88다카16096 판결
④ 행정처분의 위법 여부는 행정처분이 행하여진 때의 법령과 사실을 기준으로 판단하므로, 확정판결의 당사자인 처분행정청은 종전 처분 후에 발생한 새로운 사유를 내세워 다시 처분을 할 수 있고, 새로운 처분의 처분사유가 종전 처분의 처분사유와 기본적 사실관계에서 동일하지 않은 다른 사유에 해당하는 이상, 처분사유가 종전 처분 당시 이미 존재하고 있었고 당사자가 이를 알고 있었더라도 이를 내세워 새로이 처분을 하는 것은 확정판결의 기속력에 저촉되지 않는다. 대법원 2016. 3. 24. 선고 2015두48235 판결

18. ② 【해설】 행정구제법
국가 등에게 일정한 기준에 따라 상수원수의 수질을 유지하여야 할 의무를 부과하고 있는 법령의 규정은 국민에게 양질의 수돗물이 공급되게 함으로써 국민 일반의 건강을 보호하여 공공 일반의 전체적인 이익을 도모하기 위한 것이지, 국민 개개인의 안전과 이익을 직접적으로 보호하기 위한 규정이

아니므로, 국가 또는 지방자치단체가 법령이 정하는 상수원수 수질기준 유지의무를 다하지 못하고, 법령이 정하는 고도의 정수처리방법이 아닌 일반적 정수처리방법으로 수돗물을 생산·공급하였다는 사유만으로 그 수돗물을 마신 개인에 대하여 손해배상책임을 부담하지는 않는다. 대법원 2001. 10. 23. 선고 99다36280 판결
① 국가배상법 제8조(다른 법률과의 관계)

국가배상법 제8조(다른 법률과의 관계)
국가나 지방자치단체의 손해배상 책임에 관하여는 이 법에 규정된 사항 외에는 「민법」에 따른다. 다만, 「민법」외의 법률에 다른 규정이 있을 때에는 그 규정에 따른다.

③ 해양수산부 산하 어업관리단의 불법어로행위 특별합동단속 중 갑 등이 승선하고 있던 선박이 단속정의 추적을 피해 도주하는 과정에서 암초와 충돌하였고, 인근에서 갑이 익사한 상태로 발견되었는데, 갑의 유족들이 단속정에 승선하고 있던 감독공무원들의 구조의무 위반 등을 주장하며 국가를 상대로 손해배상을 구한 사안에서 감독공무원들에게 직무집행상 과실이 있다고 단정하기 어렵고, 이들의 행위와 갑의 사망 사이에 상당인과관계가 있다고 볼 수도 없다고 한 사례. 대법원 2021. 6. 10. 선고 2017다286874 판결
④ 국가배상법 제9조(소송과 배상신청의 관계)

국가배상법 제9조(소송과 배상신청의 관계)
이 법에 따른 손해배상의 소송은 배상심의회에 배상신청을 하지 아니하고도 제기할 수 있다.

19. ③ 【해설】 행정쟁송법
행정기본법 제36조

행정기본법 제36조(처분에 대한 이의신청)
① 행정청의 처분(「행정심판법」 제3조에 따라 같은 법에 따른 행정심판의 대상이 되는 처분을 말한다. 이하 이 조에서 같다)에 이의가 있는 당사자는 처분을 받은 날부터 30일 이내에 해당 행정청에 이의신청을 할 수 있다.
④ 이의신청에 대한 결과를 통지받은 후 행정심판 또는 행정소송을 제기하려는 자는 그 결과를 통지받은 날(제2항에 따른 통지기간 내에 결과를 통지받지 못한 경우에는 같은 항에 따른 통지기간이 만료되는 날의 다음 날을 말한다)부터 90일 이내에 행정심판 또는 행정소송을 제기할 수 있다.

① 「토지보상법」상 이의신청은 특별행정심판으로서의 성질을 갖는다.
② 과세처분에 관한 이의신청절차에서 과세관청이 이의신청 사유가 옳다고 인정하여 과세처분을 직권으로 취소한 이상 그 후 특별한 사유 없이 이를 번복하고 종전 처분을 되풀이하는 것은 허용되지 않는다. 대법원 2010. 9. 30. 선고 2009두1020 판결
④ 산업재해보상보험법 규정의 내용, 형식 및 취지 등에 비추어 보면, 산업재해보상보험법상 심사청구에 관한 절차는 보험급여 등에 관한 처분을 한 근로복지공단으로 하여금 스스로의 심사를 통하여 당해 처분의 적법성과 합목적성을 확보하도록 하는 근로복지공단 내부의 시정절차에 해당한다고 보아야 한다. 따라서 처분청이 스스로 당해 처분의 적법성과 합목적성을 확보하고자 행하는 자신의 내부 시정절차에서는 당초 처분의 근거로 삼은 사유와 기본적 사실관계의 동일성이 인정되지 않는 사유라고 하더라도 이를 처분의 적법성과 합목적성을 뒷받침하는 처분사유로 추가·변경할 수 있다고 보는 것이 타당하다. 대법원 2012. 9. 13. 선고 2012두3859 판결

20. ③ 【해설】 행정쟁송법
(갑 등이 인터넷 포털사이트 등의 개인정보 유출사고로 자신들의 주민등록번호 등 개인정보가 불법 유출되자 이를 이유로 관할 구청장에게 주민등록번호를 변경해 줄 것을 신청하였으나 구청장이 '주민등록번호가 불법 유출된 경우 주민등록법상 변경이 허용되지 않는다'는 이유로 주민등록번호 변경을 거부하는 취지의 통지를 한 사안에서) 피해자의 의사와 무관하게 주민등록번호가 유출된 경우에는 조리상 주민등록 번호의 변경을 요구할 신청권을 인정함이 타당하고, 구청장의 주민등록번호 변경신청 거부행위는 항고소송의 대상이 되는 행정처분에 해당한다. 대법원 2017. 6. 15. 선고 2013두 2945 판결
① 증액경정처분이 있는 경우, 당초 신고나 결정은 증액경정처분에 흡수됨으로써 독립한 존재가치를 잃게 된다고 보아야 하므로, 원칙적으로는 당초 신고나 결정에 대한 불복기간의 경과 여부 등에 관계없이 증액경정처분만이 항고소송의 심판대상이 되고, 납세의무자는 그 항고소송에서 당초 신고나 결정에 대한 위법사유도 함께 주장할 수 있다. 대법원 2009. 5. 14. 선고 2006두17390 판결
② 기존의 행정처분을 변경하는 내용의 행정처분이 뒤따르는 경우, 후속처분이 종전 처분을 완전히 대체하는 것이거나 주요 부분을 실질적으로 변경하는 내용인 경우에는 특별한 사정이 없는 한 종전처분은 효력을 상실하고 후속처분만이 항고소송의 대상이 되지만, 후속처분의 내용이 종전처분의 유효를 전제로 내용 중 일부만을 추가·철회·변경하는 것이고 추가·철회·변경된 부분이 내용과 성질상 나머지 부분과 불가분적인 것이 아닌 경우에는, 후속처분에도 불구하고 종전처분이 여전히 항고소송의 대상이 된다. 대법원 2015. 11. 19. 선고 2015두295 전원합의체 판결
④ 수익적 행정처분을 구하는 신청에 대한 거부처분은 당사자의 신청에 대하여 관할 행정청이 이를 거절하는 의사를 대외적으로 명백히 표시함으로써 성립된다. 거부처분이 있은 후 당사자가 다시 신청을 한 경우에는 신청의 제목 여하에 불구하고 그 내용이 새로운 신청을 하는 취지라면 관할 행정청이 이를 다시 거절하는 것은 새로운 거부처분이라고 보아야 한다. 관계 법령이나 행정청이 사전에 공표한 처분기준에 신청기간을 제한하는 특별한 규정이 없는 이상 재신청을 불허할 법적 근거가 없으며, 설령 신청기간을 제한하는 특별한 규정이 있더라도 재신청이 신청기간을 도과하였는지는 본안에서 재신청에 대한 거부처분이 적법한가를 판단하는 단계에서 고려할 요소이지, 소송요건 심사단계에서 고려할 요소가 아니다. 대법원 2021. 1. 14. 선고 2020두50324 판결

행정학

출제교수: 이명훈 교수님

1. ③ 【해설】인사행정론
국세청장은 정무직 공무원이나 검찰총장과 경찰청장은 정무직 공무원이 아니라 특정직 공무원이다. 특정직 공무원은 경력직 공무원에 포함되며, 임기동안 신분보장을 받는다.

2. ④ 【해설】정책론
ⓒ, ⓜ은 옳고, ㉠, ㉡, ㉣은 옳지 않다. 프레스만(Pressman)과 윌다브스키(Wildavsky)는 정책은 집행동안에도 끊임없이 재설계된다고 보고 집행과정에 참여자가 너무 많아서 오클랜드 사업이 실패하였다고 주장하였다(㉠). 나카무라(Nakamura)와 스몰우드(Smallwood)는 집행자가 결정자의 목표를 지지하면서 집행자들 상호 간에 행정적 수단에 관하여 협상을 벌이는 유형을 지시적 위임가형이라 하였다(ⓒ). 사바띠에(Sabatier)의 정책지지 연합모형은 상향적 접근방법의 분석단위를 채택하고, 여기에 영향을 미치는 요인으로 하향적 접근방법의 여러 가지 변수를 결합하였다(㉣).

3. ③ 【해설】조직론
유기적 구조는 모호한 조직목표와 과제를 지닌 조직구조로 성과측정이 어려운 과제에 적합하다.
<<핵심체크>> 기계적 구조와 유기적 구조

구분	기계적 구조	유기적 구조
기본변수	복잡, 공식, 집권	단순, 융통, 분권
장점	예측가능성	적응성
조직특성	• 좁고 명확한 직무범위 • 표준운영절차(많은 규칙과 규정) • 분명한 책임 관계 • 계층제 • 낮은 팀워크 • 공식적·몰인간적 대면 관계 • 좁은 통솔범위	• 넓고 모호한 직무범위 • 적은 규칙과 절차 • 모호한 책임 관계 • 분화된 채널(채널의 분화) • 높은 팀워크 • 비공식적·인간적 대면 관계 • 넓은 통솔범위
상황조건	• 명확한 조직목표와 과제 • 분업적 과제 • 단순한 과제 • 성과측정이 가능 • 금전적 동기부여 • 권위의 정당성 확보(합법적 권위)	• 모호한 조직목표와 과제 • 분업이 어려운 과제 • 복합적 과제 • 성과측정이 어려움 • 복합적 동기부여 • 도전받는 권위(지식에 의한 권위)
조직	관료제, 기능구조	탈관료제, 학습조직, 네트워크 조직

4. ③ 【해설】행정학총론
부가가치세 등의 비례세는 부자와 빈자를 구별하지 않고 소비하는 자들에게 동등한 비율로 세금을 부여하기 때문에 수평적 형평과 관련된 제도이며, 소득세 등의 누진세는 소득수준에 따라 세율이 부여되기 때문에 수직적 형평과 관련된 제도이다.
<<핵심체크>> 수평적 형평과 수직적 형평

수평적 형평	동일한 것은 동일하게(정당한 불평등의 확보 : 수익자부담주의[응익주의], 비례세제[부가가치세], 공개채용[실적주의] 등)
수직적 형평	다른 것은 다르게(부당한 불평등의 시정 : 조세부담주의[응능주의], 누진세제[소득세], 대표관료제[임용할당제], 동일노동 동일임금 등)

5. ② 【해설】재무행정론
성과주의 예산제도(PBS)는 사업별, 활동별로 예산을 편성하는 제도로 예산을 들여 사업과 활동별로 무엇을 하는지에 대한 정보를 알기 용이하나, 사업의 결과보다는 산출에 초점을 둔다.

6. ② 【해설】지방행정론
기관대립형은 집행기관 내부에 최종적인 책임자가 존재하기 때문에 지방행정의 종합성을 확보할 수 있으나, 단체장과 의회 간의 갈등과 대립으로 지방행정의 안정성과 능률성을 저해할 수 있다.

7. ② 【해설】정책론
교복값 담합이나 아이스크림값 담합에 대한 과징금부과 등의 독과점 규제는 리플리와 프랭클린(R. Ripley & G.Franklin)의 정책유형 중 사적 행위에 제약을 가하는 조건을 설정함으로써 일반대중을 보호하려는 보호적 규제정책의 예이다.

8. ② 【해설】조직론
설문은 체제자원모형에 대한 것이다. 체제자원모형은 체제의 순환과정 중 투입에 초점을 두고 조직이 환경으로부터 필요한 자원을 탐색하고 획득·활용하는 능력을 평가기준으로 삼는다. 이 모형은 조직의 목표달성보다 달성수단인 자원을 통해 효과성을 평가한다.

9. ③ 【해설】행정학총론
공공서비스에 대한 요건을 구체적으로 명시하기 곤란하거나 서비스가 기술적으로 복잡하고 불확실한 경우에 주로 활용되는 방식은 보조금지급(grants)이다.

10. ④ 【해설】재무행정론
융자지출은 회전성 자금이므로 회수되는 시점에서 흑자요인임에도 불구하고 우리나라의 통합재정은 재정수지의 적자요인으로 파악하여 작성하고 있다는 비판을 받는다.

11. ④ 【해설】인사행정론
퇴직수당은 공무원이 1년 이상 재직하고 퇴직 또는 사망할 때 지급하는 수당으로 정부가 전액 지급한다.

12. ③ 【해설】정책론
정책커뮤니티는 특정분야 전문가들의 공식적·비공식적 접촉으로 형성된 공동체로 비교적 안정적이고 지속적인 형태의 네트워크이다.
<<핵심체크>> 정책커뮤니티

의의	• 특정분야의 전문가들이 공식적·비공식적으로 접촉하면서 형성된 공동체 • 로즈(Rhodes)를 중심으로 한 영국의 학자들에 의해 발전된 개념
특징	• 형성 : 정책문제별로 형성되며, 전문지식은 전문가들의 공식적·비공식적 상호접촉과 의견교환으로 획득됨 • 경계 및 관계 : 폐쇄적 경계를 지니며, 일시적이고 느슨한 집합체가 아니라 비교적 안정적이고 계속적인 활동을 하는 호혜적 협력관계를 지닌 공동체
기능	• 전문지식의 활용을 통한 정책내용의 합리성 제고 • 정책에 다양한 요구의 반영으로 정책과정의 민주성 제고 • 담당자의 교체에 따른 정책의 혼란 및 정책이 표류하는 현상의 극소화 • 해당 정책 분야에 필요한 검증된 인재의 발탁용이 • 정책의 신뢰성 제고로 반대집단의 저항 및 불복종 최소화(집행의 순응 확보)
한계	• 정책공동체 형성에 장기간 소요, 끊임없는 논쟁으로 심각한 갈등 야기

13. ② 【해설】지방행정론
조례안이 지방의회에서 의결되면 지방의회의 의장은 의결된 날부터 (5)일 이내에 그 단체장에게 이송하여야 한다. 단체장은 조례안을 이송받으면 (20)일 이내에 공포하여야 한다.

단체장이 (20)일의 기간에 공포하지 아니하거나 재의요구를 하지 아니하더라도 그 조례안은 조례로서 확정된다. 단체장은 확정된 조례를 지체 없이 공포하여야 한다. 조례가 확정된 후 또는 확정조례가 단체장에게 이송된 후 (5)일 이내에 단체장이 공포하지 아니하면 지방의회의 의장이 공포한다.

14. ④ 【해설】 행정환류론
「공직자 윤리법」의 재산등록 및 공개제도와 백지신탁제도 등은 부도덕한 동기실현의 사전제어를 위한 의무론적 윤리관에 입각한 제도이다.
① 행정윤리는 부정부패 척결뿐만 아니라 행정이 추구하는 가치의 실현이라는 적극적 측면까지 포함되어 있다.
② 결과주의 윤리관은 문제의 해결보다 행위에 대한 평가 및 처벌에 중점을 둔다.
③ 의무론적 윤리관은 부도덕한 동기실현의 사전제어를 위한 도덕적 원칙의 준수를 강조한다.

15. ④ 【해설】 행정학총론
모두 옳지 않은 지문이다. 전통적 행정론은 책임성 확보 방안으로 관료가 민주적으로 선출된 대표자에게 책임을 다하는 것을 강조한다(㉠). 신공공관리론은 예산지출 위주의 정부운영 방식에서 탈피하여 수입 확보 위주의 정부 운영 방식을 활성화하고자 한다(㉡). 신공공관리론은 시민을 자율적인 고객으로 인식하고 공공서비스의 질을 향상시켜 시민의 만족도를 높이고자 한다(㉢). 신공공서비스론은 민주행정의 규범적 모델을 제시하고 있으나 이를 실현하기 위한 구체적 처방을 제시하지 못하고 있다는 비판을 받는다(㉣).

16. ③ 【해설】 재무행정론
국가는 일반회계의 1/100 이내로 예비비를 계상할 수 있다. 반면, 자치단체의 경우 일반회계와 교육비 특별회계는 1/100 이내로 예비비를 계상해야 하며, 그 밖의 특별회계는 1/100 이내로 예비비를 계상할 수 있다.
<<핵심체크>> 국가재정과 지방재정

구분	국가재정	지방재정
예산제출시한	회계연도 개시 120일 전	광역: 50일 전, 기초: 40일 전
예산의결시한	회계연도 개시 30일 전	광역: 15일 전, 기초: 10일 전
재정운용계획	국가재정운용계획 수립	중기지방재정운용계획 수립
통합재정	정부통합재정통계 작성	지역통합재정통계 작성
특별회계	법률로 설치	법률 또는 조례로 설치 (목적세는 특별회계로 운영, 특별회계일몰제 도입)
추가경정예산	편성사유 제한 있음	편성사유 제한 없음
편성과정에서의 주민(국민) 참여	국민참여예산제 도입(2018)	주민참여예산제 도입(2011, 필수사항)
불법재정지출에 대한 주민(국민) 감시	예산성과금제 도입	예산성과금제 도입
성인지 예·결산제도	시행(2010년)	시행(2013년)
성과계획서 및 성과보고서 제출	실시	실시
총액배분자율 편성예산	도입	미도입
조세지출 예산서	실시(조세지출예산서)	실시(지방세지출예산서)
총액계상예산	도입	미도입
발생주의·복식부기	실시	실시
납세자 소송제도	미도입	도입
예비비 반영	일반회계 예산총액의 1/100 이내로 계상할 수 있음(재량)	일반회계와 교육비특별회계는 1/100 이내로 계상해야 하고(의무), 그 밖의 특별회계는 1/100 이내로 계상할 수 있음(재량)

17. ① 【해설】 인사행정론
㉡, ㉣은 옳고, ㉠, ㉢은 옳지 않다. 계급제는 공무원 개인의 능력이나 자격을 기준으로 하는 공직분류제도이다. 계급제는 계급 간 폭이 넓고 업무분담이 명확하지 않아 보수와 업무부담의 형평성 확보가 곤란하다(㉠). 계급제는 권한과 책임이 명확하지 않아 갈등발생 소지가 높으나 일반행정가 양성을 통해 공무원의 시야와 이해력을 넓혀 행정상 조정과 협조를 원활하게 할 수 있다(㉢).

18. ④ 【해설】 지방행정론
지방자치단체의 장은 지방채 발행 한도액 범위더라도 외채를 발행하는 경우에는 지방의회의 의결을 거치기 전에 행정안전부장관의 승인을 받아야 한다.
<<핵심체크>> 지방채

개념	자치단체가 그 재정상의 필요에서 발행하는 공채로 과세권을 담보로 증서차입 또는 증권발행을 통하여 부족한 재원을 충당하는 채무부담행위
법적 근거	• 발행요건: 단체장은 재정투자사업과 그에 직접적으로 수반되는 경비의 충당, 재해예방 및 복구사업, 천재지변으로 발생한 예측할 수 없었던 세입결함의 보전, 지방채의 차환, 지방교육재정교부금 차액의 보전 등을 위한 자금 조달에 필요할 때에는 지방채를 발행할 수 있음 • 발행절차: 단체장은 지방채를 발행하려면 재정상황 및 채무 규모 등을 고려하여 대통령령으로 정하는 지방채 발행 한도액의 범위에서 지방의회의 의결을 얻어야 함
기채승 인권 폐지와 예외	• 원칙 - 기채승인권 폐지: 지방채 발행시 행안부장관의 승인권 폐지 • 예외 ① 단체장은 지방채 발행 한도액 범위더라도 외채를 발행하는 경우에는 지방의회의 의결을 거치기 전에 행안부장관의 승인을 받아야 함 ② 자치단체조합의 장은 지방채를 발행할 수 있으며, 이 경우 행안부장관의 승인을 받은 범위에서 조합의 구성원인 각 자치단체 지방의회의 의결을 얻어야 함 ③ 단체장은 행안부장관과 협의한 경우에는 그 협의의 범위에서 지방의회의 의결을 얻어 지방채 발행 한도액의 범위를 초과하여 지방채를 발행할 수 있음(행안부장관의 승인권을 폐지하고 협의사항으로 변경)

19. ② 【해설】 정책론
정책과정의 공식적 참여자는 국가기관을 의미한다. 따라서 헌법재판소(㉡), 정부관료(㉣), 입법부(㉥)는 공식적 참여자에 해당한다.

20. ④ 【해설】 행정학총론
㉠은 사적재, ㉡은 요금재, ㉢은 공유재, ㉣은 공공재이다. 요금재(㉡)는 초기 구축비용이 막대하게 소요되며, 자연독점산업의 특성이 있다.